守护孩子的精神健康

儿童的精神卫生和人格培养

[日] 平井信义◎著 高　英◎译

北京联合出版公司
Beijing United Publishing Co.,Ltd.

图书在版编目（CIP）数据

守护孩子的精神健康：儿童的精神卫生和人格培养 /（日）平井信义著；高英译 . -- 北京：北京联合出版公司，2019.6
ISBN 978-7-5596-3210-4

Ⅰ . ①守… Ⅱ . ①平… ②高… Ⅲ . ①儿童教育—家庭教育 Ⅳ . ① G782

中国版本图书馆 CIP 数据核字 (2019) 第 083285 号

守护孩子的精神健康：儿童的精神卫生和人格培养
作　　者：[日]平井信义
译　　者：高　英
选题策划：北京天略图书有限公司
责任编辑：楼淑敏
特约编辑：凌明子
责任校对：高雪鹏

北京联合出版公司出版
（北京市西城区德外大街83号楼9层　100088）
北京联合天畅文化传播公司发行
北京彩虹伟业印刷有限公司印刷　　新华书店经销
字数309千字　　787毫米×1092毫米　　1/16　　25.75印张
2019年6月第1版　　2019年6月第1次印刷
ISBN 978-7-5596-3210-4
定价：59.00元

译者的话

平井先生（1919~2006）出生于东京，学生时期先后就读于东京大学文学部和东北大学医学部，1957年获得名古屋大学医学博士学位。曾任母子爱育会爱育研究所研究员、御茶水女子大学教授，1970年开始担任大妻女子大学儿童学科教授，并在1990年成为该校名誉教授。他生前还曾担任日本儿童学研究会会长。从20世纪50年代至90年代末，在近半个世纪的岁月中，先生一直笔耕不辍，撰写了诸多与儿童精神医学、儿童心理、育儿、亲子关系、自闭症儿童等相关的著作，许多理念至今都对日本的父母及教育工作者具有指导性意义。

本书是平井先生多年研究儿童精神卫生问题所取得的成果。自1958年在日本首次出版发行以来，经1977年修订，1978年第二版出版至1991年已先后再版44次，成为日本战后的畅销经典之作。

平井先生毕生都在从事与儿童精神卫生相关的临床实践，并不断地探究儿童在成长过程中出现人格扭曲的原因。在本书中，他提出了自己独特的儿童人格形成的理论。因此，第2章“儿童的人格是怎样形成的”可以说是全书最精彩的内容之一。他指出，儿童的人格结构是由以下四个层次构成的：

①情感的发展与稳定

②独立性的发展

③适应能力的发展

④智力的发展

通过介绍每个层次是如何建立及发展，又是如何相辅相成、互为前提，告诉我们在儿童成长发展阶段，教育的核心内容是用适当的方法实现儿童情感的发展与稳定、独立性及适应能力的发展，并在此基础上促进儿童智力的发展。

书中还对常见的几十种儿童精神疾患和身体器质性疾患，从儿童先天遗传和后天环境这两个不同的角度进行了细致深入的探讨，分析了精神对儿童身体造成的影响，以及身体障碍或疾病反过来会对精神带来怎样的创伤。特别强调通过改善儿童所处的环境去治疗他们的精神疾患、问题行为和身体疾病，着重从精神卫生的角度提出了家庭、幼儿园、学校和社会如何预防治疗各种儿童精神疾患和身体器质性疾患的具体措施和方法。

目前，儿童和青少年的精神卫生已经成为一个需要引起高度重视和警觉的问题。

世界卫生组织（WHO）的中文网站（https://www.who.int/zh）披露：“精神卫生疾患占10~19岁人群全球疾病和损伤负担的16%……在全球范围内，抑郁症是青少年患病和残疾的主要原因之一……促进精神健康，预防精神卫生疾患，是帮助青少年茁壮成长的关键。”

中国青少年研究中心和共青团中央国际联络部发布的《中国青年发展报告》显示，我国17岁以下儿童和青少年中，约3000万人受到各种情绪障碍和行为问题困扰。

不论在任何社会、任何时代，父母对孩子的期望可以说都是相通的。父母期待孩子能健康成长，期待孩子拥有幸福的一生……然而，从上述的事实来看，不得不感慨现实并非我们所愿。守护孩子的精神健康，让他们远离精神疾患已刻不容缓。

父母和老师如何根据孩子在人格发展过程中不同阶段的特点进行恰当的教育，以培养一个人格健全和精神健康的孩子，平井先生这部畅销几十年的著作给我们提供了切实可行的方法。

高　英

第2版序

本书出版至今已有20年，对于广大读者们的厚爱，我万分感谢。

20年，可以说是相当漫长的岁月，于我而言却是一段短暂而充实的时光。我所从事的几项研究工作已在向体系化的方向发展，与此同时，我切实感受到了转换思维模式的必要性。特别是关于正常儿童与非正常儿童之间的界限，它在哪里，该如何划分？这些问题曾经一直困扰着我，于是，我尝试了新的方法，把正常儿童的范围进行了扩展。另外，关于遗传与环境之间的相互关系，也需要导入新的思维模式。

所以，急需对本书进行大幅度修订。从去年开始，我就一直在坚持做这项工作，现在终于完成了修订版，还望各位在阅读的同时给予指正。

再过10年，本书又将会做怎样的修订呢？虽然希望修订内容不要太多，但是，学术研究处于日新月异的发展状态。今后，儿童的精神发展和精神构造的细节将越来越明确，那么，如果能对儿童实施与此相应的保育和教育，孩子们将会更加幸福，这也是我最大的愿望。因此，我在修订版中增加了一章“儿童的人格是怎样形成的”。

在儿童临床治疗中，我总是不禁感叹，我们对儿童还有很多未知的方面。孩子们身上潜藏着无限的可能性，发掘这些可能性也是从事儿童精神卫生研究的人们的幸福。让我们为研究的进步而共同努力吧。

昭和53年4月15日

平井信义

序

近来，社会各界越来越关心儿童的精神卫生问题。不少人已经认识到，对那些行为异常或有问题的儿童，应站在儿童的立场去观察和认识他们。这种思维的转变，可以说是“儿童的世纪”[①]所留下的光辉一页。长期以来，那些被认为是“坏孩子”的儿童，从精神卫生的角度来看，大多是因为先天自身的或者后天环境的因素所造成的。从这个意义上来说，这些儿童是多么不幸。

因此，在治疗这些行为有问题的儿童时，单纯的说教、训斥、惩罚并不能真正解决问题。我们必须把目光转向孩子所处的环境，消除引起儿童行为异常的环境因素，或者调整孩子同环境之间的不和谐关系，才能达到治疗的目的。

此外，当环境出现使儿童行为异常的因素时，如果我们能在儿童尚未出现问题行为之前就及时调整环境，那么，父母、教师以及社会就不会因问题的真正发生而焦虑。这是预防医学的基本原则，显然，这一原则也适用于儿童的精神问题。

①源于瑞典女作家、教育家爱伦·凯（Ellen Key，1849～1926）的著作《儿童的世纪》，她预言20世纪将是“儿童的世纪”。——译者注

儿童的人格天生就是不一样的，从刚出生那一刻起就表现出各种各样的性格。所以，需要我们不断地深入了解他们的性格发展倾向，并因人而异地给予他们引导。但是，这方面的研究尚不成熟，人格形成的原理也还有许多未解之谜。本书根据以往的研究和临床经验，试图就更多的问题进行探讨，以推进儿童精神卫生学的深入发展。

迄今为止，儿童精神卫生学的相关著作都是从儿童精神医学或儿童心理学的角度切入。我是从儿童医学的角度来研究的，已历经10年，今后如能得到各位读者及同行的指教，将不胜感激。

本书的主要目的是希望各位读者能更好地理解儿童的精神卫生，特别是中小学校教师、幼儿园、托儿所以及其他相关教育机构的教师、实际从事保健工作的医生、保育人员和助产士、正面临儿童教育问题的父母。文中不妥之处，理解不深、未达本意的地方甚多，敬请各位指正、补充，以进一步推进儿童精神卫生的研究。

昭和33年4月3日

平井信义

目　录
CONTENTS

第1章

什么是精神卫生

1．精神卫生的意义

近年来，随着精神卫生概念的逐渐普及，越来越多的人开始使用这个词。比如，有人说："即使有人说我坏话，我也并不在意。"于是便有人应答："这样会有利于精神卫生的健康。"这是在面对个人心中遇到的烦恼、矛盾时，能够从容应对、积极解决问题的一种姿态，这里是把这种积极的姿态理解为精神卫生。又比如，有人说："我们学校教师办公室的氛围对精神卫生非常有益。"这里是将职场中和谐的人际关系理解为精神卫生。

精神卫生的确对于处理个人内心烦恼，甚至调整人际关系都是一门不可或缺的科学。在日本，"精神卫生"这个词已使用久远，但主要用于精神病的预防和隔离。然而，不仅是精神病，对于精神不健康的预防和治疗，精神卫生也是一门重要的科学，可以说，这是现代精神卫生所承载的使命。

有些学者认为精神卫生不应该包括精神病，认为它是防止个人心理适应不良，使那些适应不良的人恢复正常状态的科学。

但是，如果忽视精神病的相关知识，要推进精神卫生的发展就十分困难。因为，我们必须承认，精神健康和精神病之间存在着转换关系，精神不健康很有可能会转化为精神病。

用一句话总结精神卫生的定义就是：精神卫生是关于精神健康的卫生。那么，精神健康又指什么呢？早在1929年，第3届儿童健康保护白宫会议①草案就对其作了定义。摘录草案内容如下："精神健康，即没有出现明确的精神疾病症状"，同时"发挥最高效率，获得满足，感受到愉悦的精神状态"，以及"谨慎采取社会性行为，接受人生现实的能力"。总结以上内容，可以得出，精神健康就是指"接受自己，适应社会的状态"。

所以，不满足的精神状态及由此引发的情绪不安和紧张都是精神不健康。另外，从社会的角度来看，采取不恰当行为的人，也可以认为是处于精神不健康的状态。

人是社会性动物，出生在由家人构成的家庭中，在各种社会环境中生活及活动。这时，在人们所聚集的场所中，如果人们能够相互理解，并充分发挥自身能力，贡献于社会，那可以说是由健康的精神促成的。因此，重视社会中人与人之间的关系，以及个体的精神稳定是精神卫生的两大重要课题。

接下来的问题，关于精神健康的"卫生"，这里的"卫生"又是什么意思？一般来说，卫生就是预防疾病和不健康的状态，尽早进行恰当的治疗，积极增强健康。同身体卫生一样，精神卫生也包括预防不健康的精神状态和积极增强精神健康两方面。

---

①儿童健康保护白宫会议，1909年在美国白宫首次召开，会议主题分别有儿童福利水平，儿童健康和保护，儿童权利、需求、福利。每10年举办一次。——译者注

人的身体和精神是密切相关的。尽管为了方便起见，将两者分开来考虑和研究，但身体出现的任何现象都时时刻刻地影响着精神，反过来，精神的变化也时刻影响着身体。身体健康是精神健康的重要条件，同时，精神健康对身体健康而言也具有非常重要的意义。

试举一例来说明精神紧张对身体的影响。试想在某会议上进行自我介绍或在人前演讲时的场景，快轮到自己时，有些人会感到心跳加速，这是心悸亢奋；也有人手心、腋下频频出汗，这是精神性发汗。其中，有的人大量分泌唾液，感觉唾液咕嘟咕嘟地通过喉咙；相反，也有的人感觉口舌干燥难耐；也有的人感觉到尿意或便意，甚至出现暂时性尿频。面对不习惯的演讲，也有人从早上开始就坐立不安，肠胃不舒服。

这些都是精神紧张对身体造成的影响。随着紧张状态的缓和，身体症状也随即恢复正常。但是，紧张状态如果长期持续，例如家庭内部或职场中的人际关系处于紧张状态，身体症状将反复出现，逐渐形成顽疾。

为了缓和心理紧张，人们常常表现出异常的行为。例如，某项工作要求必须在一定的时间内到达某个地点，可是在地铁站等地铁时，左等右等都等不来。这时，你是怎样的一种精神状态？又将采取怎样的行动呢？

越是着急想快点到达目的地，越是忐忑不安，有时甚至进入亢奋状态。这样，肯定会频繁地向地铁来的方向张望吧。事实上，这个行为非常不合理，再怎么张望，地铁也不会提前到站。但心里就是想尽快确认地铁的到来，以使自己安心。当怎么张望都等不来地铁时，有些人就会忐忑不安，像熊一样踱来踱去，或者开始频频抖腿，希望由此缓和部分紧张心情，这在一定程度上确实能起到缓解紧张的作用。

在等其他交通工具时，一旦要等的交通工具到达，紧张就会得到缓解；又或者决心叫出租车时，精神紧张同样也会消失。然而，由家庭或职场中的问题而引起的紧张，因为问题持续不断地发生，为了逃避紧张而采取的问题行为也会形成习惯。各种怪癖行为的出现，其实很多都是人为缓解紧张而下意识间采取的行为。

另一方面，身体不健康对精神状态的影响则显而易见。身体发生故障，不舒服时就会立即给当事人带来痛苦，伴随着疼痛，精神也陷入不安和不愉快等不稳定的状态。即使疾病本身不带有苦痛，但生病的过程，有时会让患者感到极其紧张不安。而这类不安随心境的变化时有消除也很常见。比如有些人在与结核病斗争时，从信仰中体会到了心情平静，从而克服了疾病带来的不安情绪。

环境与精神状态也有着密不可分的关系，甚至可以说，环境时刻影响着精神状态。职场中，如果受到上司的轻视或感到人际关系复杂，有些人就不愿意去上班了，即使在办公室里也焦躁不安。又或者，上班时发生了某些冲突，下班回家后，对妻子的一点点小失误也会非常生气，可要在平时则一笑而过。

相反，家里有妻子或孩子生病，就会给当事人带来某些精神上的紧张，受这种情感的支配，工作中可能就会出现意料之外的失败或事故。如果是教师，在经历过这种令人伤心的事情后，有些原本对学生没什么爱心或者感情的教师可能会突然转变态度。

人们所生存的环境，只要他对环境不自闭，那么，肯定存在或正面或负面的关系。

因此，精神卫生的范畴与人类健康的诸多领域都息息相关。人们相互交往所产生的生活，比如家庭生活、职场生活以及其他种种社会生活都是精神卫生的对象。进一步地说，精神卫生还可能涉及国际关系，发展成为人类和平的基础问题。

我们认为，精神卫生当前的工作是探究家庭生活中出现的各种矛盾、职场矛盾以及对社会不满和不安的原因，从中发现解决方法，确定预防对策。有时，也涉及改善个人性格倾向、体质和体格，对器质性疾病需要进行正确的治疗。其中，最为重要的内容是，努力分析家庭内部或学校内部出现的不协调的人际关系，以及与社会环境不顺畅的关联，并对这些不协调、不顺畅进行调整。

所以，精神卫生所涉及的领域非常广泛，不管在研究还是活动方面，都需要各专业领域的合作。目前，参与精神卫生研究的学者们来自诸多领域：精神医学（儿童精神医学）、心理学（儿童心理学）、身体医学（儿童医学）、教育学、社会学及环境调查、文化人类学、脑生理学、动物学（尤其是比较动物学）。在这些领域中有许多学者都非常关注精神卫生。此外，法律学、政治学的学者中也有不少人对此表示关心。总而言之，精神卫生学可以说是一门试图将人类作为一个整体来理解的学问。

2. 儿童期的精神卫生

儿童期精神卫生的定义和成年人的精神卫生一样，重点在于维持、增进精神健康，预防不健康状态，治疗陷入精神不健康状态的儿童。

但是，孩子年龄越小，其精神健康受周围环境的影响就越大，因此，在治疗有问题行为的孩子时，与其直接对孩子进行治疗，不如多加注意他周围的环境，如家庭、幼儿园、学校及其他环境，效果会更好。

成年人显现出的精神不适应问题，其根源往往可追溯至幼年时期。所以，我们应该更加重视儿童期的精神卫生。对于成长期的儿童，其精神状态常常会直接或间接地受到来自家庭、幼儿园、学校、社会等的影响。家庭内部的家人争吵、父母关爱的缺失、经济方面的顾虑、学校里老师的不理解、与朋友的吵架，都可能让儿童产生各种问题。这些问题有时表现为攻击性行为，有时表现为退化性行为。另外，精神紧张和焦虑也会影响到身体状况，引起某些身体症状。

比如，一个3岁的男孩在妹妹出生后突然变得婴儿化，吵着要用奶瓶喝奶，总爱啼哭，还出现尿频的现象。可见，由于家人的宠爱都集中在妹妹身上，使男孩产生被家人抛弃的不安感，从而出现了种种问题。如果妹妹没有出生，这些问题应该都不会出现。男孩正是试图通过这类退化性行为谋求家人的理解。

再比如，一个小学1年级的女孩，上学以来一直非常活泼，可是突然变得无精打采。父母曾怀疑孩子患了某种疾病，但其身体方面没有任何异常。于是，我们调查了女孩的家庭情况，发现孩子的父母之间矛盾激化，每晚都能听到父母争吵，女孩被这种不安折磨着。

还有一个5年级的男生，放学回来就大喊累，一量体温，将近38摄氏度。这个孩子身体一直很强壮，母亲担心就带孩子去看医生，在医院做了各项详细的检查，却检查不出是什么病。于是，我们便考虑可能是心理方面的问题，在对孩子的生活环境进行调查后才发现，原来5年级时班里换了班主任，男孩不被新的班主任认可。新的班主任对他的评价是“过于安静、不够积极主动”，这与上一任班主任的评价完全相反。新的班主任偏爱活泼的孩子，认为内向安静的性格不太好，那个男孩的性格恰恰不是新班主任喜欢的类型，所以经常遭到批评。因此，孩子希望获得班主任认可的愿望增强，在焦急、紧张中导致精神高度疲劳，从而引起发烧。

以上案例中，当调整好家人之间或师生之间的关系后，就能完全消除问题行为以及身体症状。这类案例我们在本书的后面还会做详细介绍，这里要强调的是：孩子出现问题行为，一定要着眼于孩子身处的环境。

孩子们每天都在成长，成长过程中如果出现扭曲，可能会左右孩子的一生。因此，必须持续强调儿童期精神卫生的重要性。“三岁看大，七岁看老”的说法就是这么来的。

夏洛特·布勒夫人[①]对6～18个月婴幼儿的社会行为进行了研究分析，她将婴幼儿划分为三种类型：第一种类型为社会盲目儿，就算有其他孩子在身边，也表现得旁若无人；第二种类型为社会依赖儿，这些孩子因其他孩子的存在和行动而受到极大的影响，或者是对其他孩子的存在和行动感兴趣的孩子；第三种类型是社会独立儿，如果有其他孩子在身边，其注意力会被吸引，对他人的行为表现出一定的反应，但自己的行为并不完全受他人的影响，有自己独立的立场。布勒夫人对这三种类型的孩子进行了后期跟踪调查，发现即使在孩子长大成人后，这种性格倾向依然表现得十分明显。

约翰·华生[②]将青年群体划分为神经质、无积极性群体与非神经质、有积极性群体，通过调查他们的成长历程，发现属于神经质群体的青年在幼年时期往往都受到过非常严格的管教。

另外，欧美学者的研究表明，儿童在人生初期接受母爱和父爱的多少，对于他们将来的人格发展具有重要意义。在精神卫生学中，最根本的问题是如何保持父母与孩子之间深厚、温暖的关系。对孤儿院等各种养育机构的研究表明，失去母爱的孩子一般都会在成长过程中产生各种问题。

---

①夏洛特·布勒（Charlotte Malachowski Bühler，1893～1974），美籍德国心理学家。——译者注

②约翰·华生（John Broadus Watson，1878～1958），美国心理学家，行为主义心理学的创始人。——译者注

阿诺德·卢修斯·格塞尔[①]在他的研究报告《狼孩》中，讲述了关于狼孩的故事，一个直到7岁都与狼一起生活的女孩回到人类社会后，她用了10年的时间来适应人类社会，尽管最终能过上正常人的生活，但性格上依然同正常人有很大隔阂。这个故事表明，年幼时期在极端恶劣的环境下形成的人格和生活态度，将在很大程度上影响此后的人生。

但是，儿童研究必须在事实的基础上缜密地进行。布勒夫人的研究方法存在一定的问题，至于对孤儿院的研究，后来的学者对以往的研究成果又进行了修正。特别是关于“狼孩”的研究，孩子本身过于特殊，研究成果是否适用于普通孩子仍有待商榷。

弗洛伊德学派主张，人在幼年时期的印象会在成年后强烈地表现出来，他们认为性欲（Libido）作为人类的本能，如果在发展过程中遇到障碍就会转化为问题行为，一旦进入潜伏状态，暂时不会在脸上表现出来，当长大成人后会出现各种问题行为或精神疾病。尤其是性欲初期阶段的器官快感（口唇欲、尿道欲、肛门欲）的养护方法，比如哺乳、离乳、大小便训练都被视为重要问题。有关人工喂养还是母乳喂养的讨论也涉及这个问题。但是，弗洛伊德学说也受到了多方批判，许多观点被新的研究成果所推翻。

另外，关于同卵双胞胎的研究也值得注意，同卵双胞胎之间拥有非常相近的遗传因子。如果两个孩子分别在不同的环境中长大，会产生怎样的人格差异呢？尽管现在还没有得出明确的结论，但至少可以肯定，性格的形成在很大程度上受着环境的影响。关于这个问题，之后会详细阐述。

---

①阿诺德·卢修斯·格塞尔（Arnold Lucius Gesell，1880～1961），是一名美国心理学家和儿科医生，也是儿童发展研究领域的先驱。主要从事婴儿和儿童行为的研究。——译者注

在婴幼儿期以及学龄期形成的人格，对孩子将来的性格有多大程度的影响，关于这个问题的研究还比较少。幼年期性格粗暴的孩子，进入青春期以后并不一定同样粗暴；小时候安静内向的孩子，也有不少在长大后变得积极活跃。由于这种不确定性，许多研究人员并不重视幼年期的性格研究。孩子在进入青春期以后，确实会发生很大的人格变化。即使如此，幼年期的养育方式或生长环境依然不容忽视，许多青春期出现的问题行为，起因都可以追溯至幼年时期。要确立一种研究方法来科学地说明人格的形成原理是非常困难的，我们现在采用的是追踪式研究法，需要经年累月，很遗憾有些案例无疾而终。关于儿童问题，特别是人格形成的原理，至今依然有许多未解之处，期待今后的追踪式研究能解开这些谜团。

正如同卵双胞胎或婴幼儿人格的研究显示，人格的形成不能忽视基因遗传对性格的影响。我们发现，同卵双胞胎之间的性格相似度与异卵双胞胎之间的性格相似度就有显著的差异，即使在婴幼儿前期，他们除行为模式或发育顺序以外，在其他方面也都存在明显的个体差异，这些差异是根据什么产生的？是否可以认为是基因遗传的原因？这些性格根据今后的环境又将受到怎样的影响？是遗传还是环境的问题？……留给我们的研究空间依然很大。

关于婴幼儿期的人格形成，我们还面临许多难以解释的问题，尽管面对这些困难，为了所有儿童的幸福，我们必须进一步深入研究精神卫生。

第2章

儿童的人格是怎样形成的

迄今为止，有关人格形成的理论和人格结构的理论有诸多论述。对人格形成的理论作过重要研究并有广泛影响的是著名心理学家西格蒙德·弗洛伊德[①]，他以性欲的发育为核心，对不同年龄段的人格发展过程作了非常详细的描述。同时，他将本我（Id）、自我（Ego）和超自我（Super-Ego）作为人格的结构，进行了形象的说明。此后，约翰·鲍比[②]和雷恩·斯皮茨[③]等心理学家在对医院病

①西格蒙德·弗洛伊德（Sigmund Freud，1856～1939），奥地利精神病医生、心理学家、精神分析学派创始人。——译者注

②约翰·鲍比（John Bowlby，1907~1990），英国发展心理学家、儿童精神病学家。——译者注

③雷恩·斯皮茨（Rene Spitz，1887～1974），出生于奥地利的美国医学家，主要从事精神分析学、儿童精神医学的研究。——译者注

（Hospitalism）[①]的研究中，特别指出母爱对未满3岁的儿童尤为重要，他们还强调了母子关系的重要性。美国精神分析学派的学者在研究临床有问题的儿童时，都是从婴幼儿时期的母子关系中去寻找原因的。此外，对人格形成过程的研究，还有一些学者从文化人类学角度进行分析，指出社会的文化背景对于一个民族的性格特征具有极大的影响。其中玛格丽特·米德[②]的研究成果就是一个代表。

许多学者都对上述文献相继进行了整理，在此不再赘述。将来有机会，我再从自己的观点出发对这些文献重新进行整理。我们曾主要依据人格发展的观点，观察研究过儿童的人格发展，在研究中受格塞尔的影响很大。他对人格发展的起伏作了详尽的记述，尽管最终未能形成清晰的人格发展理论。但是，对于我们这些后来的研究者来说，他的研究成果为我们继续在与儿童的经常接触中进一步思考这一问题，提供了丰富的启示。格塞尔认为人格发展过程的波动非常大，这与精神分析学派的主张是相悖的，而我们对格塞尔的这一思想持赞成态度。

另外，我们集30年来的临床实践，不断地探究人格发展扭曲的原因，对人格发展的理论也起到了积极作用。为此，我们摒弃了弗洛伊德学派以性欲为核心的人格形成理论，着眼于人格发展过程中各年龄段的重要发展进程，研究其发展过程中产生的问题，并在治疗中对症下药，从而取得了良好的效果。由此，我们成功划分了人格层次结构的不同阶段，但是，这一理论仍然有不少地方需要在今后的研究中加以补充和完善。在此，我们主要介绍人格形成的基础原理。

①医院病也称为设施病，婴幼儿时期，因为某种原因不得不与父母长期分离，经常处于孤儿院或医院等环境中，由此而产生的孤僻的精神症状。——译者注

②玛格丽特·米德（Margaret Mead，1901～1978），美国文化人类学者，美国现代人类学成形过程中最重要的学者之一。——译者注

我们根据格塞尔的人格发展理论，尝试了多种方法研究人格的形成。一方面，我们对从婴幼儿期到学龄期儿童的人格发展轨迹进行了跟踪研究，对青春期孩子进行心理访谈；另一方面，我们根据对自闭儿童、怯懦儿童、逃学儿童及心身疾病儿童的父母进行的心理咨询及问卷调查，寻找这些孩子产生精神问题的原因，并注意研究他们在人格发展过程中出现的某些缺陷，为了弥补这些缺陷，对他们进行了不同程度的治疗，通过努力，这些孩子都取得了很好的治疗效果。我们还对这些病例进行了整理分析，从中考察各个病例的治疗效果。另外，这里提到的人格发展过程中的缺陷，是治疗各个年龄段孩子都必须面临的问题。

1. 儿童的人格结构

儿童的人格结构包括：①情感的发展与稳定；②独立性的发展；③适应能力的发展；④智力的发展，它们以不同的层次形成了人格的结构。

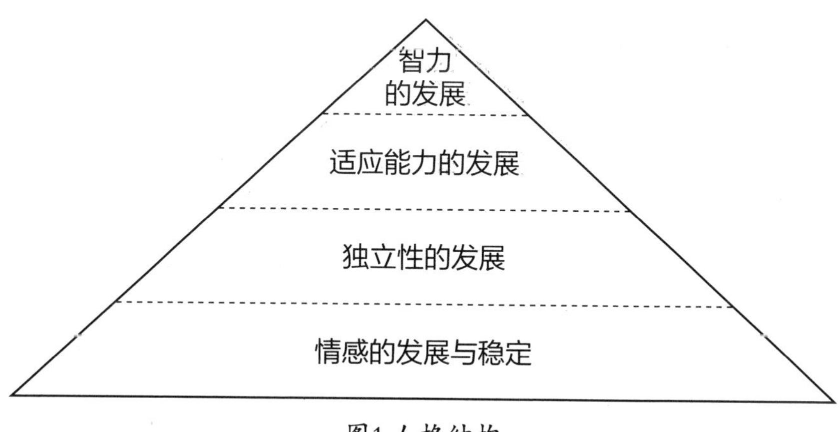

图1 人格结构

1）儿童情感的发展与稳定

情感的发展与稳定处于人格的最深层次，并扮演着重要的角色。我们先假定，情感的发展由情动（emotion）开始向情绪发展，情绪则进一步向情操发展。情动在婴儿初期就出现了，也称为原始情感，大脑生理学发现人与动物一样，在大脑皮层可以产生四种情感，即快乐、不快乐、愤怒、恐惧。对于动物来说，情感在这个基础上发展就非常困难了。人类在出生后2～3个月，因受到有血有肉的家庭亲情关系（特别是亲子关系）的刺激，情绪便逐渐产生并发展。通常，我们称这种亲情刺激为“爱”，但因为对爱的定义还没有明确，我们暂且称之为亲情刺激。

根据布利兹斯①的研究，2～5岁的儿童身上就能发现类似于成年人的所有情绪。他对情绪只是进行了粗略的分类，为了了解人类情绪的复杂性，我们必须进一步深入研究。目前，学者们已经开始这方面的研究。在情绪逐渐向复杂化发展的过程中，通过真、善、美的教育以及宗教教育能促进情操的形成，让人格魅力中充满丰富的情操。因此，在儿童情感的发展过程中，生活在孩子周围的人必须充满爱心，并给孩子以充分的情操教育，只有这样，人性才能焕发出光辉。

如果情感的发展迟缓或处于不稳定的状态，儿童就会表现出各种问题行为，甚至导致智力发展的迟滞（假性弱智），或者身体生长发育出现异常（心身疾病）。更为严重的是，在婴幼儿期或学龄期，初看起来人格形成比较顺利的孩子，如果情感发展存在潜在的迟缓，在进入青春期后，一旦面临困难或危机，情感的不成熟就会暴露出来，甚至表现出某种与精神病患者类似的行为（精神病样反应），这类行为常常被误诊为精神病。

2）儿童独立性的发展

在情感之上的人格结构是独立性。但是，虽然它位于情感之

①布利兹斯（Katharine May Banham Bridges，1897～1995），加拿大心理学家。——译者注

上，但它与其他层次之间也并非整齐划一、界限分明，独立性和情感之间有相互作用，因此，图1中的分层用虚线来表示。独立性的发展紧随情感的发展，在人格的形成过程中起着极为重要的作用。所谓独立性，常常与主体性、自发性等同义词或者关联词语并用，意味着用自己的能力进行思考、判断和行动。独立性的发展与意志力、积极性密切相关，是创造力的源泉。关于独立性与意志力之间的关系，如果从结构上加以说明，我们很容易发现，儿童独立性发展迟缓往往表现为缺乏意志力和积极性，而缺乏意志力和积极性又会削弱独立性。由于创造性是破旧立新、打破常规创造新事物的能力，因此，没有独立性的人是无法实现创造性的。

由于婴幼儿时期基本上是依赖性的生活，独立性发展迟缓很难表现出来。随着年龄的增长，对独立性的要求越来越高，这种要求也让孩子的不安日渐增长，随之而来的就是想逃避上学，特别是进入青春期后，有些孩子会陷入神经性病症或心身疾病的折磨而不能自拔，甚至有可能自杀。另一方面，一旦受到外部的某种刺激，他们便很容易受其影响。如果受到不良朋友的诱惑很容易误入歧途，或者世界观出现混乱，迷失于破坏性行为。

那些独立性发展迟缓并且伴随情绪发展缓慢的儿童，在进入青春期后，行为会极其不稳定。所以，进入青春期后迅速出现不良行为的孩子中，许多就是这种情况。特别是独立性发展迟缓比较严重的孩子，一旦面临必须做出决断的事情，往往会采取过激行为（反应性精神病），令父母束手无策（每当遇到这种情况，我们都会尽最大努力帮助这些父母）。

3）儿童适应能力的发展

在独立性的基础之上是适应能力的发展。我们在后面还会谈到，缺乏独立性的适应，并非真正的适应。所谓适应，是指在家庭生活中遵守规矩和秩序，在集体生活（幼儿园或学校）中遵守规章制度，在社会生活中遵守公共道德。要培养这种适应能力（社会性），家庭教育的重要性是毋庸置疑的。

适应能力低的儿童（成年人也同样如此）往往以自我为中心（任性），因为他们控制自身欲望的能力并未得到充分发展，在与人交往中就无法体谅、包容对方。以自我为中心的行为，即使在家庭内部能得到认可，但在家庭之外的集体中则会破坏秩序，为集体所排斥。作为儿童便会逃避无法满足自身欲望的集体，躲进能容忍自身任性的家庭里。这是儿童拒绝上幼儿园或逃避上学的一个主要原因。在这些儿童中，有的只对自己感兴趣的对象（食物、玩具、学科）表现出积极性，对感兴趣的学科就能认真学习，并取得好成绩；对讨厌的对象则强烈抗拒（偏食、偏科），遇到困难往往不会想到要克服，而是逃避。这种克服困难的能力与独立性是密切相关的，而且同意志力、积极性也有很大关系。

另一方面，在一些看似有适应能力，被父母和老师称赞为“好孩子”的儿童中，同样有独立性发展迟缓的儿童。实际上他们的适应能力只是表面的、形式上的，而不是真正的适应能力。因此，我们称之为“假性适应”。他们之所以很听话，表现得温顺，只不过是为了以这种行为博得父母和老师的赞扬。当然，谁都愿意听到赞扬的话，年龄越小的儿童，越热心于能够获得赞扬的行为。因此，我们应该尽早判断出他们是真的有适应能力还是表面上的“假性适应”，以此促进独立性的发展。在独立性发展的过程中，就像下面将谈到的那样，真正的独立性不是得到大人们赞扬而产生的行为，我们必须尽早去发现。否则，等到进入青春期后才醒悟到独立性的重要性，就可能会批判和否定以前的价值观，又因为独立性的发展已受阻，往往会对父母采取严重的叛逆行为，或者陷入心灰意冷的境地。这种现象在那些曾经一直受到赞扬而后来却逃避上学的儿童中都有不同程度的表现。

因此，真正的适应能力是以独立性为基础的，是内在的，它构成了人格的重要组成部分。独立性发展良好并有适应能力的儿童，并不在意他人的评价，他们更倾向于在坚持独立作出决定的基础上采取相应的行为。

4）儿童智力的发展

位于人格结构最上层的是智力的发展。所谓智力，不仅是习得知识，还包括思考能力的提高。缺乏思考能力的智力发展，只能成为“万能博士”或“书呆子”，未经思考获取的知识，只要记性好便可习得，这仅仅是一种机械式的能力，创造性的机能没有得到发展，不会有创造未来的能力。然而，这种靠死记硬背获得一大堆知识的儿童，在那些目光短浅的成年人看来却是极其聪明的。在学校，大多实施以记忆为基础的考试，孩子考试成绩好，便被认为智力发达。但是，由于这些知识并没有真正融入这些孩子的人格中，一旦考试成绩不好，便会因为担心遭到他人的恶评而极端沮丧。进入青春期后，孩子突然拒绝上学，这种情况也是原因之一。

思考能力的发展，是以独立性的增强为基础的，在发展过程中，儿童必然有犯错误的经历。由于现行的学校教育中几乎不允许孩子犯错误，所以独立性思考能力强的孩子往往成绩不一定好，特别是创造性强的儿童，现行的学校教育往往不适合他们的要求和发展。

如果没有情感的发展为支撑，知识就可能会被用于反社会的行为中。高智商的犯罪就是如此，它是以冷酷无情为基础，是对智力的不当运用。或者，有的人毕业于名校，工作后即使有机会得到升职，人际关系也不尽如人意，与周围同事摩擦不断，令人感到不愉快。所以，智力的发展必须伴随情感、独立性、适应能力的发展而发展，这样才具有社会意义。

现在，父母和学校的老师都十分关注儿童智力的发展，为了提高智力正在实施各种教育。值得注意的是，智力和适应能力同时得到发展的孩子，往往会被认为是无可挑剔的好孩子，但是，如果无视情感和独立性的发展，就会造成儿童人格基础的缺失。对智力的高低还有方法可以测量和了解，适应能力从孩子的表现中也很容易了解，而情感和独立性的发展状况则无法用客观的数据来显示，因而很少引起人们的重视。

如果我们再进一步从社会背景的角度来考察这个问题，我们会发现，现在儿童玩耍的场所越来越少，朋友也越来越少。因此，幼儿时期能独立玩耍的机会逐渐减少，小学生放学后要完成繁重的家庭作业，常常失去了独立行动的自由。同时，父母们因学历社会而焦虑，从幼儿期至大学，总是将孩子的智力学习放在第一位。

因此，我们认为，用适当的方法实现儿童情感的发展和稳定、独立性及适应能力的发展，并在此基础上促进智力的发展，是儿童发展阶段教育的核心内容。

2．儿童的情感是怎样形成和发展的

我们曾假设情感的发展是由情动向情绪发展，再由情绪进一步向情操发展。情动也称为原始情感，快乐和不快乐、愤怒和恐惧，它们的控制中枢被发现位于大脑边缘系统的下丘脑。刚出生几个月的婴儿，他们的情感主要表现为情动，随着月龄的增长，渐渐开始出现喜悦、悲伤等情绪，在此之后，情绪会逐渐变得复杂化。情绪被认为是大脑新皮质的机能，它主要受人与人之间关系的刺激而成熟起来。因此，现实生活中母子关系在情感发展中的作用就特别引起人们的重视，而在母子关系中，直接的身体抚爱显得尤其重要，这种抚爱通过母子间的嬉戏玩耍得以实现，成为儿童情感发展过程中重要的刺激方式。同时，母子之间的这种关系在发挥家庭凝聚功能的过程中也起着重要作用。

1）身体抚爱的重要性

身体抚爱的英文是skinship。这个词是我在1953年参加WHO[①]的研讨会时，由一位美国的女学者在一份报告中介绍的，在美国女性中广为使用，但由于是新造词语，英语辞典中尚未收录。

身体抚爱对于儿童极为重要，能够刺激儿童对人的关心，激发他们与他人建立关系的欲望。在婴幼儿时期，如果身处缺乏这种刺激的环境，今后将很可能引发医院病，或者自我封闭会更加严重。

随着视力的发育，婴儿在6~8个月便开始出现认生。认生是婴儿辨认自己依恋或不依恋的人，同时对不依恋的人感到恐惧的能力。因此，对没有表现出认生的婴儿，我们应该想到他是否是缺乏对人的兴趣，或者缺少与他人建立关系的欲望。也就是说，我们应考虑他有可能是医院病的初期症状或者是有自闭症的可能性，应该增加对他的身体抚爱。因为，在自闭症儿童中，80%~90%的孩子都没有显现出认生的现象。实际上，认生贯穿于整个婴儿期，是孩子情感发展顺利的表现。

2岁左右是母子关系发展的一个分水岭。这个年龄的儿童，如果情绪发展稳定，会对母亲表现出强烈的依恋，很想成天跟母亲形影不离。例如，即使是一直与母亲分床睡的儿童，也会时常晚上钻到母亲的被窝，来享受妈妈的温暖。所以，对于孩子的陪睡要求，我们应该积极给予回应，这一时期我们称为“陪睡时期”。另外，

①WHO是世界卫生组织（World Health Organization）的简称，于1948年4月7日成立，是联合国下属的一个专门机构，总部设在瑞士日内瓦，只有主权国家才能参加，是国际上最大的政府间卫生组织。——译者注

这个时期的儿童还以各种方式在母亲面前撒娇，不舒服时、想睡觉时、疲倦时都会找借口爬到母亲的膝上，缠着妈妈撒娇嬉闹，如果被拒绝，便会哭着在母亲身后追赶。还有，他们会要求母亲来照顾自己，比如穿内衣裤时，除了母亲，不要其他任何人帮忙，这都是孩子对母亲依恋的表现。对母亲来说，这可能是一个最劳神费力的时期，但母子的亲情关系正是通过撒娇的方式来增进的。这个年龄的儿童，如果被送去幼儿园，大多都会抱着母亲号啕大哭，与母亲难舍难分。所以，3岁前向母亲撒娇、喜欢母亲、不愿离开母亲的孩子，都是情感发展顺利、情操萌芽的健康儿童。

如果一个2岁左右的孩子既不向母亲撒娇，对母亲的离开也没有多大反应，看似很独立，实际上很可能是情绪发展迟缓、情操尚未萌芽。这种状况的极端表现就是自闭儿童，自闭儿童中有些孩子与母亲之间的亲情关系完全没有建立。另外，那些在不注意精神卫生的孤儿院中长大的孩子，与保育人员之间的关系就十分淡薄，这是医院病的一种主要症状。因此，我们在评价一个儿童时，不能简单地说，与母亲和保育人员很容易分开的儿童就是“好孩子”。值得注意的是，作出这种错误评价的大多都是幼儿园的保育人员，有些母亲也会犯同样的错误。

对于那些很容易与母亲分开，或者不认生的儿童，做母亲的应该经常给孩子以身体抚爱，促进孩子的情感健康发展，而孤儿院则要增加保育措施。有很多方法可以取得效果，比如陪孩子睡觉、拥抱、挠痒痒，紧紧拥抱的效果会比较好。

但是，有些母亲喜欢抚爱孩子，有些母亲不喜欢，后者对孩子的抚爱只是身体的接触，而无法产生情感上的愉悦气氛。应该指出，进行身体抚爱，是为了通过这种行为建立母子之间的愉悦氛围。为什么有的母亲不喜欢跟孩子进行身体抚爱，甚至厌恶这种行为呢？我们认为其原因可能在于这些母亲自己小时候没有得到过这种抚爱的体验，或者是习惯于以自我为中心，而真正的原因很难用简单的几句话说清楚。

缺乏身体抚爱的孩子，在给予其充分的身体爱抚后，很可能在短时期内与母亲难舍难分。一般来说，小学低年级的孩子会对身体抚爱有强烈的需求。如果是自闭症儿童，这种情况就愈加突出，甚至会达到与母亲寸步不离的地步。但是，如果孩子的要求得到了满足，大多数孩子会不再缠着母亲，并逐渐增加独立行为。

即便是情绪和情操都得到顺利发展的孩子，对身体抚爱的要求也会持续到8～9岁。当然，8～9岁的孩子偶尔让母亲抱一抱，甚至抚摸母亲的乳房，也是完全有可能的，但这种行为会随着年龄的增长而逐渐减少。孩子进入青春期后，就会完全不寻求身体抚爱，这是母子情感关系发展顺利的正常标志。

然而，那些在2岁左右得到母亲身体抚爱较少的孩子，进入青春期后，往往对母亲有强烈的身体抚爱要求。也就是说，那些在2～3岁时被认为是有独立性的“好孩子”，当他们过了这个阶段，就很难再向母亲撒娇了，这种状况一直持续到青春期，当他们遇到某些危机或难以解决的困难，就会尾随母亲，想触碰母亲的身体，或者钻进母亲的被窝。我们在逃避上学的儿童和神经性食欲不振的儿童中常见到这种情况。进入青春期后的男孩，有时会对母亲作出一些让人不愉快的行为或性感行为，让母亲感到十分惊讶。大多数医生会将这些孩子误诊为精神病。当这些孩子无法再向母亲要求此类身体抚爱时，他们就可能会产生一些性问题行为（恋物癖或同性恋），我曾接触过两三个这样的实例。

我们在研究儿童进入青春期后出现的各种问题行为时，会特别重点研究他们在2岁前后的母子关系，以及在母子关系中如何实现孩子对身体抚爱的要求。如果儿童在这方面没有得到满足，我们认为，即使孩子进入青春期也应该以某种方式来弥补曾经缺失的身体抚爱。例如，有些女大学生经常有神经性食欲不振（以后又转化成贪食症），或者因与母亲的分离而忐忑不安，或者在与他人交往中故意制造麻烦。在她们的生活经历中，多数在身体抚爱方面都未得到过满足。因此，我们向她们的母亲建议最好与女儿一同入浴，这样可以创造一些给她们以身体抚爱的良好机会。有一位母亲说，她在与女儿一同入浴的时候，当提出为女儿擦洗身体时，女儿就像两三岁的幼儿一般，舒展四肢让母亲擦洗。还有一名男研究生，不愿意去学校，从2楼不慎滑落下来伤到了腰，母亲借此机会为他按摩了一晚上受伤的部位。这些孩子此后的情绪都非常稳定，症状也得到了很大改善。

为什么有些儿童在2岁左右时不要求母亲的身体抚爱呢？要找出原因，需要进一步分析在此之前的母子关系。我们主要运用了父母回忆的方法进行调查，调查结果虽然不能对该问题作出全面解答，但我们发现，在这些儿童中，大多是在婴儿期因为各种原因而使他们对身体抚爱的需求未能得到充分满足。特别值得注意的是，调查中发现，有不少母亲都希望孩子“安静”“不给大人添麻烦”，因而很少对孩子进行身体抚爱。所以，过去只有在孤儿院长大的儿童才会出现的医院病，现在也出现在了在家庭养育的儿童中。另外，有必要指出，多数自闭症儿童在婴幼儿期往往都是安静、不给大人添麻烦的“乖孩子”。

婴幼儿期的孩子，特别是在婴幼儿后期会特别吵闹，常常给人添麻烦。比如，他们会找任何机会要求母亲及家人的陪伴，或者要人抱。这种要求如果得到过度满足，就会养成随时让人抱的习惯，随之而来就是会“认生”，或者缠着母亲不放。因此，如果孩子到了2～3岁，还是安静、不认生，我们就必须给孩子更多的身体抚爱。母乳喂养的婴儿通过哺乳可以自然而然地得到身体抚爱，然而，在母乳喂养日益减少的今天，很容易引发情绪发展迟缓及人与人的情感关系、情操萌芽的迟缓。

在幼儿园或托儿所，虽然有些保育人员喜欢与孩子进行身体接触，但有的孩子表现的是非常愿意让人抱着不愿意下来，而有的孩子表现的则是全身僵硬，很不协调。前者被认为是母亲对孩子抚爱过少造成的，后者则往往是几乎没有享受过身体抚爱的温暖。如果我们发现有这样的孩子，应及时告知其母亲，提醒母亲要给予孩子更多的身体抚爱。从这个意义上讲，幼儿园或托儿所的保育人员应积极制订出让儿童能够接受的身体抚爱的方法，尽早发现情感发展迟缓的儿童并采取有效措施，这对儿童以后的情绪发展和情操发展都起着重要的作用。

我们每年都会举办小学1～4年级学生的夏令营，同这些孩子一起生活，积极地同他们进行身体抚爱，特别是把孩子们托在膝上一起玩耍。那些以前很少得到母亲身体抚爱的孩子，常常爬到我们的膝上不愿离开。每当发现这样的孩子时，我们就会联系他们的母亲，请她在以后的家庭生活中多给孩子一些身体的抚爱。不少母亲接受我们的建议后，效果非常显著，孩子会缠着母亲不放，有些孩子甚至连上洗手间也要母亲抱着。因为这些孩子已经是学龄儿童，从独立性的角度来看，母亲可能会担心，然而这正是过去身体抚爱严重不足造成的，一旦得到满足，孩子自然就会减少要求。

还有一些儿童，他们或者常常欺负弟弟妹妹，或者好动、坐立不安，或者出现一些难以解释的问题行为。这些儿童不论年龄大小，我们都可以从他们过去受母亲身体抚爱的多少去寻找原因，如果他们得到的身体抚爱很少或者几乎没有过这种经历，我们就有必要寻找机会以某种方式去弥补这方面的不足。然而，孩子的年龄越大，就越难以找到这种机会，要寻找合适的抚爱方法也越困难。但是，只要经常留意，总是能找到适当的机会。比如，母子二人一起去旅行就是一个好办法。

2）儿童与父母的游戏

儿童的玩耍，既是生活也是学习。在生活中，究竟应该把玩耍放在什么样的位置，不同的人生哲学有不同的解释。过去，在日本比较贫穷的时代，“玩耍”被认为是一部分富裕阶层的享乐，对于贫苦大众而言，“玩耍”是一种罪恶。这种想法即使到现在也仍然根深蒂固地残留在一些人的观念中。这是产生“玩耍”和“学习”、“玩耍”和“工作”相对立的原因之一。相比而言，在欧美国家，人们的传统是把休息视为工作的源泉，最具代表性的就是人人都能享受夏日假期。假日就是游戏的日子，这种游戏会激发工作的热情，对于发挥人的创造性是十分必要的。从这个意义上来讲，儿童的玩耍正是他们生活中的一个重要组成部分，在玩耍中提高生活热情和创造性。这两者与独立性的发展是密切相关的，我们在下一章将作详细介绍。关于玩耍与情感发展的关系，我们必须先考虑儿童的快乐和喜悦。

孩子只要在家，就必须为他创造能愉快玩耍和让他开心的环境。为此，玩具是游戏的一个重要因素，而另一个重要因素就是家人。孩子的年龄越小，嬉戏打闹就越是一种有趣的游戏，全家人能够共同体验其乐融融的亲子关系。比如，让孩子在背上骑大马，玩跷跷板游戏，参与孩子发起的过家家，和孩子一起进行毫无拘束的游戏，从而达到全家欢乐的目的，孩子们的情绪也在这种愉悦的氛围中得到稳定，情操也逐渐开始萌芽。与孩子进行这种天真无邪的玩耍，需要父母有一颗童心，就是“像孩子一样纯真的心”。父母要抛开成年人矜持的面孔，不摆架子，从心里享受与孩子的游戏。儿童对这种拥有童心的成年人往往会表现出亲近和依恋之情，更容易形成亲密关系。

随着孩子年龄的增长，玩耍会逐渐带有文化色彩，这会从孩子喜欢的玩具上体现出来，在与成年人进行的语言类游戏中也会体现出来。这时，幽默便显得很重要，幽默是情操发展的一个重要因素。遗憾的是，在日本文化中幽默的成分很少，仅在川柳①中有一些幽默的表现，这也许是受以前的贫穷和封建社会压抑的家庭生活所造成的。

关于在家庭生活中帮助父母做家务的问题，我们将在本章第4节“如何提高儿童的适应能力”中作详细介绍。在做家务的过程中也可以引入“游戏”的要素。对于孩子而言，做家务本身就是一种“游戏”的方式。孩子如果能在做家务中感到玩耍的乐趣，他就会兴致勃勃地去做。因此，让孩子在玩耍的过程中完成家务，大人应该采取比较宽容的态度。

另外，在让孩子玩耍时，也要注意培养他们良好的生活习惯（适应能力的发展）。比如，洗澡就是孩子玩水的好时机，铺好的床和被子最适合在上面翻滚、打闹、玩相扑。在家庭教育中培养其他习惯时，也要将“游戏”纳入考虑范围。父母能否积极认同孩子的游戏，与孩子共同享受游戏的乐趣，对于孩子的情绪发展和情操萌芽都具有重要的作用。同时，这也是幼儿园、托儿所的保育人员及小学教师应该具备的素质。

3）家庭凝聚力的作用

愉悦的家庭氛围对促进儿童的情绪稳定和情操萌芽是至关重要的，而这集中体现在家庭是否具有凝聚力上。雷蒙德·卡特尔②用群体个性（syntality）一词来表示家庭的凝聚力是比较贴切的，这种

①川柳是日本的一种诗歌形式，由17个音节组成，按5、7、5的顺序排列。以口语为主，多用于表达心情或讽刺时事。——译者注

②雷蒙德·卡特尔（Raymond Bernard Cattell，1905～1998），美国心理学家，最早应用因素分析法研究人格。——译者注

凝聚力汇集了由每一个家庭成员的人格所带来的活泼开朗，呈现出愉悦的氛围。

一个家庭有没有凝聚力，在餐桌上最能体现出来。在欧美国家的家庭中，用餐时间比较长，其间谈论的话题是很重要的，父母往往会想办法引出有趣的话题。当然，以父母为中心的一些话题，孩子们是没有多大兴趣的。而在孩子们感兴趣的话题中，又会因为孩子们的年龄参差不齐而难以取舍。所以，这就需要父母能创造一种氛围，让孩子们主动提出话题。一旦有了这种氛围，孩子们便会从自己经历的事情中提出有趣的话题，父母也能从中享受家庭的和睦与快乐。

然而，日本家庭的用餐时间非常短。这是因为，在贫穷的时代，人们认为用餐时间过长是一种罪恶，吃饭快可以受到表扬。当时的家庭经济状况非常拮据，用餐时不会找话题聊天，不必要的话更属禁止之列。直到现在，这种传统还深深印刻在日本的餐桌文化中。缺少愉快的话题，餐桌只不过是补充营养的一个场所。父亲往往一言不发默默地低头吃饭，或者边吃饭边看报纸。而对于孩子们来说，他们只能看电视。结果就是吃饭的房间被电视机占据，大家边看电视边吃饭，这种状况真实地反映了日本家庭凝聚力的贫乏。在重视餐桌凝聚力的欧洲，我还没有见过在餐厅里摆放电视机的家庭。家庭凝聚力的贫乏会对儿童情绪的稳定带来怎样的影响，虽然现在还难以具体评估，但可以断定影响一定不会小。一位久居日本的德国友人曾经问我："日本家庭中真的有凝聚力吗？"

影响家庭凝聚力最大的一个基础要素是夫妻之间的交流。在日本，这种交流往往很不充分。夫妻往往没有充裕的时间和适当的场所，就家庭中的日常事物、孩子的养育和教育以及社交问题相互交换意见。相比而言，在欧美的家庭中，晚上8点之后基本上就是属于夫妻的时间了，孩子们到这个时间就必须回到他们自己的房间里。未经允许，孩子不能随便进入父母的房间。从建立亲子关系的角度来看，这可能会有不妥之处，因此我并不完全赞同，但把夫妻间的充分交流作为生活原则，这一点是值得学习和借鉴的。

在日本，夫妻之间不能进行充分交流的一个重要原因，应该是物质生活比较贫乏所致。如果不从早到晚勤勤恳恳地工作，就很难维持有品位的优质生活。而在欧洲国家，商店在下午1～3点就放下卷帘门，为停止营业做准备，7点以后就全部打烊了。因为他们有维持家庭凝聚力的经济能力。即便是商店和餐馆，每年因为夏季休假也至少要停业3周时间。日本与这些国家之间的经济差距由此可见一斑。

再者，封建时代的家长制至今依然在日本的家庭中根深蒂固。如果妻子与丈夫商量家务或孩子的事情，丈夫就会感到厌烦。妻子只能默默地照顾下班回家的丈夫，不愿因为繁杂的家务事和养育孩子的问题再给丈夫增加负担。丈夫回到家里，也闭口不谈任何与工作相关的事情，这些似乎都已是不成文的规定。而在欧美国家，夫妻之间无话不谈，丈夫主动分担家务并参与照顾孩子，而且不会觉得这样做有失尊严，这早已是欧美家庭的一种传统。

与欧美家庭相比较，日本的家庭凝聚力是值得反思的。但我的本意并不是说应立即以欧美家庭为原型照搬照抄，而是希望改变长期以来以家长制为基础的家庭形象以及过去家庭中大丈夫、严父和贤妻良母的旧观念，建立新的、和谐的夫妻关系和亲子关系，构筑新型的日本家庭形象。

近年来，许多年轻夫妻摒弃了传统的夫妻行为模式，在为事业奋斗的同时，共同分担家务和养育孩子的任务，受到社会的普遍赞许。按照这种趋势，我们所期待的新型家庭形象将会在数十年之后蓬勃而出，其核心就是家庭凝聚力的增强。在这样的家庭氛围中，孩子们通过和父母的身体抚爱或嬉笑玩耍，真正体验到家庭的温暖和欢乐，那么儿童的情绪将会自然顺利地向情操发展，问题行为或违法犯罪问题也一定能消除。但是，建立这种新型的家庭需要有行政力量的支持，同时，我们还必须不断地反省，改善不利于家庭凝聚力及家庭关系的学校体制及社会体制。

3．儿童的独立性是怎样建立起来的

独立性的发展在儿童人格形成的过程中，其重要性仅次于情感的发展。但是，独立性的发展是怎样建立起来的？我们对此作了长期的临床研究，特别是对进入青春期后拒绝上学的孩子，或者出现其他问题行为以及患有心身疾病的孩子，我们对他们的父母进行了问卷调查。在整理调查结果后，我们发现这些儿童身上有以下共同特点：①淘气；②叛逆；③喜爱冒险。

1）淘气的儿童

1976年的调查表明，在儿童成长发育过程中，独立性最初的萌芽是“淘气”或“恶作剧”。我们发现，那些没有第一叛逆期的儿童，往往是那些不淘气、不搞恶作剧的儿童。

淘气实际上是受好奇心的驱使表现出来的行为，表现在成年人身上就是求知欲。儿童从学爬行开始，就对周围的事物表现出了好奇心，碰到什么都要抓到手里，随后就往嘴里塞，或者把它撕扯坏，或者翻来倒去地玩。他们抓到的东西可能对大人来说很贵重，所以，那些缺乏心理发展知识的大人们就会批评孩子淘气，试图阻止他们的这类行为。我们应注意不要压制这种好奇心的表现，同时，要逐渐培养他们适应家庭生活秩序的能力，使他们有教养，两者都很重要。

如果家人对孩子这个时期的淘气进行压制或训斥，孩子就会变得“老实”起来，而当这种“老实”受到称赞后，孩子就会采取顺从这种评价的行为，做听话的乖孩子。这虽然会让大人对孩子的管教更容易，但孩子的独立性发展却因此而受阻。在1～3岁期间，乖巧听话的孩子是没有第一叛逆期的反应的。为了让孩子能够尽情淘气，应该对家庭环境进行及时的调整。我们的调查表明，在那些孩子不能随便淘气的家庭中，大多都是孩子与祖父母等老人生活在一起的，由于老人们通常喜欢整洁安静的居住环境以安度晚年，因此，不喜欢自己的生活被孙辈的调皮捣蛋打乱。为了照顾他们的生活习惯，孩子的母亲（儿媳）常常严格管教孩子的淘气行为。有些母亲可能认为这是作为儿媳对婆婆应尽的职责，而也有些母亲尽管违心，但也不得不对孩子的淘气行为进行管教。

考虑到上述问题，老人们最好还是和儿孙们保持“一碗汤的距离”居住，如果不得不在一起生活，就要想办法创造一个既能让孩子无拘无束地淘气，又能保障老人起居习惯的空间。

2）第一叛逆期

儿童在淘气的过程中实现了独立性的发展，他们在3岁左右会出现第一叛逆期。这个时期的叛逆表现是，对于大人提出的要求都会说“不”，坚持“我自己来”，或者拒绝大人的保护和干涉，一旦被干涉便会大发脾气。这些行为恰是独立性的鲜明表现。

但是，在大人看来，孩子的这类独立性行为，大多都是他们对做不到的事情进行逞强的表现。对独立性发展过程不理解的大人往往认为他们是“不听话的孩子”，总是对这类行为加以干涉和禁止。如果孩子屈从于大人的压抑而变成“听话的孩子”，独立性发展就会因此而停滞不前。所以，我们如果发现孩子出现了第一叛逆期，应该感到高兴，这正是孩子独立性发展顺利的重要标志。

有些儿童面对父母对自己行为的干涉，会表现出更强烈的反抗。这些孩子的独立性实际上是极强的。但是，父母会认为他们是“难以管教的孩子”，从而用更严格的方法来管教他们。在这种情况下，孩子会感到自己不被父母接受，于是，便越来越叛逆，甚至做出攻击行为。这种现象也很有可能出现在幼儿园或小学的集体生活中。

必须强调的是，在那些被误认为是叛逆现象的行为中，有些是以自我为中心的行为。这种以自我为中心的行为，尤其是指当孩子向大人提出的物质要求得不到满足就大发脾气，坚持自己欲望的行为。我们应该把这种行为与第一叛逆期的行为区别开来，如果判断失误，满足了孩子的欲望，他们的自私行为就会变本加厉，导致适应能力发展迟缓。

3）朋友关系

当儿童顺利经过第一叛逆期后，他们的独立性会得到进一步发展。到3～4岁时，这种独立性的发展表现为想交朋友的欲望越来越强，如果结交到好朋友，就会热衷于和朋友玩耍。在玩耍过程中，儿童的创造性欲望会得到激发，这是创造力的萌芽。

但是，在和朋友一起玩耍时，他们常常会因为分歧而争吵甚至打架。实际上，这是一种以独立性为基础的、自我表现欲的反映。我们应该鼓励他们多与朋友一起玩耍，而不应阻止。只要有与朋友积极玩耍的意愿，他们就会在与朋友的争吵或打架中逐渐学到如何表达自己的主张，以及怎样实现自己的要求。或者，他们会主动考虑是否不吵架也能在一起玩耍，朋友是不是也有自己的想法。在这个过程中，孩子就能逐渐学会礼让朋友、遵守秩序的能力。如果大人们认为“吵架的孩子不是乖孩子”，不允许他们有争吵行为，有的孩子便会投其所好，争取做不打架的“好孩子”。然而，这样的孩子会没有自己的主见或者只是为了获得大人的表扬，而不能培养成为真正具有社会性的儿童。我们在观察中发现，这些孩子在和朋友玩耍时很难全身心地投入，他们太在意大人的评价。

4）兄弟姐妹关系

独立性发展良好的孩子会经常和兄弟姐妹们争吵，因为在他们的争吵中包含了许多嬉闹的成分。比如，下雨天由于不能到户外活动，他们的精力无处发泄，往往会因为一点点小事就开始争执，一发不可收拾。只要仔细观察此时的情形，就能很明显地发现，这种争执多是其中一方有意挑起的。许多父母总想责备挑起事端的孩子。但是，要注意，事情的发生往往是有连续性的，在孩子们真正打起来之前，就已经有一个孩子在父母不知情的情况下单方面对其他孩子进行了挑衅或者恶作剧，谁对谁错是无法定论的。当兄弟姐妹之间出现纠纷时，父母一定不要生硬地判断对错，如果判断有误，就会给作为当事者的孩子造成心灵的伤害。

兄弟姐妹之间在家无论吵得多么不可开交，他们在外面却会相互保护，形影不离。由此可见，他们实际上感情很融洽。所以，在外面感情好的兄弟姐妹，如果在家里发生激烈的争吵也没有必要担心，随着年龄的增长，争吵会逐渐减少，取而代之的是相互体贴、相互关心。

如上所述，造成兄弟姐妹间真正关系不合的原因，往往是父母调解失误，对某个孩子偏心。特别是，如果和老人生活在一起，可能会出现祖母偏爱长孙，父亲偏爱次子，母亲偏爱幼子的情况。在家庭生活中，这种情况应该绝对避免发生，因为偏爱是造成兄弟姐妹间不和睦的重要原因。

如果兄弟姐妹之间通常都很和气，我们就有必要考虑他们的独立性发展是否受到了某种压抑。如果这种压抑是来自家庭成员，应该立即消除，让他们重新回到能自由吵架打闹的状态，这对于促进儿童的独立性发展十分重要。也就是说，不打闹的兄弟姐妹正是有问题的儿童。把吵架认定为“坏孩子行为”是一种错误认知，有必要改正。

有些兄弟姐妹的关系在进入青春期前一直都很融洽，好得让人羡慕。而在进入青春期后，因受到某种精神方面的打击，他们开始意识到独立性的重要意义，于是便开始提出自己的主张。然而，由于他们的行为方式尚不成熟，导致兄弟姐妹间经常发生激烈的冲突，我们曾遇到许多这样的案例。有些孩子因相互看不惯而诉诸暴力，有的还动刀抡棒，大打出手。因此，从发展的角度来看，小学低年级的兄弟姐妹“一聚到一起就打闹、吵架”，正是他们的独立性发展顺利的表现。

5）中间叛逆期（顶嘴）

3岁前后的第一叛逆期和青春期的第二叛逆期之间，即7～8岁前后，我们称为中间叛逆期。中间叛逆期的主要表现是“顶嘴”。孩子对父母的提醒或忠告总是顶撞，让父母很生气；有时甚至使用过激言辞，更让父母怒火冲天。

然而，仔细分析孩子“顶嘴”的具体情况和内容，我们可以发现，他们的这种行为是有其合乎情理的一面的。因为处于这个时期的孩子的独立性和自主性越来越强，其智力和语言能力也日益发达，父母应认真倾听孩子提出的主张。但是，在日本的家庭教育中，从明治时期起，孩子对父母说的话无论对错都言听计从，家长是绝对的权威，这种传统一直延续至今，这是封建家长制的体现。而在民主家庭中，充分听取每个家庭成员的意见是理所应当的事情，孩子的想法也会受到尊重。在民主思想深入人心的欧美家庭，父母都非常注重培养孩子从小就明确表达自己意见的能力。如果孩子提出的意见有误，父母也会提出批评和纠正，但孩子们勇于提出自己主张的态度却得到了理解和尊重。父母们应充分认识到，父母也不一定是十全十美的人，孩子有时也能提出一些正确的意见。实际上，孩子在“顶嘴”的过程中常常会尖锐地指出父母的不足，如果父母能正视这些不足，就理应采纳孩子的意见。父母的这种谦虚的态度，将在很大程度上促进孩子内心的发展。在今后的家庭教育中，让孩子能够充分表达自己的主张，是建立民主型家庭的重要任务。

在当今父母的观念中还残留着浓重的封建观念，我们应努力调整，改变观念，否则，想让孩子的独立性得到发展是很困难的。所以，要充分认识“顶嘴时期”的意义，并在这个过程中期待孩子的独立性顺利发展。

6）第二叛逆期

独立性的最后一次飞跃性发展，出现在进入青春期后的第二叛逆期。青春期的孩子对父母和老师的叛逆是自我的觉醒，他们会反思至今为止大人们教给他们的价值观，甚至对此加以否定，从而确立自我。这一时期的叛逆状态激烈如疾风暴雨，通过这个过程来实现“精神断奶”。当他们的独立性确立后，将迎来崭新的独立人格。因此，第二叛逆期的出现是孩子独立性顺利发展的表现。然而，在现行的学校教育中，由于课业繁重，第二叛逆期往往得不到认同，许多孩子的独立性在初中和高中阶段会受到压抑。当进入大学生活后，他们初次享受到自由的空气，之前受到压制的独立性才爆发般地显现出来。正如前面所述，这将导致他们的人生观发展不成熟，甚至有可能误入歧途。

7）独立性发展迟缓带来的问题

纵观儿童独立性的发展在不同年龄段的特征，我们发现独立性发展顺利的孩子在1～3岁时非常淘气，并依次经历第一叛逆期、中间叛逆期和第二叛逆期。其间，他们积极享受同兄弟姐妹以及朋友之间的游戏，也会经常争吵打架。如果孩子在这一时期既不淘气，也不叛逆或争执打闹，我们就有必要从独立性发展是否受到压制这方面找原因，同时，还要认真探讨和思考促进孩子独立性发展的方法。

我们曾经接触过很多进入青春期后拒绝上学，以及患神经性疾病或其他心身疾病（特别是神经性食欲不振），甚至企图自杀的孩子。我们通过问卷调查对他们的生活经历进行了详细了解和对比，发现这些孩子以前都是很少淘气，没有叛逆也不会吵架的“文静”“腼腆”的“乖孩子”。因此，他们被父母和老师错误地认为是“好孩子”。可以说，他们为了获得大人们的赞扬，不得不违心地迎合大人，不做淘气、叛逆、打闹的事情。结果就造成独立性的发展仍然停留在幼儿期阶段。

当这些孩子出现拒绝上学的情况时，和过去的“好孩子”形象会完全判若两人，对父母乱发脾气，甚至拳脚相加，或者沾染上其他不良习气。这些行为原本应该在三四岁到七八岁之间表现出来。对此，我们可以解释如下：他们把过去因受压制而没能表现出来的独立性行为，在这个时期爆发性地表现了出来。另外，那些拒绝上学以及想自杀的孩子，在日常生活中完全处于懈怠的状态，他们的房间脏乱到不忍直视，平时也不洗澡、不理发，衣服也懒得换，对这种邋遢的生活似乎习以为常，这种状况说明，他们完全否定了过去那种整洁有秩序的价值观。

但是，当独立性得到正常发展时，即使没有父母的要求，他们也会重新回到讲卫生、注意整洁的日常生活中来，并且逐渐开始主动上学，重新采取适应社会规范的行为。在这个转变过程中，我们建议父母在教育方法上要采取彻底信任的态度。

8）放手式教育

放手式教育的原理是让孩子承担一切责任，用这种方式来帮助和促进孩子的独立性发展。最初放手让孩子自己负责时，他们会迷失方向，并且会犯错，或者以失败告终。但是，通过自己的亲身体验，他们培养了独立思考的能力，思维也开始变得多样化。在把失败转变为成功的过程中，他们培养了进取心，体验到了成功的喜悦，由此也增强了自信心。尤其是当他们突破以往的固定框架并取得创造性的成功时，他们的创造欲望便会极大地激发出来。

放手，就是既不指示和命令，也不全权包办。也就是说，既不指手画脚，也不出手帮忙，而是采取袖手旁观的态度。有些父母和老师将放手误认为是“放任不管”，但放手与“放任不管”的意思完全不同。父母和老师在关注孩子的同时，需要努力克制自己，既不能出言指点，也不能出手帮忙，这种体验是比较痛苦的。

放手式教育应从婴幼儿期就开始实施。例如，当一个已经会到处爬的婴儿想要拿玩具却拿不到时，是等他通过自己的努力拿到手，还是把玩具直接递到他手中呢？这需要做出一个判断。前一种方式就是不越俎代庖的放手式教育，采取耐心等待的态度；后一种则忍不住代劳，这是一种过度保护。对于孩子，父母在生活中的各个方面都有必要克制自己，不动口也不动手，在生活习惯上更应如此，尽量让孩子自己完成生活中的各种琐事。有一个上小学的男孩，我们在夏令营中发现他的独立性发展相当迟缓。当我们和他的母亲交谈时，她说自己并没有过度保护孩子。但是，当孩子不时地跑到母亲面前，而母亲看见他满头大汗时，她就立刻拿出自己的手帕帮他擦汗；当孩子穿衣服时，如果手伸不进袖子，她就会走到孩子跟前，帮他拉起袖子并穿好衣服。我告诉孩子的母亲，这就是过度保护，她显得很惊讶。她以为自己只是在对孩子表示一种“亲切”，却没有意识到，正是对孩子的一些小亲切，可能就是今后对孩子独立性发展的极大的不亲切。因为，受到过度保护的孩子，依赖性会增强，这会导致独立性发展迟缓。特别是与老人在一起生活的情况下，由于老人过于疼爱孩子，而孩子的母亲也不得不遵从老人，这在很大程度上会增强孩子的依赖性。家里最小的孩子或者上面有姐姐的男孩都容易出现这种依赖性。这也是因为在日本的社会背景下，女性对男性的侍奉存在过度的倾向。依赖性强的孩子如果要离开大人，就会表现出强烈的不安（分离焦虑），尤其是平时照顾自己的大人不在时，那种不安的心情会更加明显，因此，这些孩子的适应能力处于低下状态。

另一方面，有些孩子没有受到过度保护，看起来生活很独立，但仍然有可能存在独立性发展迟缓的现象。这是因为，他们遵照父母的干涉和命令，养成了循规蹈矩的生活习惯。这种情况也分两种类型：一种类型是，母亲不断地给出简单的指令，而孩子言听计从，看起来很独立，实际上处于机械似的状态；如果没有了指令，孩子的生活就会立即陷入一片混乱；而且，母亲的指令总是墨守成规，就连她们自己也没有意识到。还有一种类型是，孩子在做事情时只是形式上的模仿，其独立性没有得到真正锻炼，只要条件有所改变，特别是遇到灵活性很强的成年人时（比如参加我们举办的夏令营），孩子的生活习惯就会陷入一片混乱。

进入青春期以后拒绝上学的孩子，一旦进入懒散懈怠期，他们的生活就会变得完全混乱不堪，这是因为他们在过去的生活中只注重形式上的学习，独立性并没有真正得到锻炼，特别是人们总是称赞那些从小就能做到生活井然有序的孩子是“好孩子”，而他们为了获得赞扬就努力坚持做“好孩子”。为了在生活习惯中培养孩子的独立性，让孩子体验混乱的生活习惯也是有必要的。实际上，独立性发展顺利的孩子时不时地会变得生活毫无规律，不讲卫生、懒惰、邋遢。每当出现这种情况时，他们都是在试图破除陈规旧习，寻求一种新的方式。在他们身上，独立自主的行为方式表现得极为活跃。

不论是对拒绝上学的儿童还是有其他问题的儿童，我们都有必要详细分析他们过去的生活经历。如果发现他们的独立性发展迟缓，我们会建议父母对孩子采取“彻底放手”的态度。只有这样才能促进孩子的独立性迅速发展。但是，大多数父母在养育孩子的过程中很少放手，这种经验越少，越是对于放手感到不知所措。因为父母对孩子往往有极强的干涉和保护欲望，看着孩子的生活陷入混乱却只能袖手旁观，对于父母而言是一种无法言表的煎熬。但是，随着孩子独立性的发展，他们会开始自主确立自己的生活习惯，逐渐养成与年龄相符的心态和行为。

综上所述，要解决进入青春期以后的孩子所出现的问题，一定要分析其父母以前的养育方式和态度，如果存在对孩子过多发号施令或者过度保护的情况，就必须尽早改变这种方式，确立放手的态度，让孩子自己做主，承担起责任来。此外，为了预防各种问题行为的发生，我们还必须让更多的父母知道，从小就应该注意培养孩子自己的事情自己做的习惯，并要对孩子独立性的发展给予更多的支持。当然，孩子的年龄越小，需要父母照顾的地方就越多，但父母仍要不断地寻找机会放手，并鼓励孩子做力所能及的事。与此同时，由于孩子年龄小，一定要注意不要让孩子离开自己的视线。

另外，我们在评价一个孩子时，不要总是把那些乖巧听话、安安静静、守规矩的孩子称为“好孩子”。要重视让孩子们去体验冒险、淘气、叛逆、打架以及不那么整洁的生活，多关注他们在独立性发展过程中的每一个变化。

9）如何检查儿童独立性的发展状况

对于检查儿童独立性的发展是否顺利，我们提出了两个方法，并一直运用于研究实践中。一个是我们已经持续举办20年之久的一种特殊的夏令营活动，我们称之为“比目鱼夏令营”；另一个是我们指导父母进行的“无言的修行”活动，也已有15年的历史。

①“比目鱼夏令营”的经验

这个名称听起来比较奇怪，那是在一次夏令营活动中，有个孩子给我起了“比目鱼”的外号，于是孩子们都这样称呼我，我也很喜欢这个爱称，常常自称为“比目鱼”。

我们的夏令营主要以小学1～4年级学生为对象，所有参加活动的孩子们要在夏季的高原上一起生活6晚7天。最近，每次参加活动的孩子都多达100名以上。夏令营的特征是没有“日课”，就是没有规定每天必须要做什么，特别是没有既定的活动规则，基本上，孩子们所有的行为都任由他们自己掌握。我们的原则是：夏令营期间，不论孩子采取怎样的行为都不会挨批评。没有任何规则就意味着要求孩子自主行动，我们也从不发号施令，尽可能不给他们以照顾，主要是与孩子们一起无拘无束地嬉戏玩耍，并观察他们的各种行为。

在这样的集体生活中，如果发现哪个孩子只是默默地看着或发呆、自己什么都不做，我们就可以判断他为独立性发展迟缓的孩子。而那些不管什么事情都要询问过大人后才行动的孩子，也是独立性发展迟缓的。实际上，这样的孩子经常被父母和老师称赞为“好孩子”。他们接受的教育就是“要听父母和老师的话”。要培养孩子的独立性，就要经常教育他们先自己独立思考，然后再行动。

夏令营期间，由于没有得到任何指令，有些孩子的生活就完全陷入了混乱状态。每年都会有10%～20%的孩子在一周内不知道洗脸、刷牙、换衣服。在那些经常被称为“听话”的孩子中，有的在夏令营期间突然变得非常有攻击性，或者说一些不堪入耳的话来取乐。他们的这种变化，实际上是因为在家里受到压抑，来到夏令营体验到了自由解放的气氛而产生的。如果我们发现了因受到压抑而造成独立性发展迟缓的孩子，在夏令营结束后，我们就会与孩子的父母保持联系，并建议他们改善养育方式，首先做到“无言的修行”。

②无言的修行

所谓无言的修行，是一种养育态度，指父母在家中对孩子的一切行为既不动口也不动手，一切让孩子自己做主。父母一旦放手，孩子肯定会做出许多让父母不满意的行为。看着这些行为却不能说，对父母而言无异于苦行。因此，我们将这种方法称为“修行”。试着将生活中的一切方面都放手给孩子，如果孩子在家里的生活和学习出现了混乱，就说明孩子的独立性发展迟缓。当父母开始实施这种“修行”后，孩子放学回家后会不换衣服，放下书包就什么也不管，不写作业，晚上熬夜，第二天早上睡懒觉，起床后也不知道洗漱整理。面对这种状况，让父母缄口不言，对父母来说的确是一种煎熬。但是，这种状况的产生正是因为父母平时对孩子的干涉、支配和过度保护太多，使他们的独立性发展迟缓。因此，彻底实施无言的修行，放手让孩子独立做事是很重要的。修行的成果要到1~2个月后才会显现出来，那时，孩子将开始自主整理“混乱”的生活习惯。半年后，即使让孩子独立做一些事情，他们也能够自主行动，很少依赖父母的指令和帮助了。

在此期间，孩子如果没有完成作业或忘记带东西，会受到老师的批评。如果不能按时睡觉，早上就起不了床，造成上学迟到，在老师和同学面前会感到羞愧。但是，自主行动的结果就是孩子自己教育了自己，养成了为自己的行为承担责任的态度，有助于独立性的发展。只要父母干涉或者插手孩子的事情，他们就会把责任推给父母，遇事都采取不负责任的态度。当进入青春期后，有些孩子会抱怨“都是父母不好”，人格表现的依然不成熟。

在实施“无言的修行”的过程中，会出现两个问题。一是在小学老师中，有的老师会认为“如果家长不管孩子的学习，不督促孩子保管好自己的东西，老师就很难开展工作”。遇到这样的老师，母亲只得在家里多加照顾孩子的学习和生活，很容易过度干涉。但是，写作业是老师和学生之间的约定，学生在这方面的问题应该由老师来解决，那种让家长承担责任的老师，实际上是不负责任的老师，对培养儿童的独立性也十分不利。特别是与学习方面有关的问题，老师是具有专家资格的，如果老师让家长过问孩子的学习，那他们就不具备专家资格了。专业能力强的老师应该对孩子提出要求：学习必须靠自己独立完成。从这一层意义上来看，要努力坚持“无言的修行”，还需要避开来自老师的影响。

第二个问题是和老人一起生活的情况。正如前面所述，人老了，喜欢干净整洁，希望每天过有规律的安静的生活。由于身体的衰弱，他们总想无微不至地照顾孙辈，对此，我们不能去责怪老人。因此，如果和老人一起生活，应该有一个生活空间的划分，当父母对孩子进行教育时，老人最好不去插手。这对于孩子独立性的发展以及父母教育孩子都有益。

独立性的发展，不仅是孩子在成长期的重要人格支柱，对孩子的一生都会带来极大的影响，因此，我们有必要重新审视家庭和学校的教育方法。另外，还应增设一些儿童游乐设施，或者组织更多的野营活动，为儿童提供更多的自由玩耍空间和锻炼机会。

4. 如何提高儿童的适应能力

所谓适应能力，就是在家庭生活中遵守家庭秩序，在集体生活中遵守集体的规章制度，在社会生活中履行社会公共道德的能力。一个人适应能力的强弱与他的“教养”的好坏有密切关系。但是，具体的教养方式会随着时代的变迁而不同，不同地域的教养方式也有所不同。欧美和日本就有很大的差异，不同民族（特别是从文化人类学的研究角度来讲），有时可能会采取完全相反的教养方式。因此，我们必须了解这个社会需要怎样的“人物形象”，学校和家庭、教师和父母期待孩子将来成为什么样的人，这样才能确定“教养”的内容是怎样的。

在日本，时至今日，仍然有很多人受封建时代根深蒂固的影响，特别是一些在“二战”前接受教育的人，封建观念极强，他们甚至将自己曾经接受过的教育方式施加于孩子身上。以男尊女卑为基准的行为模式和以权威为背景的等级社会的行为模式更是随处可见。我曾几度体验过欧美的生活，对此有切身的感受。

因此，教育模式的形成该依据怎样的观念，今后还需长期探讨研究。

在适应能力中，“体谅”的情操很重要，这种情操是通过理解对方的立场，在社会群体中学习遵守群体秩序逐渐发展起来的。有了这种情操便能培养控制自我欲望的能力，养成独立的生活习惯，体验到做家务的乐趣，增强克服困难的勇气和力量。

1）家庭生活的秩序

家庭生活不像其他集体生活那样有明确的规章制度。但是，儿童是在由家庭成员共同组成的家庭生活中成长的，所以，建立良好的家庭生活秩序很重要。所有的家庭成员应当相互协商，尽量达成一致的意见，为维持正常的家庭生活秩序共同努力。

然而在日本，父母之间往往很少进行交流，可能其中一方占支配地位，双方的家教理念也大相径庭。另外，如果和老人一起生活，老人和年轻夫妇（特别是母亲）在教育孩子的态度上常常发生矛盾。这种矛盾会给孩子造成困惑，不知道该适应哪种教育方式，这也是导致孩子缺乏适应能力的重要原因之一。特别是关于物质欲望的教育，如果存在不一致甚至相反的态度，孩子就会夹在中间，而年龄越小的孩子越是以自我为中心，他会利用能够满足自己欲望的一方，根本不理会采取严格态度的一方，这对提高孩子控制欲望的能力是十分不利的。

2）欲望的控制

培养孩子控制欲望的能力，需要从两方面进行教育，首先是物质和金钱方面，其次是时间和空间方面。

①控制物质和金钱的欲望

物质和金钱的欲望多种多样，对于婴幼儿来说，首要的欲望是对食物的欲望。在婴儿断奶期间，逐渐开始给他们增加辅食，此时，母亲就应当开始注意培养孩子“等待”的能力，遵守进餐时间，这样就会由无规律哺乳渐渐转向按时进食。在这个过程中，尽管不能无视孩子的欲望，但也不能在孩子饿了时就立刻给他食物。当进入幼儿期后，孩子对糖果、点心和果汁等零食的欲望越来越强，会不分时间、地点提出要求。对此，要培养孩子从时间上控制自己的欲望。等待，也就是“耐心”的教育很重要，直到孩子学会等到一定时间为止。但是，也不要忘记促进孩子独立性的发展，要教育孩子提出自己的想法。如果任何事情都听父母的话，孩子的独立性发展就会受到影响。所以，我们在让孩子控制欲望的同时，又必须努力培养他们勇于提出自己的主张的能力。

对于孩子对玩具和图书等物质的欲望，可以约定一个日期，原则是让孩子等到约定的那一天再给他买，以此来培养他们“等待”时日的能力。如果孩子一提出要买什么东西的要求，就马上给予满足，这对培养他们控制欲望的能力是极其不利的。长此下去，一旦物质欲望得不到满足，而且对方又是从来都满足自己欲望的那个人，孩子就会执拗地再三央求，甚至采取暴力来达到目的。随着年龄的增长，他们追求的物质对象的价值也会越来越高，父母不得不加以阻止，到那时，他们为了达到目的就会不择手段。进入青春期以后，有些孩子会悄悄地拿家里的钱出去花，或者拿家里的东西出去变卖，有的甚至因此加入犯罪团伙。另外，还有一些孩子喜欢时尚漂亮的服装以及首饰，与有相同爱好的人聚在一起追求时髦，逐渐对学习失去兴趣。

对于学习成绩好的孩子，有些父母常常给予物质上的奖励，但这样做实际上是削弱了孩子自身控制欲望的能力，导致他们在学校等集体中往往难以适应。对于那些与学习有关而孩子又很感兴趣的物品（如天文望远镜、音响、电子产品、图书），有的父母常常会以家里也需要为理由，孩子想要什么就立刻满足，这对培养孩子控制欲望的能力十分不利，要引起注意。

另一方面，对那些没有表现出物质欲望的孩子，父母需要注意以下两种情况。一种是，在孩子提出需求之前，父母就主动在物质上给予满足。这样做不仅不能提高孩子控制欲望的能力，而且，随着年龄的增长，他们会越来越表现出以自我为中心的行为方式。这种情况一般多出现在长辈多、孩子被溺爱的家庭中。这里所说的溺爱是指让孩子随心所欲，不论他提出任何要求都毫无原则地予以满足的养育态度。

另一种情况是，父母不允许孩子提出欲望，认为不提出欲望的孩子才是“好孩子”。这会导致孩子开始压抑自己的欲望。针对这种情况，如前所述，我们有必要鼓励孩子勇于提出自己的主张，以促进其独立性的发展。

关于孩子的零用钱，我们可以确定每个月的金额，指导孩子在这个限额内购买所需物品。这样可以训练他们精打细算，根据收入考虑支出。如果孩子想购买大额物品，他就要注意平时减少不必要的开支，把钱存起来，由此来提高他们控制自己欲望的能力。另外，在过年或其他时候得到的临时收入也可以考虑让孩子存起来，以便需要时使用。

20世纪50年代中后期，日本经济迅速发展，日本的家庭物质生活水平有了很大提高，许多父母希望孩子没有经济方面的顾虑，他们对孩子的物质需求有求必应。有些父母甚至给孩子购置房产，在房间里摆满昂贵的家具以及其他奢侈品。有的孩子从小就在旅行中享受火车的豪华坐席，住一流酒店。父母的这种方式，大大削弱了孩子在物质、金钱方面的欲望控制能力。可以想象，在这种环境中长大的孩子很难适应简朴的生活以及有各种规章制度的学校生活。他们逐渐开始逃学，信奉金钱、物质至上的价值观，认为除此之外的事物都没有意义，只贪图即时的享乐，情操得不到陶冶和发展。上了大学以后，由于自由时间比较多，大学便成为了这些孩子玩乐的地方。

即使父母努力增强孩子对物质和金钱欲望的控制能力，但仍然会存在不少问题。比如，那些与老人在一起生活或者老人在附近居住的家庭，孩子对物质的欲望会从老人那里得到满足。在这种情况下，他们对欲望的控制能力只是表面的提高，而没有从根本上得到改变。

俗话说“金钱具有魔力”。一个家庭的经济状况越好，对孩子在金钱和物质方面的教育就要越加重视。在孩子的成长过程中，有必要让他们体验生活的各种艰辛。

②时间和空间秩序

在教育孩子遵守时间秩序时，首先必须要考察父母以及其他家庭成员是否遵守家庭生活中的时间秩序。父母和家人如果遵守生活时间的节奏和规律，孩子也就能仿效学习。然而，在日本的家庭生活中，父亲一般都比较缺乏时间观念，社会风气也起了推波助澜的作用。因此，家庭的时间秩序往往被父亲打乱。而在欧美国家，父亲遵守家庭秩序是最基本的原则，社会观念也认为父亲遵守家庭秩序是理所应当的，所以家庭的时间秩序很容易得到保证。

有时，家里会遇到不速之客来访，生活秩序就会随之打乱，母亲非但不能完成一些日常家务，还要随时招待客人，这样便很难让孩子按时就餐。而在欧美国家，没有预约就突然登门拜访是非常失礼的行为，招待客人也仅限于一些简单的茶点，因此，家庭的时间秩序就不容易被打乱。

另外，在欧美国家，晚上8点以后是属于夫妇的时间，孩子们都养成了8点前回到自己房间的习惯，年幼的孩子则必须按时就寝，所以孩子们从小养成了遵守时间秩序的习惯（但也有许多孩子因此出现睡眠障碍的症状）。

日本的家庭以及社会习俗同欧美国家相比有很大的不同，因此，在日本要教育孩子在家遵守时间秩序，还存在不少困难。但是，对于上幼儿园和小学的儿童来说，至少母亲和孩子应该保证晚餐时间不要被打乱，这样对提高家庭凝聚力也是有益的。

培养儿童遵守空间秩序，应专门为他们准备独立的房间，认可孩子在这个房间里自由活动的权利，以此提高孩子的自我管理能力，同时，还要教育他们不在其他房间里嬉戏、弄乱东西。在这方面，欧美国家的家庭素有传统，但是，由于日本居住空间比较紧张，要明确划分孩子房间的界限很困难，有的家庭甚至没有条件给孩子独立的房间。即使有的家庭给孩子提供了独立房间，而孩子的父母却没有属于他们的空间，这种情况与欧美家庭形成了鲜明的对比。日本多数家庭在20世纪50年代开始有了给孩子独立房间的观念，目的也只是希望给孩子一个安静一点的空间，好让孩子专心学习。所以，孩子的房间本应该交给孩子自己管理，但母亲常常会帮忙清扫和整理，这种情况下，孩子的自我管理能力就得不到充分提高。

3）培养良好自立的生活习惯

我们在“儿童的独立性是怎样建立起来的”一节中介绍过自立的生活习惯，这是从婴幼儿初期就必须逐渐开始培养的。如果能够注意到这个问题，当孩子到5～6岁时，所有的生活琐事就可以让他们自己做了。

但是，值得注意的是，自立的生活习惯——这里所说的“自立”是怎样一个概念呢？人们常常将“自立”理解为能自己做，而不是“自律”——能自觉地做。在此，我们将“自立”与“自律”区别开来，“自律”就是即使大人不提醒不帮忙，孩子也能依靠自己的自觉性实现有规律的生活秩序，一般来说，孩子到了5～6岁就必须具备这种有规律的生活能力。

如果母亲或家人经常对孩子指手画脚（干涉、支配），或者包办代替（过度保护），孩子就会有很强的依赖性，在家里看起来勉强能适应，一出家门，紧张不安感就会增强，容易产生各种不适应的行为。在那些进入高中后不愿意去上学的孩子中，有的孩子的母亲直到初中还给孩子剥鸡蛋皮，在洗澡前为他准备好所有衣物，帮助孩子检查第二天上学要带的东西。当他们一旦遇到需要独立完成的事情时，就会无所适从，陷入强烈的不安中。他们的母亲多数都有完美主义的倾向，不知不觉地动手为家人张罗，对丈夫体贴入微，对孩子热情周到。这些母亲作为家庭主妇勤于家务，也是希望获得贤妻良母的评价。当然，这种母亲在生育史中是受到推崇的。

然而，这些母亲往往意识不到自己的行为是在过度保护孩子。前面介绍过的那位不停地为已上3年级的儿子擦汗、帮着穿衣服的母亲，就充分说明了这一点（参照第35页）。

另外，和老人一起生活的家庭，也容易对孩子过度保护，这一点我们也反复讨论过。

4）协助做家务

协助父母做家务，是培养孩子的协作精神，提高其适应能力的重要手段。通过帮助做家务，能使家庭生活秩序井然，幸福感倍增，同时，孩子的情操也在其中得到了发展。如果孩子能够克服困难去做不感兴趣的家务事，这种体验也有益于增强孩子克服困难的意志，以及习得生活技能。因此，协助父母做家务是不可或缺的家庭“教养”内容。

孩子如果在婴幼儿期就喜欢模仿大人，一般在长大后也比较乐于帮父母做家务。但是，他们模仿大人仅仅是一种“好玩”，并不是大人所期待的那种协助，再加上劳动技能不成熟，常常会给大人帮倒忙。如果父母是完美主义者，不理解孩子“玩耍”的本质，就不能对孩子的帮忙抱以宽容的态度，孩子也因此讨厌帮忙，父母也不欢迎孩子帮忙。养育孩子，应该允许孩子犯错误（包括打碎东西、受伤），并指导孩子将失败转变为成功。如果孩子害怕失败，适应能力自然就得不到提高。因此，要充分利用孩子协助做家务的机会让孩子体验失败。

在日本的家庭中，许多男性仍然保留着封建时代的父亲观念，这种观念在家里表现得尤为明显。有些男孩子以这样的父亲为榜样，帮忙做家务的热情降低。有的大人甚至认为不应该让男孩子做琐碎的家务，持有这种观念的人，大多都是在战前接受的旧思想教育。

另外，随着家庭生活日益电器化，家务事变轻松了，孩子帮忙做家务的机会大幅减少。尽管家庭生活的电器化水平有所提高，但为了提高做家务的效率，或者为了美化家庭环境，有许多家务事仍然需要我们亲自动手去做。比如，有的家庭在晚饭后让孩子帮忙整理碗筷、洗碗，随后全家人一起到公园里荡秋千、玩游戏；有的家庭在周六下午全家人一起动手擦玻璃。到了学龄期，有的儿童已经具备了煮饭、洗衣、熨烫衣服的能力，所以，有的家庭在周日就让孩子做早饭或午饭，手帕、袜子这类小物件也让他们自己洗。孩子打扫自己的房间更是理所应当的，即使是打扫公共区域，到了学龄期也应该能做到。总之，可以让孩子帮忙的地方有很多。

当然，就做家务而言，儿童看电视的时间过长，就会使他们的劳动热情消磨丧失。所以，父母如果允许孩子懒洋洋地窝在那里看电视，无异于认可孩子以自我为中心的懒惰行为。这样的孩子在学校会表现出没有协作精神，即使协作也不积极，适应能力低下。因为这样的孩子适应能力发展迟缓，他们遇到困难不会想办法积极克服，一旦失败就会推卸责任。

现在，越来越多的父母为了让孩子把更多的时间用于学习，而不让孩子帮忙做家务。放学后，还有各种补习班等着孩子。正如前所述，知识的学习与情感、独立性的发展一样，需要有适应能力的支撑，都是人格形成过程中的重要组成部分。而这种只顾获取知识的现象实在令人担忧。

5）勇于克服困难

为了增强儿童的适应能力，有必要让他们试着克服各种困难，这关系到如何提高儿童克服困难的勇气，以及如何增强独立自主的生活能力。

因此，父母的生活观很重要。随着家庭生活日趋便利，越来越多的父母不愿再让孩子体验生活和劳动的艰辛。而那些没有体验过如何克服困难的孩子，稍遇到一点困难挫折就会丧失斗志，因为他们缺乏克服困难的勇气和坚韧不拔的精神，只能采取逃避的态度，或者根本不想出现在可能有困难的地方。这样，他们的社会适应能力仅仅局限在一定范围，其结果是适应能力的发展停滞不前，始终处于低下状态。

针对不同年龄段的儿童，究竟让他们体验怎样的困难，才更能获得比较好的教育效果，这是现今家庭教育中面临的一个重大课题。能否解决这个课题，对于儿童的人格形成将产生深远的影响。有许多方法可以让他们尝试克服困难，例如：父母可以充分利用节假日，与孩子一起爬山，玩丛林冒险游戏，进行体育运动。通过这些活动，可以让孩子体验相应的困难。从这个意义来看，父母开车带着孩子去游乐场陪着玩的活动（这主要是父亲劳神费力）是毫无意义的。还不如带孩子一起乘坐拥挤的火车去旅行，让孩子体验随身携带行李挤车换车的艰辛。旅行的目的地最好选择大自然，大自然是培养孩子独立性和创造性最好的教材，同时也为孩子准备了各种各样的困难和奥秘。我们的夏令营活动有山崖、树木和洞窟等自然的产物做教材，可以让孩子们用锯子或小刀雕刻拾来的枯木，自由构思并进行手工制作。孩子们的手工制品和工厂里生产的塑料模型完全不同，没有一个是相同的。在夏令营期间，有些孩子在用小刀时伤到了手，他们的适应能力也因此而提高。经历过受几处小伤的孩子，不再害怕疼痛和受伤，即使受伤也能自己进行适当的处理。当然，我们要教给他们各种避免受伤的注意事项，但让他们自己感受一下受伤的滋味也是不可缺少的经历。特别是在活动正酣的时候，受伤总是难免的。另外，还可以用小木料制作椅子或书挡等小东西，孩子们通过努力思考新的设计，在培养适应能力的同时，也能培养他们的创造性。

在现代生活中，人们越来越追求方便和舒适，要体验困难和艰辛就显得十分困难。而从事体育运动或体力劳动都需要体力和毅力，为孩子们创造必要的条件让他们经常参加这类活动是很重要的。值得强调的是，充满汗水的运动和劳动不仅对孩子身体的发育很重要，对其人格的形成也起着重要作用。

5．如何促进儿童的智力发展

智力是什么？学者们众说纷纭，还没有明确的定义。人们大多是从智力测验和学习成绩来判断一个人的智力水平的高低。但是，智力包含多种思维方式和创造性等因素，智力测验和学习成绩只体现了智力的一部分，特别是学习成绩，在单一模式化的教育体制中，有个性的儿童往往得不到认同。现在，没有哪一种智力测验方法能让所有研究人员都满意，因此，许多新的测验方法不断出现。我们必须知道，智力测验的结果只能反映一个人智力中能够被测定的那部分。

另外，正如前面讲述，智力是人格结构中的一个因素，它的发展必须有情感、独立性、适应能力的支持。这些能力如果发展迟缓，孩子则可能变成高智商的低能儿，即“大脑发达，人格低下”，甚至还可能表现出反社会的行为。许多曾经学习成绩好并且被认为很聪明的孩子，往往在经历一两次失败后便心灰意冷，不思进取（实际上真正的上进心还未成熟），拒绝上学，陷入不能自拔的境地，有的还会患有神经症、身心疾患，甚至产生轻生的念头。因此，评价儿童的智力时，应同时结合情感、独立性和社会适应能力这三项能力的发展情况来综合考量。

以上，我们从幼儿期至学龄期，从学龄期至青春期、青年期跟踪分析了儿童人格的发展过程。根据对青春期孩子进行的心理访谈，以及对拒绝上学的儿童、自闭症儿童和其他有问题行为的儿童进行的问卷调查，对儿童人格形成的机制进行了研究。我们认为，儿童的人格结构特别是由情感、独立性和适应能力三个层次构成的。我们发现在每个层次的发展过程中，都有一些相应的需要解决的问题。如果这些问题得不到解决，将导致孩子的人格发生扭曲，出现诸如拒绝上学等各种身心问题。可以明确的是，不管孩子年龄多大，在治疗和教育孩子的过程中，解决孩子在以前的发展过程中没有解决的问题，是治疗孩子各种身心问题所不可或缺的条件。

第3章

身心健康有问题的儿童

在小学或幼儿园、托儿所，一定会有一些让人担心的儿童，或者说肯定有让老师和保育人员感到棘手的孩子。另外，老师和保育人员也经常能收到来自很多家长的咨询：“孩子特别胆小，该怎么办呢？”

我们应该怎样看待、对待那些让老师或父母头疼和担心的孩子，才能使他们成为不再令人担心的正常儿童呢？我们的工作就是针对这些问题孩子进行心理咨询，目的是为了探寻造成问题行为的原因，并加以治疗。因此，有大量的工作需要我们去做。我认为，最重要的是探求儿童行为异常的本质原因。

长期以来，对那些有问题行为的儿童，我们总是针对所面临的问题，不是批评就是好言相劝，盲目地鼓励孩子。例如，大人们会对“好动的孩子”不厌其烦地要求他们安静。还有些人认为，让孩子练习安静地坐着，孩子就会变老实，于是就给孩子报了写字班，有些父母甚至让孩子练习静坐。而大多数人并不去了解孩子为什么

“好动”，为什么“胆小内向”。对“学习不好”的孩子，多数人也只是局限于或鼓励或责骂孩子“去学习”“努力就能学好”，却不分析孩子为什么学不好的问题，要不然就索性断定孩子先天能力低下。然而，我们针对这些孩子进行了各种调查后，发现产生问题行为的原因往往出人意料。孩子们因为得不到理解，内心深受伤害。对那些“胆小内向”“神经质”的孩子也是用同样的方式。有的老师以纠正孩子错误为由，让孩子站在教室中间，进行侮辱、体罚。这种不称职的老师至今还有很多，不得不说孩子们遇到这样的老师真是很遗憾。

在受到上述处置的孩子中，有的越来越自卑，有的越来越叛逆，到最后就成为难以管教的孩子。父母和老师的一举手一投足，或者无意的一句话都将在孩子的心间留下深深的烙印。父母和老师对孩子的影响如此巨大，所以，要对孩子给予充分的理解。

我们在心理咨询过程中曾接触过有各种问题行为的儿童，以下就逐一进行分析讨论。

1．神经质儿童

老师或保育人员有时会对一些家长说：“你们家的孩子有点神经质。”也有些家长询问老师或保育人员：“我们家的孩子实在是神经质，该怎么办才好？”这里所说的“神经质”到底有什么样的症状呢？

以前，人们在使用“神经质”这个词的时候并没有多加斟酌。老师和父母往往以模糊的感觉便断定孩子是“神经质”。有时，“内向”的孩子被认为是神经质，有时“好动”“有怪癖”“爱哭”的孩子也被认为是神经质，仅仅根据这些症状就把孩子判定为神经质，而不去寻找产生这些问题的原因。所以，把内向的孩子称为神经质是有失偏颇的。

因此，我们有必要明确神经质的概念是什么。用一句话来概括就是，神经质是指容易受外界刺激的一种状态，这种状态在婴儿出生后不久就会体现出来，可以说是先天性的。

这些孩子在婴儿期的主要表现有：睡眠浅，稍有轻微的声响就会被惊醒；非常好动，手脚不停地动，给人的感觉是不安分、难以安静；如果尿布湿了，或者肚子饿了，一有不舒服的感觉，就会哭闹不停，有时甚至会哭晕过去。

特别是在肚子饿的时候，他们会紧紧抓住母亲的乳房，大口大口地吮吸乳汁，同时也会吸入大量空气，导致胃的贲门和幽门痉挛收缩，阻碍胃部空气的排出，胃部就会出现不适感。大多数婴儿通常在哺乳后会很满足地打起盹儿来，而这类神经质婴儿却久久不能入睡，一直哭个不停。最后，吸进胃部的空气大量涌出，乳汁也随之被带出，引起吐奶现象，有的还会形成吐奶的习惯。

这种状态如果一直持续下去，有的婴儿就会讨厌母乳。即使母亲将乳头送到嘴边，他们也不愿吮吸。

另外，由于吸入的空气进入肠道后，肠道的敏感度增强，不时引起强烈的腹痛，所以婴儿会哭个不停。肠道受到刺激后，还会引起大便次数增多，很容易被误认为是消化不良，其实并不是。

给这类婴儿开始增添辅食时，也会出现种种困难。例如，喝了过热的牛奶后，他们会一直不想吃东西，或者如果不小心被食物噎到，就再也不想吃那种食物，连嘴巴都不愿意张开。因此，神经质的婴儿很难适应辅食。另外，如果换了喂食的人，稍有不如意，他都很不配合，很是让人头疼。还有，尽管并不多见，但有些婴儿在异常兴奋时容易出现愤怒性痉挛（参照第203页）。

以前，多数人认为，在婴儿期所表现出来的上述状况，即睡眠浅，很容易表现出对食物的喜好，睡觉时容易受惊吓，大多会一直持续下去。但是，我们在研究中发现，情况未必如此。

下面，我们列出神经质儿童从婴儿期到学龄期表现出来的一些特征。

1）精神状态

神经质儿童的内心很容易受伤，而那些性格比较大大咧咧的儿童从小就不认生，无论在哪里都像是在自己家里一样放松。神经质儿童稍微遇到一点小事就闷闷不乐、哭哭啼啼，或者总是愁容满面不开心。如果父母批评他或者说话重了一点，便会一直记在心里，为此而烦恼。如果聊天聊到台风之类的话题，他会反复地问“我们会不会遇到”。当看到电影中出现恐怖场景时，他就会闭上眼睛，捂住耳朵。在幼儿园或学校遇到淘气的孩子，他会感到紧张不安，根本不能和这些孩子一起玩。如有朋友和他开玩笑，他都会信以为真地哭起来。

2）体型

大多数神经质儿童的体型，头部特征比较明显，特别是额头突出，或者头部和面部左右不对称。

另外，在瘦弱型的儿童中有不少是神经质，一般都表现为身体无力型。他们的肌肉发育较弱，躯体瘦小。尽管他们活动量较大，但是由于睡眠时间较少，怎么也长不胖。

在肥胖型的儿童中也有不少是神经质，他们大多属于渗出性体质，也就是通常所说的“虚胖”。这种体质在婴儿期的特征是容易起湿疹。这类儿童乍看起来似乎反应迟钝，有时却表现得非常神经质。随着年龄的增长，渗出性体质很容易转变为淋巴体质，胸腺、扁桃腺等比较容易发炎肿大，常常突然发病。如果出现鼻塞、咽炎、中耳炎等病症，会立刻表现出神经性疲劳、脸色苍白、四肢无力的症状。

3）自律神经过敏

自律神经又称为植物神经，由交感神经和副交感神经（或迷走神经）构成，这些神经几乎控制着人体所有器官的运转（参照第234页）。神经质儿童的自律神经系统一般比较容易失调，他们的父母常常询问医生，为什么孩子总是脸色不好。这些孩子虽然脸色不好，但嘴唇却是红润的，眼睑的颜色也正常，这种情况称为“假性贫血”。由于这种脸色不好的现象常常是在入园或入学后不久发生，所以，有时又把它称为学校贫血或幼儿园贫血。

这类儿童的一个重要特征是脸色很容易发生变化。当他们玩得入迷时，脸色绯红；而在无聊、疲惫或生气时，脸色又会变得苍白，眼圈也容易发黑。黄种人出现的黑眼圈并不明显，白种人则非常明显。眼圈发黑的原因主要是眼睑下方的静脉丛淤血所致。

这类儿童的皮肤还容易出现皮肤划纹症，即用手指稍微在胸部或背部抓挠几下，皮肤就会出现像蚯蚓一样的红肿纹症状。

手脚冰冷也是特征之一，而且，还极易出汗，运动后头发上总会汗水淋漓。

脸色苍白的儿童还会出现一些其他的面部神经症状，比如，在耳根接近脸颊的部位轻轻敲击，下颚就会出现抖动的症状。这种症状也称为面神经征（Chvostek sign）。

罗森巴赫氏征（Rosenbach's sign）现象也比较常见。当患者闭上眼睛，眼睑就像发抖一样颤动不停。

一般来说，自律神经系统失调的儿童会反射亢进。

4）各种身体症状

神经质儿童容易出现各种身体症状。因此，他们常常被当作体质虚弱的患儿来对待。他们时常头痛（参照第202页），但头痛的部位仅限于额头中部。他们会模仿大人的动作，用手指按压太阳穴，眉头紧锁。当他们到了学龄期后，经常说身体的这里那里都痛。比如，很容易出现心尖部位的疼痛（心脏跳动触及胸壁的部位，即左乳头的内下方），腹痛时常会伴随脐疝痛（参照第207页）。他们感受到的疼痛往往会比一般儿童强烈。

“很容易疲劳”（参照第230页）也是神经质儿童的特征之一。当他们疲劳时，脸色发青，眼圈发黑；由于面部肌肉松弛，显得面无表情，经常被认为是“呆滞儿”；由于疲劳时背部肌肉放松，极易弓腰驼背；因为肌肉无力，他们难以长时间站立，常常动不动就躺着，坐没坐相，站没站相。进入小学高年级，如果长时间站立，他们会因为“脑贫血”（直立性循环调节障碍）而晕倒。

尽管神经质儿童容易疲劳，但他们活动起来却很活跃。特别是擅长体育活动的儿童比其他儿童的运动量大许多，极易导致他们体内碳水化合物消耗过快，脂肪燃烧减少，出现酮血和酮尿，即验血或验尿后，会发现他们的血液或尿液中含有通常所没有的酮。这类儿童也很容易患自体中毒症（参照第206页）。

神经质儿童生病时，由于脸色苍白，常常给人一种重症患者的感觉，医生也会因此而误诊。另外，他们对疼痛特别敏感，有时即使稍有疼痛，他们也会觉得难以忍受。比如，患扁桃腺炎或口腔炎时，他们会疼得拒绝吃饭，结果导致患病期延长。

另外，如果新生儿的啼哭过于激烈、难以入眠、有不安定状态，其原因有可能是轻度脑障碍（脑压高），务必请专家检查诊断。此外，神经质与自律神经系统失调息息相关，我们在后面还会对此进行详细阐述（参照第234页）。

以上，我们详细叙述了神经质儿童的主要症状。主要是希望改变对神经质儿童的陈旧看法，不应把他们作为特殊儿童来对待。我们认为，在对这类儿童进行诊断时，应该更多地从环境方面而不是体质方面来关注。

以前对神经质儿童的研究主要集中于他们的体质因素，这种观点在欧洲占主导地位。如果在婴儿初期被认为患有“神经质症状”，可以说从体质方面找原因也是理所应当的。然而，根据最近美国学者的一系列研究以及我们的观察发现，重视婴儿初期的生活经历是非常重要的。也就是说，要注意婴儿出生后的1～2个月内，他们与母亲在一起的家庭生活中是否存在什么问题，以及这些问题是否给婴儿造成某种不快或不安。因为在最初的1～2个月中，婴儿的生活节奏完全受生理需求支配，吃喝拉撒都是与“愉快”的情感紧密联系的。婴儿与婴儿之间存在着个体差异，如何根据每个婴儿的具体需求来确定生活节奏，并采取相应的育儿方式，是一个很重要的问题。如果母亲将自己的生活节奏强加于孩子，例如，严格按照时钟时间给婴儿哺乳，就不符合婴儿的生理需求。婴儿对此会感到不快和不安，会哇哇大哭，不能熟睡，这些情况以前一直被认为是“神经质症状”。因此，对婴儿初期的生活经历，特别是对婴儿的生活节奏与母亲的生活节奏之间是否存在不一致，我们要认真观察和分析。即使认为有神经质症状，也不应立即断定这些症状是先天性因素引起的。

我们把接受集体保育的婴儿与家庭养育的婴儿进行比较，会发现前者的神经质症状比后者要少得多。这表明，神经质症状与家庭成员的养育方法有密切关系。即使假定婴儿存在先天性体质因素，家庭成员也是促使这些症状加重的原因。所以，我们应该调查和分析家庭成员与孩子的相处方式，以及家庭成员中是否有神经质的人。

如果父母中的一方有神经质表现，那么，他们的孩子就容易出现神经质症状。亲子关系的研究表明，父母和孩子之间的关联度很高。我们的研究也表明，承认自己有神经质并认为自己的孩子也有神经质的母亲的数量，是认为自己的孩子没有神经质的母亲数量的5倍。但是，根据这种关联性就认为神经质具有遗传性仍言之尚早。一方面，这可能有母亲的臆想原因；另一方面，可能是因为人们会认为由神经质的母亲所养育的孩子也可能有神经质。不论怎样，我们必须考虑到，母亲的人为环境因素对新生婴儿产生的后天影响是极大的。如果在婴儿刚出生以及出生后的一段时间里遇到养育方面的困难，比如生病，母亲就会对育儿感到烦躁不安，这种烦躁不安在育儿态度中流露出来，往往会对婴儿产生影响。因此，我们必须探明其中的原理。

神经质儿童的身边一般都会有神经质的成年人存在。他们对孩子的健康表现出特别的担心，常常对孩子的言行加以干涉。此外，这些成年人还经常担心自己的身体，或者对外界事物抱有恐惧或不安（如打雷、火灾、门窗是否关好）。这些恐惧和不安在言行中表现出来，会对孩子产生不良的影响。这类神经质的成年人可能是父母中的任何一方，也有可能是孩子的祖父母。如果家里有这样的家庭成员，在治疗孩子之前，首先应治疗有神经质的家庭成员。但是，成年人的治疗比较困难，需要很长时间。孩子的年龄越小，越是有必要针对家人进行治疗或心理指导。

我们的调查还发现，在婴儿期表现出“神经质症状”的孩子，到了幼儿期和学龄期仍然有此症状表现的很少。另外，即使是长期有此症状的孩子，只要注意母子之间的精神卫生管理，例如，父母积极进行心理咨询，由专业人员对孩子采取游戏治疗法，或者让孩子参加夏令营进行心理治疗，都会取得良好的效果。许多孩子的神经质症状会因此消失。

由此可见，对过去占主导地位的体质因素说要加以全面的修正。特别是，我们不能根据一个儿童表现出上述一两种“神经质症状”就认为他是神经质儿童。

另外，神经质的人一般都有敏锐的感受能力，认识到积极的这一面有利于解决问题。特别是从事艺术和学术研究方面的工作，需要丰富而具有独创性的感受能力。父母和老师应该多用心挖掘神经质孩子在这方面的能力，合理的引导对他们今后发挥创造性能力会产生长远的影响。

治疗方法：对神经质儿童的治疗，不能被一项项的症状所迷惑，没有方向性的治疗，反而可能会使症状恶化。

重要的是，我们应该告诉父母要把注意力放在儿童所处的周围环境，向他们提出改善家庭环境的建议。目的在于让所有的家庭成员了解神经质儿童并不是“特殊儿童”，同时，让他们掌握更恰当的方法来教育和引导孩子。

那些过分认生的孩子，可能在早期与人交往的过程中遇到过某些令人害怕的事情，而周围的成年人并没有察觉到这一点。所以，不能立即断定孩子是神经质。例如，有的孩子看了恐怖的动画片，平时会不自觉地产生某种恐惧感，害怕陌生人。

一般来说，在孩子3岁以后，应该多鼓励他与同龄的孩子一起玩耍。在神经质儿童的家庭中，特别是那些与祖父母一起生活的孩子，受大人的干涉太多。如果不给他们创造与同龄孩子一起玩耍的机会，而处于独自一人的状态，他们受到的干涉就会更严重。这些干涉都有可能引发孩子的神经质症状。为了减少大人的干涉，我们应该让孩子多与同伴一起生活、玩耍，以增进他们的独立性发展。因此，要积极鼓励孩子上托儿所、幼儿园，让他们在保育人员的指导下参加各种集体活动。当孩子积累了诸多经历之后，便能逐渐增强自信，同时消除依赖性和被束缚的感觉。

如果在集体中发现有神经质症状的儿童，保育人员和老师应该对他们多关心爱护，多鼓励表扬，然后，要逐渐帮助他们适应周围的环境。如果斥责或用粗暴的语言对待他们，会造成更大的伤害。对待这种孩子应循序渐进，不能操之过急，如果在他们刚进入幼儿园时就立刻对他们进行高强度的精神训练和身体训练，就太欠斟酌了。

保育人员和老师需要注意的是，神经质儿童常常表现的“胆小怯懦”。在集体活动中，这些孩子少言寡语，他们自己能做的事却要别人来帮助。我们平时应该多给他们一些锻炼的机会，多给予鼓励，他们便能逐渐增强自信心。但是，也不能过度激励孩子，否则会给他们造成心理压力。

如果发现神经质症状有发展趋势，则有必要将孩子与不良的家庭环境隔离开来。遗憾的是，当今日本还没有专门的设施，只能充分利用为身体虚弱的儿童建立的各种机构（比如面向身心障碍孩子的养护学校），一般都能取得一定的效果。但是，隔离治疗通常需要1年以上的时间。欧美国家都建有治疗和教育专用的医院和设施。在瑞士，有关机构将全国的小学3年级学生中患有神经质的孩子集中在一起，组成特殊的班级，每个班级15名学生，让他们住在安静的树林中接受治疗教育。在日本，我们可以组织这些儿童参加一些夏令营活动。但是，日本小学低年级中尚未开展这样的活动。

对神经质儿童实施游戏疗法比较有效果。具体做法是把几个孩子组成一个小组，认可他们在小组中的自由行动，随便嬉戏打闹。经过多次参加活动，他们的症状就会得到不同程度的改善。

也有不少学者建议，可以在游戏治疗过程中作为辅助手段加入医学疗法，比如使用苯巴比妥或其他精神镇定剂等药物。但是，其效果值得怀疑。有的母亲希望利用药物对孩子进行治疗，然而，一旦形成药物依赖反而有碍于精神治疗，这需要特别注意。

2. 不安和恐惧感强的儿童

不安和恐惧是指人在生存受到威胁时所产生的一种情感的变化。恐惧是在人直接面临非常危险的情境时产生的，不安则是在间接感受到或预感到危险即将到来时产生的。有时候，不安的人自己也不清楚自己为什么不安。不安存在于人的下意识中，与恐惧一样，它常常从人的心灵深处通过身体的异常状态表现出来。其主要表现为发抖、心悸亢奋、异常出汗，多数人还伴有自律神经失调的相关症状。

但是，不安和恐惧不论从相对意义还是绝对意义上来说，都是在面临危险时的一种保护性反应。对于儿童来说，当他们本能地感到没有人保护自己时，不安和恐惧的反应就愈加强烈。

婴儿在最初阶段出现的摩罗反射，就可以推断是这种不安和恐惧的反应。新生儿在睡梦中听到一点响动，就会立刻张开双臂，然后慢慢地恢复原来的姿势，这是一种通过皮肤感觉和听觉的反应。随着婴儿听觉的发展，当听到不熟悉的声音时，他们会露出不安的表情。婴儿正常发育到后期，尤其是视觉进一步发育后，对人的认知能力有所提高，这时就开始认生了。不过，每个婴儿的认生的程度不一样。有些孩子即使对不认识的人也会露出微笑，做出亲近的表情；而有的孩子则会皱起眉头，立刻哭起来。特别是，有不少孩子一看到医生就会因为恐惧不安而哇哇大哭。不过，认生也很重要，是儿童情感发展顺利的正常表现（参照第19页）。

如果突然受到很强的声响或者光亮等的刺激、惊吓，婴儿就会对周围环境变得烦躁不安起来，啼哭、难以入眠，让大人们深感困惑。这种状况，有时会被诊断为神经质。但是，我们只要给婴儿换一个环境（例如回到自己家），他们的不安就会自然消失。因此，遇到这种情况，不要匆忙下结论并断定孩子是神经质，而应该先查看孩子是否受到了什么刺激，可以试试改变环境的方法。

婴儿在1岁以后，开始对鸟、猫、兔子、狗，以及蝴蝶、蚂蚱等动物感到害怕。这是因为孩子曾有过一些与此相关的恐惧经历。即使孩子自己没有接触过这些东西，他们也会因母亲的偶然触及所发出的恐惧的尖叫声而受到影响。有时，父亲认为孩子可能会喜欢“会动的玩具”，于是给孩子买了回来，孩子却对这些“玩具”表示出强烈的不安而哭起来。在交通拥挤的地方，孩子也会感到紧张不安。

到了2岁左右，有的孩子看到卡车、高大建筑物，或者听到吸尘器、抽水马桶的声音也会害怕；有的孩子过马路时，必须要等到路上完全没有车，绝对安全才敢过；有的孩子即使到了4岁还害怕听到飞机的声音；有的孩子害怕放烟火的声音和运动会的发令枪声；有些孩子还讨厌敲大鼓的声音。这些孩子和那些较少有不安和恐惧感的孩子形成鲜明的对比。

有些不安感强的儿童，很容易产生某些神经质的症状，经检查还会反映出反射亢进的症状，表现为容易发抖、痉挛（肌肉抽筋）。稍遇到外部刺激就会导致脉搏频率加快，引发令人不舒服的心悸亢奋，还常常表现出自律性神经失调的症状。这类儿童一旦感到恐惧不安，甚至会突然呕吐，有的还会出现尿频、夜尿、大便失禁、神经性腹泻、口吃等症状。这类儿童的体型多属于无力型（参照第54页）

不安感强的儿童，即使进入学龄期后，晚上也不愿意一个人上床睡觉，非要母亲陪着才能入睡，卧室的门也不让关。他们即使睡着了，也睡得不熟，动辄醒来看看四周，有的睡着后梦呓较多，有时还容易惊醒。这类儿童常常显得有气无力，缺乏活力。

这种缺乏活力的孩子，即使在家里也有许多令他感到不安的东西。如果强行让这些孩子和其他小朋友一起玩耍，反而会让他们更加畏缩。父母越是焦急，孩子的这种症状就越容易加重。还有些孩子受小朋友欺负时也不敢反抗，或者总是被弟弟欺负。在父母看来，这种情况实在令人着急，我们接受过许多家长的咨询：“希望孩子能有勇气打架，该怎么办才好？”

治疗方法：首先请参考前面介绍的“神经质儿童”的原因。与神经质儿童一样，不安和恐惧感强的儿童与他们的敏感程度有很大关系。尽管有体质和性格方面的因素，但大多数是父母的教育方法不当造成的。

首先，当孩子不听话、淘气时，父母是如何对待他们的？有没有用各种方式来“吓唬”孩子？是否曾举出妖怪、医生、警察来威胁孩子，以禁止他们的淘气行为？除医生、警察之外，动物、地震、打雷也常常被用来吓唬孩子。在日本，大人们常用这种哄骗、吓唬的方法来教育孩子。

其次，在晚饭时，有些父母会有意无意提起自己的恐怖经历，晚饭后，又讲一些鬼怪的故事。这些可怕的内容长时间留在孩子的记忆中，久而久之转化成了恐惧心理。

再次，有的孩子在白天突然遇到狗或其他令人害怕的东西，被惊吓到，等到晚上回想起来就会陷入深深的恐惧中，让父母难以理解，有些孩子甚至睡着后也会惊醒。这种现象多见于低幼年龄的孩子，每当父母问及为什么害怕时，他们又大多说不出明确的理由。

还有些孩子进入小学高年级后，从读过的小说或者从朋友那里听来的一些故事，都可能会让他们对今后如何处理人际关系感到不安，或者感受到自己的生命受到威胁，这些恐惧会使他们的日常生活陷入不正常的状态。

不安和恐惧感强的儿童，他们的父亲或母亲如果性格中具有紧张不安的因素，也会对孩子造成影响。如果父母时常在孩子面前表露出不安的态度，比如，“会不会有小偷进来？”“门关好了吗？”“煤气阀门是不是忘了关？”或者他们对食物也总是担心，担心吃了会不会生病，这些态度都将对孩子产生很大的影响。还有的家庭，由于在一起生活的老年人有洁癖，或者家庭成员中有强迫症，孩子生活在这样的环境中也会逐渐模仿，表现出类似的不安状态。这是因为孩子是在模仿中学习的，而他们的模仿对象，即他们身边的人，普遍都存在焦虑不安。

另外，一些被父母溺爱的儿童，到4～5岁后，如果家里有弟弟或妹妹出生，家人的关注发生了转向，他们也会感到非常不安。因此，他们不愿意去上幼儿园或上学，特别是一到晚上就辗转反侧，久久不能入眠。这是因为他们的依赖心太强，担心不再被家人爱了。

有些儿童在家里咄咄逼人，很有气势，可是一走出家门就显得局促不安。其原因就在于家人过度保护、过度迁就孩子，缺少对他们进行独立性发展的教育。如果家人平时在家为孩子包办代劳太多，等到需要靠他们自己解决问题时，他们就会丧失自信，陷入深深的不安中。

再有，家庭成员对孩子的教育观念不一致，也容易给孩子带来不安。父母间意见相悖，婆媳不和，都会使孩子的整体生活无所适从，不知所措。

如果母亲的人格不成熟，由这样的母亲养育的孩子也会发生上述同样的情况。比如，孩子做同一件事情，母亲根据自己当时的心情，有时严厉责骂，有时又夸奖，因为缺乏一致性，就会使孩子常常不知道自己该如何是好。在学校，如果老师的人格不成熟，学生也会陷入同样的不安。关于这个问题，我们将在第12章“学校、托儿所、幼儿园的精神卫生”中深入讨论。

总之，我们必须调查分析造成不安和恐惧的原因是什么，无论是直接还是间接原因，都要有针对性地制订相应的指导方针和措施。

治疗方法：儿童身边的大人们要注意，不要给孩子施加不必要的不安和恐惧，这是预防儿童不安和恐惧感的重要一环。即使成年人本身容易感到焦虑不安，也要努力不在孩子面前表现出来。

另一方面，不要溺爱和过度保护孩子。随着孩子一天天长大，如果父母仍然对孩子有求必应，或者陪孩子睡觉、让孩子开灯睡觉，这种过度保护将导致孩子的独立性发展迟缓。为了培养孩子的独立性，应根据孩子的年龄段适当放手，尽量让孩子自己的事情自己做，这是预防孩子陷入不安和恐惧的最基本的课题。

对那些已经产生不安和恐惧心理的儿童，不要轻易将其断定为“没骨气、胆小怕事”的孩子，这会使孩子丧失自信。如果父母或老师经常批评他们胆小怕事、没有活力，多数孩子不但不会想要努力鼓起勇气，反而会丧失自信心。

有些父亲急于改变孩子这种软弱胆小的性格，希望他们能有骨气。有人故意把怕黑的孩子强行带到墓地去锻炼胆量，殊不知这样做往往适得其反，使孩子更加胆小不安。

如果想改变那些已经患有不安和恐惧心理的孩子，就必须让他们慢慢习惯那些曾经令他们感到不安和恐惧的事物。这需要很长的时间，切不可操之过急。

为了让儿童习惯他们感到害怕的事物，父母可以陪伴孩子仔细观察那些令他感到害怕的事物。例如，对害怕黑暗的孩子，可以先抱着他在满天繁星、月光皎洁的夜空下散步。等孩子的眼睛适应黑暗后，可以指着美丽的星星和月亮对孩子说：“你看多么美丽的夜空啊！还能看到森林的影子呢。”要一点点地让孩子学会以客观的态度观察事物，如此反复，让孩子慢慢适应是很重要的。如果当电视节目中出现可怕的镜头时，孩子就会吓得立即关电视，这时，可以先关闭电视。稍后，再给孩子讲一个类似的情节，等他逐渐平静下来后，再以较小的音量打开电视，这样他们也能渐渐消除紧张情绪，随后再把声音调到正常音量。特别是对学龄期儿童，我们要不慌不忙地向他们讲述实际情况，以培养他们看问题的客观性，由此来帮助他们消除不安和紧张情绪。

在集体生活中，可以事先了解令孩子感到不安的对象，然后，以此为主题，和孩子们围绕这个主题进行互动。或者，可以让没有恐惧心理或者已经克服恐惧心理的孩子分享他们的感受，这样也可以帮助其他孩子摆脱恐惧给他们带来的困扰。如果保育人员或老师在年少时期曾有过克服胆小害怕的经历，也可以分享给孩子们，从而鼓励教育他们要变得勇敢。一般来说，孩子在小学3～4年级，“弱者也可以成为强者”的意识会大大增强。

不安和恐惧心理较强的儿童，大多身体比较虚弱。针对这类儿童，应致力于增强他们的体质，注意引导他们多参加体育运动、强身健体，当他们逐渐对自己的体力有自信心后，就会涌现出克服不安和恐惧的勇气。

对有睡眠障碍的儿童，可以适当给他们服用一些安眠剂，比如巴比妥。还可以让孩子睡前入浴泡澡，或者在被窝里放热水袋，时长不超过20分钟。对有低血糖的儿童，服用一些葡萄糖水也比较有效。这些办法对帮助睡眠都能起到一定的作用。不过，要根本解决问题，还需根据不同的原因对症治疗。

在对这些孩子的家人进行指导时，我们首先要询问他们是否有感到不安和恐惧的对象，其次要探讨这些事物与孩子的紧张情绪是否有关联，由此来帮助孩子正确认识造成紧张不安的原因。但是，基本的育儿态度还是不要过度保护和溺爱，更多地放手并培养孩子的独立性是首要任务。

3．怯懦胆小的儿童

这类儿童与人初次见面，或刚到一个新环境时，言行表现得都非常拘谨，当大人们催促或鼓励他们要积极主动说话时，反而使他们陷入消极状态。在托儿所、幼儿园或小学等集体中，他们会显得很不活泼。当然，这种情况即使对于正常发展的孩子而言，从某种程度上也需要有一些自我约束的能力。特别是在日本文化中，比较推崇彬彬有礼、温文尔雅的行为举止。但是，如果这种行为表现过度，就会无法适应社会，不能充分发挥自己的能力，从而导致失败。

特别是当有些人遇到新事物时，就会言行僵硬、脸色一阵青一阵红，有如鲠在喉、口渴难耐的感觉。还有的人出现手指发抖、浑身冒汗、记忆力丧失的现象，这些都是因为极度怯懦而表现出的身体症状，有人认为这是恐惧心理的一种变形表现。

随着年龄的增长，特别是当青春期临近时，有些儿童的这些身体症状会愈加明显。例如，考试前或考试时会紧张得全身发抖，或者由于异常激动致使头脑发昏。有的在口试时，会张口结舌、语无伦次。在班里，有的被老师点到名时也会出现同样的状况。此时，如果同学或老师和这样的孩子开玩笑，其窘态会更加严重，从而导致他们的心灵深受伤害。这类儿童看似智力不成熟，但是，如果在他们情绪稳定时对他们进行智力测验，他们的智商往往都比较高。

这些怯懦胆小的儿童，有的是对自己的价值认识不足，缺乏自信；有的则是由于大人的过度赞扬所带来的心理负担；还有的则是两者兼而有之。

对于自卑感是如何产生的这个问题，有人指出是由于儿童自身体质容易造成自律神经失调，实际上，自卑感在很大程度上是受环境影响的。如果在家里，孩子身边的大人们常常无视孩子的意愿而采取一些行动，或者经常取笑孩子的失败，就会使孩子失去自信心。如果父母无视孩子的发展过程，管教过于严厉，要求孩子凡是父母说的话必须听从，若稍有违抗，就会遭到严厉的批评，孩子的独立性就得不到提高，并且会逐渐变得怯懦胆小。当然，也有些儿童面对这种“严厉的管教”能坦然自若地坚持己见，因为他们的独立性已经开始发展。

有些父母表面上看似对孩子并不严格，但在生活习惯或其他方面却给出许多规矩，并告诉孩子遵守这些规矩才是“好孩子”，不允许他们有任何孩子气的顽皮淘气行为。如果孩子顺从父母的要求，认为照这样做就是“好孩子”，那么，孩子就会在不知不觉中变得“胆小”，因为他们担心大人批评他们是不听话的孩子。我们称这类儿童为“循规蹈矩”的儿童，他们看似行为端正，遵守纪律，但只不过是表面现象而已。

身体虚弱的儿童，很容易产生自卑感。因为身体弱，很少积极参与户外活动。即使偶尔想到户外活动，大人们就会唠叨“出去容易感冒”“要多穿衣服”等等，而如果孩子不听话执意外出，出去后又真的感冒发烧，这样的结果让孩子感到很内疚，自信心也因此渐渐消失。长此以往，孩子会产生深深的自卑感。当他们走出家门，来到幼儿园或学校，自然就会表现出怯懦胆小的性格。

在家里受到过度保护和溺爱的儿童，性格也很容易变得怯懦胆小。因为他们的依赖心较强，一旦走出家门，没有可以依赖的大人在身边，就会没有安全感，因而变得胆小。而如果有家人在身边，则因为有可以依赖的大人，就显得更加怯懦胆小了。另外，在家里受到溺爱的儿童，常常是以自我为中心，不愿意到那些不能满足他们欲望的集体中去，只能逃避集体生活，躲进自己的家里任性妄为。他们平时很少有机会与朋友一起玩耍，在家里可能有祖父祖母宠爱，父母也十分娇惯他们。这种情况大多在父母老来得子或者独生子女家庭中表现突出。

有的儿童心里藏着不愿意告诉大人的小秘密，因此时常抱有一种负罪感，总是在大人面前不敢直视，或者坐立不安，少言寡语，渐渐变得怯懦胆小。

由于家庭经济拮据而产生自卑感的儿童，也常常会胆怯。他们的父母往往没有直面现状的勇气，总是消极悲观，羡慕他人，满腹抱怨。这种态度会使孩子更加自卑。

不论是哪种原因，如果孩子对自己的认识不足，或是独立性发展迟缓，在初次与人见面或到一个新环境时，他们便会怯懦不前，从而不能充分发挥自己的能力。而这种情况会导致进一步加重自卑感，形成恶性循环。

“怯懦胆小”是日本人特有的一种自我压抑的生活态度，这与欧美人勇于表现自我的行为形成鲜明的对比。日本文化崇尚彬彬有礼、温文尔雅的美德，行为方式更加含蓄内敛。在自我表现和自我抑制这两种人格中，究竟哪一种更值得推崇？我认为应该进一步探讨它们与自卑感有怎样的关系，然后再据此分析是否要把“怯懦胆小”列入治疗对象。

我们历经15年对“怯懦胆小”进行了研究，为了更有利于认识这个问题，我们认为可以把它分为三种类型。一种类型是，由于家庭成员对孩子的干涉，孩子被强加了“好孩子”的价值观。因为该价值观的基准极具道德性，孩子本应有的活动受到了限制，他们一味地在意大人们的评价，从而导致言行不能自由发挥。这实际上是大人行为在儿童身上的缩影，他们的行为对适应社会是可行的，但却缺乏独立自主性。我们称之为C型。第二种类型是由于孩子在家受到家庭成员的溺爱和过度保护，当他们走出家门后就会失去依靠，丧失自信心。并且，由于在外面以自我为中心的行为方式不被认可，只好躲在家里，成为怯懦胆小的儿童。有些孩子在家里任性无比，如同“小皇帝”一般，这些孩子也就是所谓的“窝里横”。我们称这种类型为B型。第三种类型是因为很少有机会和小伙伴一起玩耍，所以很乐于独自游戏，当受到小伙伴的邀请时也愿意一起玩，但更愿意沉浸在自己的小世界中。这类儿童大多生活在父母都有工作的家庭中，周围没有朋友能一起玩耍。我们称之为A型。当然，还有以上三种的混合型，就不细分了。

上述研究结果中，对产生问题行为的原因与问题行为之间的关系，还需要进一步探讨。例如，大人们所称赞的“好孩子”的价值观，究竟在儿童发展的哪个阶段能为儿童接受。在同样受到家庭成员溺爱的儿童中，有的孩子怯懦胆小，而有的则相反，成为总爱惹是生非的孩子。这两种结果是怎样产生的？许多问题都有待探讨。

预防方法：首先，要预防C型的怯懦胆小，必须要求大人减少对孩子的过多干涉。要避免对孩子无微不至地照顾和过度保护，尽可能地放手让孩子自己判断，不能因为孩子的失败或错误而斥责他。为了解决这一问题，我们有必要在一段时间内，让父母记录下是在怎样的情况下常常使用干涉和命令孩子的言辞。

在大家庭里，孩子一般都生活在大人的包围之中，他们的言行很容易被大人以自己的价值标准来进行评价，使孩子成为大人的缩影。有些幼稚的行为被大人认为“可爱”，这就很容易出现独立性发展迟缓的问题。有些孩子以自我为中心的言行，被大人评价为“天真无邪”，其结果更容易促使他们的自私行为持续恶化。因此，大人对孩子的言行进行正确的判断是非常重要的。

有的家庭无视孩子身心发展的阶段性，总是批评斥责孩子，或用权威逼迫孩子服从。对此，我们应该建议这类家长，要认识到权威并非只能依靠命令或强制来建立，采用温和的态度和言辞，让孩子心服口服，更能树立家长的威信。家长要多了解孩子的心情，多站在孩子的立场和孩子好好沟通，以帮助孩子解决问题。

为了给孩子提供与小伙伴玩耍的机会，必须让孩子上幼儿园，或者参加其他形式的集体活动，以便让他们的独立自主行为得到更多锻炼的机会。然而，值得注意的是，直到今天，在托儿所、幼儿园以及小学，来自大人们对孩子的干涉和命令仍然很多，孩子的独立行为受到极大的压抑和束缚。

对于家庭比较贫困的孩子，要预防他们产生自卑感是比较困难的。但是，我们要坚信并向孩子传递这样一种价值观：贫困并不能决定一个人的价值，人的幸福也不仅局限于物质方面。同时，我们还应该注意不要在孩子面前哀叹和抱怨贫困带来的不幸，而老师则应该多发现孩子人格上的优点并给予鼓励。另外，老师还可以和孩子探讨“如何从社会层面消除贫困”“为了消除贫困应该做出哪些努力”等问题，以点燃孩子对未来的希望。

对身体比较虚弱的儿童，由于身体上的虚弱常常会造成精神上的消极，所以要尽量避免在孩子面前提及病情，不要让身体的缺陷增加孩子的自卑感。另外，不要忘记经常鼓励孩子，以预防他们在精神上也陷入虚弱的境地。

如果儿童生活在容易受到溺爱和过度保护的环境中，例如与老人生活在一起的家庭，可以明确划分老人和孩子的房间，通过生活空间上的分离来预防老人对孩子的溺爱和过度保护，同时，在教育孩子方面也应该确立家规，以便统一家庭成员在教育孩子方面的认识。在节假日，应尽量带孩子到户外活动，让孩子尽情地玩耍，放飞自我。

最后，还要努力帮助孩子调整人际关系，让孩子对父母和老师能够坦诚交流，不隐藏欺瞒。（详见“爱撒谎的儿童”）。

治疗方法：对“怯懦胆小”儿童的治疗，应多鼓励他们提高对自己的评价，消除他们在与人交往时的拘谨和对新环境的紧张恐惧心情。

为了提高孩子对自己的评价，必须要让孩子对自己的生活充满自信。而这种自信，又必须在一个能够认可他们自主行动的环境中来培养。特别是针对A型和B型的怯懦儿童，由于他们在家里没有养成独立自主的习惯，我们建议这两种类型孩子的父母，治疗的第一步就是培养孩子的独立能力。为了促进孩子养成与年龄相应的生活习惯，父母应尽量少动口、少动手帮助他们。另外，溺爱会让孩子总是处于以自我为中心的状态，要注意培养他们控制欲望的能力。

但是，孩子年龄越大，从前的家庭生活状况给孩子留下的印象就越深刻。即使家人对待孩子的态度有所改变，孩子对家人的印象却很难改变。另一方面，家庭成员要改变对待孩子的态度，也不是一朝一夕能够做到的。所以，两者之间相互影响的“恶性循环”常常会持续下去。但是，只要父母坚持进行心理咨询，齐心协力着手解决问题，就能逐渐培养孩子自我控制的能力。

然而，如果家庭成员之间的关系复杂，父母之间又不能齐心协力，我们的建议也就无法起到作用了。在这种情况下，如果暂时把孩子与家庭隔离一段时间来进行治疗，会取得较好的效果。欧美国家在大学专门为此设立了“治疗楼”或“观察楼”。我深切地感受到，今后日本也需要设立类似的治疗机构。让孩子们在这种设施、设备完善的机构中接受治疗教育是十分必要的。在日本，目前可以利用野营设施，以及临海和林间学校①开展这些活动。但是，由于实际活动的时间太短，治疗效果并不十分显著。所以，我们每年夏季举办的6晚7天的夏令营，相对而言还是比较有效果的（参照第38页）。

①林间学校是日本中小学校开展的一项校外活动，通过登山、游泳、参观等野外活动，以促进中小学生身心健康的全面发展。类似夏令营或修学旅行。——译者注

集体治疗法对于怯懦胆小的儿童十分有效，让孩子加入人数较少的集体，在集体中无拘无束地玩耍，孩子的紧张情绪会在玩耍中逐渐消失。与此同时，我们还需向母亲们提出建议，孩子虽然能在集体中积极行动，但回到家里，一定要避免对孩子的行为进行干涉，或者过度保护和溺爱，否则，集体疗法就不能取得预期效果。

对于经常禁止和干涉孩子的独立行为、时常斥责批评孩子的父母，我们必须建议他们要减少这类行为，停止一切干涉，放手培养孩子独立自主的行为习惯。同时，家长要养成耐心倾听孩子意见的习惯。尤其是如果父母中的一方突然对孩子发脾气，或因自己情绪不好拿孩子撒气，那么父母应共同找出原因，商量解决问题的对策。对即将进入青春期的孩子，我们发现，与其治疗孩子的问题，不如向家长就养育孩子的态度提出一些好的建议。有时甚至需要家长自身接受精神疗法，但这往往比较困难。

在向家长提出建议的同时，还可以对孩子运用游戏疗法。比如，可以为孩子准备各种玩具，还可以通过让孩子画画、玩橡皮泥，给孩子创造一个能按照自己意愿去玩耍的环境，鼓励他们的独立自主行为，努力让孩子充分表达自己的情感。让孩子在游戏室、院子、小游泳池等场所尽情游戏、玩耍，能逐渐增强孩子的自信心，使怯懦胆小的症状得到改善。对小学高年级的孩子，我们可以进行心理指导，或者把他们编入能够理解孩子的班主任的班级中。这个方法将在第13章中详细介绍。

另外，如果家庭成员中有非常胆小怯懦的大人，即所谓的有“神经质”性格的人，我们应该建议家庭成员通过心理咨询来治疗，当然，这样的治疗会比较困难，但是，我们希望家长还是要尽可能地为孩子创造一个能发挥他们积极主动性的良好的家庭环境。如果孩子年纪比较小，可以让孩子练习从高处往下跳的游戏，可以根据孩子的年龄，先从高50厘米的地方开始练习，逐渐增加高度。

小孩都喜欢玩爬上爬下的游戏，会很乐意参与，或者也可以让他们爬树。如果要选择比较有文化内涵的活动，可以让他们学习拉小提琴、唱歌，并鼓励他们在众人面前表演。孩子刚开始学一样东西时往往表现不佳，对此，我们决不能取笑或奚落他们，还要避免因急于求成而强迫他们练习。最好是能跟随那些了解儿童心理的老师来学习，这样，可以循序渐进，当取得一定的进步之后，孩子的自信心也会逐渐增强。所以，在孩子对一件事情有自信后，在其他方面也会提升自信。

在学龄期儿童中，常常有孩子因为“胆小怯懦”影响学习成绩和学习态度，导致父母和老师的批评。有些父母会责备孩子说：“明明会做的题为什么总出错？”“别磨磨叽叽的，快行动！”也有些老师向家长反馈“你的孩子不够积极”“孩子的表达不是很清楚”等等，父母听到老师这样评价孩子，又会更加严厉地斥责孩子，其结果是让孩子更加自卑。因此，当老师发现班级里有“怯懦胆小”的学生时，一定要思考他为什么会这样，如果发现原因在于家长的育儿态度，应尽量和家长进行沟通，提出改进建议。

值得注意的是，怯懦胆小的儿童也有很多优点。我们发现，他们总是在经过一番思考后才会认真回答老师或家长提出的问题。而在那些充满活力的孩子或上课积极举手的孩子中，有不少没有考虑清楚就仓促回答的，与这些孩子相比，那些从多个角度思考问题的孩子表面上就显得有点畏缩了。有些老师因此认为他们是怯懦胆小的孩子，对他们评价不高，要求他们“应该更积极一些”。这些言辞反而会让他们更紧张。我们应该充分理解孩子，这些孩子往往具备深入思考及观察事物的能力。老师应该经常给予他们温馨的关怀和指导，多给他们发挥自己特长的机会。在取得成绩时，要给予他们充分的肯定和表扬。如果孩子在班级里得到认可，就会逐渐积极活跃起来，但切不可操之过急。

在怯懦胆小的儿童中，我们发现，即使他们对答案有90%的把握，也会因为剩下的10%没有自信而犹豫着不回答问题，或者不明确地给出答案。他们过分追求完美，这可能反映出父母之中有一方是完美主义者。所以，我们有必要向他们的父母提出一些指导和建议。

我们应该建议家长要尽量避免使孩子心理负担加重的鼓励。特别是，有些父母在考试前用“振作点、就算妈妈求你了”等话语来激励孩子，这些都会增加孩子的紧张感。当孩子面对试卷时，紧张得脸色发青，或者出现头晕、胸口悸动，或者一时走神的现象，面对考题无从入手，造成读题失误。因此，不应为了提高成绩而对孩子施加压力。如果老师发现孩子过于追求完美，应就这一点提醒家长注意。

如果孩子学习成绩不好，看起来智商也不高，而且还有些怯懦胆小，有些家长就会认为“这孩子真是一无是处”，当然不是这样。孩子身上肯定有优点，只是没有被发现而已。所以要尽早发现孩子的“长处”，同时考虑能发挥这一长处的对策。可以尝试让孩子学习绘画、音乐、组装收音机等等，如果是体格好的孩子，练习体育应该也不错。我们首先要创造条件，让他们在某一方面发挥特长，增强他们的自信心。有些家长认为：“本来数学和语文的成绩就不好，如果再去参加业余活动，更会影响到成绩。”实际上，父母应该有意识地帮助孩子在某一方面建立自信，这种自信对提高孩子在其他方面的能力有很大的促进作用。关于智力发展的问题，我们会在第4章详细介绍。

另外，因为身体虚弱导致“怯懦胆小”的儿童，不仅要增强体质，同时还要在精神方面给予指导，关于这个问题我们将在第11章介绍。

最后，针对那些因为对父母心藏小秘密而产生“怯懦胆小”的儿童，我们必须找机会让孩子说出心中的秘密，让他们一吐为快。但是，我们不能直接要求："你是不是有什么事情瞒着我，快说来听听！"这样，孩子肯定不会向你诉说。因为只有当孩子认为能得到对方的理解，值得他信任，还能为他出谋划策、排忧解难，孩子才会愿意敞开心扉吐露真情。最理想的状况是父母和老师能成为孩子愿意推心置腹的对象，但多数情况都是因为没能做到这一点，孩子才会心事重重。事已至此，自然不要奢望能够迅速扭转局面，让孩子说出埋藏已久的小秘密。此时，我们建议可以寻求心理咨询师的帮助，但短时间内想找到合适的人选并不容易。

所以，需要花些时间慢慢修复与孩子之间的关系，争取成为孩子信赖的父母和老师。比如，陪孩子一起玩耍，增加身体的接触，寻找机会和孩子建立一对一的关系。当得到孩子的足够信赖时，他们就会愿意向你吐露心声。另外，父母可以通过孩子的好朋友或者其他长辈，间接地与孩子建立信赖关系。对于有违法犯罪倾向的孩子，可以通过B.B.S[①]等组织来寻求帮助，目前，这样的公益组织在日本还比较少。或者，还可以通过孩子信任的除班主任以外的其他老师来帮助孩子，因此，老师之间应该保持相互合作，经常互通有无，一起关注孩子成长中出现的问题，以帮助他们克服人格上的扭曲。

以上是关于"怯懦胆小"儿童的一系列思考，"怯懦胆小"在日本人的性格中比较普遍，特别是在女性中表现得尤为突出。即使是现在，仍然有不少人把这种拘谨的处事方法视为女性的美德，这与欧美国家的女性比较，相信会有不少有趣的问题可以探讨。当

①B.B.S为Big Brothers and Big Sisters的简称，由美国最早成立，日本于1947年成立，是以减少青少年犯罪，帮助青少年适应社会，建立良好社会环境为目的，支持青少年健康成长的民间公益组织。——译者注

然，我们并非完全推崇欧美人的生活态度。关于这个问题，将在第12章详细介绍。

4. 爱哭的儿童

1）经常爱哭的儿童

有些儿童因为一点小事就哭个没完，或者自己的要求得不到满足就号啕大哭，他们从很小的时候就一直爱哭哭啼啼，即使长大一些也依然如此，我们姑且称这样的儿童为“经常爱哭的儿童”。

孩子一出生就会哭，这是一种生理需求，婴儿出生时的第一声啼哭有利于呼吸，后来的啼哭是由于饥饿、尿湿、身体疼痛等不适引起的。随着婴儿一天天长大，他们在向大人提出需求或对某事做出反应时，都会以哭的方式来表现。比如，想让人抱抱，希望有人陪自己玩，遇到陌生人感到不安、认生，或者玩具被拿走时，都会用哭来诉求。1岁以后，孩子逐渐淘气起来，父母也常常会禁止他们的一些行为，于是，在与父母交涉时，便以哭的方式来使自己的要求得到满足。由于语言能力尚未发育，他们只能用哭的方式表达心情。2岁以后，这种倾向会更加明显，如果大人不能满足他们的要求，特别是物质需求得不到满足时，他们便号啕大哭。然而，3岁以后就不这样哭了，啼哭的频率也减少了许多。到了4岁，他们偶尔会嘤嘤哭泣。5岁左右，就基本上不会用这种方式来使自己的要求得到满足了。以上现象是一般儿童的“哭泣”方法的演变过程。

因此，以上各年龄段的儿童，如果表现出相应的现象，应该说是正常的，不应被认定是问题儿童。

但是，如果一个孩子到了5岁或者进入学龄期后，仍经常因为自己的要求得不到满足而哭闹，就可能是“爱哭包”了。

那些因为一点小事就啼哭的儿童，有的是因为“软弱胆小”。3岁以后语言能力开始发育，孩子可以通过语言来提出自己的要求，没有必要再哭哭啼啼。但是，有的儿童如果知道通过啼哭这种情绪表现的方式，就能迫使大人答应自己的要求，那么，他就会持续使用这种方法。

这些儿童大多生长在用哭的方式来赢得父母听从其要求的环境中。他们之所以大哭大闹，是因为知道只有这样做才能尽快满足需求，并且这种方法行之有效。

这些孩子中的大多数从婴儿期开始，往往都是母亲一看到他哭就喂奶，或者把他抱起来爱抚，而且家里的其他大人也是对孩子有哭必应。在与老人一起生活的家庭中，这类孩子比较多见。我在德国留学期间（1955～1956），有位曾在日本生活过的德国女士向我提出这样一个问题：“为什么日本的妈妈不能忍受让孩子哭一会儿呢？”

在欧美国家，母亲给孩子哺乳是不能让他人看到的，因为在他人面前暴露出作为性器官之一的乳房是很忌讳的。而在日本，直到第二次世界大战结束前，都可以看到女性在众人面前无所顾忌地给孩子哺乳的情景。对于日本女性来说，乳房的意义仅在于它是哺乳器官。就此问题，我们将在后面进一步论述。这里要强调的是，只要婴儿一哭就给喂奶的哺乳方式，将对孩子的人格形成产生很大的影响。因为把哺乳作为“哄”孩子不哭的一种手段，这种育儿态度与以后的育儿态度有极大的关联。当孩子哭的时候，父母很容易采取“哄”的方式来进行教育。如果孩子一哭就把他抱起来，或给零食或给玩具，孩子以后就会利用这种手段来实现自己的要求，成为“爱哭包”。随着年龄的增长，这种“哄”的安抚方式就会不起作用，父母只好开始利用“恐吓”式教育方法，即用医生、打针、警察来吓唬孩子。

总之，经常爱哭的孩子大多是在那种不注重培养他们的自我约束力的环境中长大。例如，有的父母老来得子，又是独生子，这种情况就越发严重。独生子被父母视为无可替代的宝贝，最小的孩子则最受宠爱，他们的大多数要求基本都能得到满足。如果偶尔受到限制不能如愿以偿，孩子就会大哭大闹。在有老人的家庭里也常常出现类似的情况。有时候，即使父母想对孩子进行管教，但孩子一哭，不忍心看到孩子哭闹的老人就会满足他们。在这种环境中，孩子会因此而爱哭，他知道只要哭得厉害一些，大人肯定就能满足自己的要求。有些老人认为让孩子哭犹如有罪恶感一般，或者认为让孩子哭就是大人没有爱心。还有的老人认为孩子哭多了会头晕，会引发痉挛。果真如此的话，那么，多数欧美的孩子在哭的时候都被置之不理，他们是不是都会引起痉挛呢？当然，事实并非如此。

另一方面，也有很少哭的孩子，特别是那些在婴儿院或养护设施中长大的儿童，很少有爱哭的。因为他们提出的要求经常被忽视，所以就不愿意再提了。医院病的研究表明，这些儿童在人格形成过程中很容易产生心理障碍。近年来，在家庭中也开始出现有医院病症状的儿童，其原因在于父母和孩子的亲密接触时间有所减少，经常让孩子一个人睡觉，也很少陪孩子一起玩耍。因此，对于年龄较小的儿童，父母在他们啼哭时应适当满足他们的要求，但是，随着孩子逐渐长大，就应该注意培养他们尽量少哭闹，要成为具有自控能力的儿童。

然而，日本的现状是，在许多父母的育儿态度中缺少对孩子进行行为规范的教育。孩子到1岁以后，只要他想吃糖果或甜点等零食，父母就立刻给予满足。玩具也是，每当父亲或老人外出，总会当礼物买回来送给孩子。而在欧美国家，原则上只有在下午茶的时间才给孩子吃零食，玩具也只有在孩子生日或圣诞节的时候才给买。因此，欧美国家的孩子学会了等待，直到规定的时间或日期到来为止，在此期间，孩子必须忍耐。

而在日本，我们经常可以看到，每当孩子哭闹着提出要求时，父母就会不分时间、地点给孩子零食。即使父母有时会为限制孩子而说“不行”，但孩子一哭闹，父母往往就会妥协说：“只有这个了”或者“就给一个”“这是最后一个了”。当孩子在商店里要求给买玩具的时候，父母会说：“今天不可以买。”但当孩子哭闹起来时，父母马上就屈服。可见，是大人没有遵守约束，责任在于大人。

类似的情形随处可见，在这种“不能让孩子哭”的环境中，孩子只要一哭，父母就很难做到“置之不理”。形成这种状况的主要原因是日本的住宅结构及家庭结构与国外有很大的差异。关于这一点，我们将在第12章“家庭中的精神卫生”中详细介绍。

总之，当孩子哭着提出要求时，我们要表示理解，同时，应具体分析他们的要求。如果是物质方面的要求，就应让他们懂得物质上的要求不是没有界限的，需培养他们的忍耐力。如果因为孩子年龄小就百依百顺，等他们再大些就会成为“爱哭包”，那时再责备孩子，就未免太残酷了。

治疗方法：如果考察了孩子的生活经历，发现孩子是因为缺乏忍耐力而变得爱哭，家长可以和孩子约定一些规则，并且要首先严守约定。既然已经约定好了“到时间才行”“这个等你长大些后再买”“零用钱只有10元”，那么，不管孩子怎样哭闹，都坚决不能答应他们的要求，约定好的规矩就应该严格遵守，不能有例外。如果父母总是以“就这一次”或“只有这个”为借口给孩子制造例外，他们的忍耐力就得不到很好的培养。

当家长的教育态度发生改变时，那些以前总以为自己的任何要求都能得到满足的孩子，可能会因此而大吵大闹，有些孩子甚至会破坏家里的推拉门、打碎玻璃或者把餐具掀翻。如果父母在这时候惊慌失措，立刻去安抚孩子，就只会助长他们的放肆任性。所以，要坚持到底，不能答应他们的要求。

此时，全家人应齐心协力采取一致的行为，如果有谁伸出援助之手迁就孩子，孩子就会越来越任性。在日本，常常有老人或某一个家人扮演救星的角色，结果使家庭教育陷入了混乱局面。

从开始哭闹到无可奈何地放弃哭泣，每个孩子所用时间的长短不同，有的会长达数个小时。但是，不论他哭多久，家长都不应该打破最初的约定。

采取这种方法后，家人中一般会出现妥协者，使家庭成员不能保持统一的态度。出现这种情况时，就需要实施隔离疗法。然而，日本还缺乏合适的隔离教育设施，只有专门针对情绪障碍儿童的短期治疗设施和为虚弱儿童开设的养护学校。在这种设施中，小学高年级的孩子通常需要1年以上的隔离治疗时间。希望能通过这样的集体生活，让孩子学会遵守集体纪律，提高自己的控制能力。

但是，仅仅把孩子与家人隔离开来并不能完全解决问题。有些孩子在隔离治疗期间培养了自我控制的能力，但一回到家里就又恢复到原来的状态，因为家人对待孩子的态度并没有改变。孩子年龄越小，受家人的影响就越大。因此，对孩子进行隔离治疗的同时，还需对家庭成员进行指导，以便让孩子在家也能保持在集体中学会的遵守纪律的习惯。在孩子回家前，全家人应就如何才能让孩子守约的问题进行讨论，以统一全家人的认识。

2）突然变得爱哭的儿童

有些儿童突然变得爱哭，正如前所述，我们应该考虑到这是发育过程中的一个阶段。5～6岁的儿童，经常“嘤嘤啼哭”的时期结束后，就不那么爱哭了，这是儿童发育过程中的正常现象。

但是，如果儿童在这一发育过程中，突然变得爱哭起来，就需要寻找原因了。比如，弟弟或妹妹的出生，或者其他兄弟姐妹生病，或者有亲戚的孩子来家里玩。是否是由于家庭内部环境发生了某种变化，父母的关注点因此发生了偏移，对自己的照顾有所减少的原因。

一般来说，儿童在5岁以后，就会逐渐习惯充当哥哥姐姐的角色。但是，如果在弟弟妹妹出生之前，家里只有他一个孩子，一直被家人娇生惯养，其独立性的发展就会迟缓。当家里添了弟弟或妹妹，他就会觉得母亲不爱自己了，或者由于母亲关心其他兄弟或亲戚的孩子，也会产生同样的心理。由此，他就会突然变得爱哭起来。

作为母亲，对孩子的爱和以前是一样的，并没有减少分毫，但这份爱如果没有在具体的行为中表现出来，孩子便会感觉自己失去了母亲的爱。

这些孩子即使上了幼儿园或小学，情绪也会处于不稳定的状态，上课时心不在焉，因为一点小事就哭，还可能经常和同学发生冲突。

对于大一点的孩子，如果他们经常啼哭，父母可能会责备他们："你可是哥哥（姐姐），怎么还老是哭鼻子。"也可能揶揄或者批评："真是可笑！""真没出息！"但是，孩子突然变得爱哭，原本就是因为父母对他们的关爱减少引起的。所以，只要父母做不到像原来那样关爱他们，他们的情绪就始终难以安定。

治疗方法：如果孩子情绪不稳定，父母首先要给予充分理解，不要指责孩子哭的行为，而是要增加与孩子的沟通。比如，可以把孩子抱在膝上陪他玩耍，向孩子表明自己的爱意。如果孩子是因为弟弟或妹妹的出生而造成情绪不稳定，母亲就要有意识地经常给他读故事书，或者陪孩子说话，找时间陪孩子一起玩耍。尽管父亲和老人也可以代行这些工作，但对于大多数孩子而言，母亲才是最重要的。即便母亲由于二宝的出生而变得繁忙，也应该想办法找时间与大宝多接触。比如，让他一起来照顾二宝，抚摸新生婴儿的肌肤是一个不错的方法，洗澡的时候也可以让大宝帮着给二宝抹肥皂或者帮忙换衣服。当然，刚开始孩子可能会显得笨拙，不尽如人意，但通过多次练习就会熟练起来。所以，一定不要责怪孩子，重点在于要教孩子学会喜欢上自己的弟弟或妹妹。

另外，如果亲戚家的孩子暂时来家里住，母亲会更多地关心小客人，例如在同一个问题上，只对自己的孩子严厉批评，对亲戚的孩子则持宽容的态度。对于这种不公平的待遇，孩子当然会感到不满。在父母看来，照顾亲戚的孩子是应该的，希望能得到孩子的理解，但年龄小的孩子自然无法明白。即使年龄大的孩子能表示理解，但其情绪上会表现出不满。因此，在亲戚的孩子来家里居住前，应同孩子好好沟通，一起商量如何照顾小客人，以得到孩子的理解和支持，尽量减少和抚平他们的不满情绪。当小客人来家以后，多倾听孩子的意见，效果也不错。而如果大人只是根据自己的意愿行事，不考虑孩子的心情，往往会导致孩子的不满。

总之，如果发现孩子变得突然爱哭，应着重从调整家庭内部关系上去寻找解决问题的办法。

5. 任性的儿童

有些儿童在家里非常任性，想要什么就必须达到目的，并且绝不妥协。他们执拗地从早到晚纠缠不止，直到要求得到满足才肯善罢甘休。在学校，他们也同样如此，总是我行我素。因为他们总以自我为中心，不愿意交朋友，也不愿意主动融入集体，常常无视他人的感受，一有什么不顺心的事情就勃然大怒，甚至采取暴力行为。因此，他们总是与周围的人格格不入，不能融入集体。

这些孩子在家里任性可以得到父母的包容，似乎不是什么问题。但当他们走出家门，进入集体后，问题就会突显出来。因为在幼儿园或小学等集体中，和小朋友一起玩耍时，不能像在家一样随心所欲，他们常常会和小朋友发生冲突。身体强壮的孩子就会大打出手，而身体弱小或胆小的孩子则会因为不顺心而开始讨厌上幼儿园或上学。在家里，他们也只愿意和比自己年龄小、听话的孩子做朋友。如果和同龄的孩子玩，他们更愿意邀请朋友到自己家里来，而不愿意到别人家里去，除非对方完全服从自己。

自从让·皮亚杰①提出“自我中心论”后，“以自我为中心”便成了一般的说法。这里所说的“以自我为中心”与皮亚杰的见解略有差异，但总的来讲，“以自我为中心”都是指以自我本位为出发点，缺乏体贴关心他人、根据周围环境决定相应行为的思考能力。一般来说，儿童到了4岁左右，周围的大人才会逐渐教给他们要参与社会生活就不能事事以自我为中心的道理。于是，他们慢慢地学会了在考虑他人的基础上做出相应的行为。但是，有的儿童即使到了这一年龄段，依然事事都以自我为中心，不考虑他人的感受。这说明孩子缺乏控制自己欲望的能力。这些儿童大多出自父母对其百依百顺，有任何要求都尽可能给予满足的家庭，而当他们进入集体生活后，理所应当地认为自己的要求就应该得到满足。因此，刚上幼儿园或托儿所时，他们经常会做一些无视他人感受的事情，每当要求得不到满足，便会表现出极大的不满，或与他人发生冲突，或讨厌集体生活，产生逃避行为。有的孩子兴高采烈地去了幼儿园或托儿所2～3周后，便不愿意去了，这就属于后一种情况。

回顾这些孩子的生活经历，不难发现他们在婴儿期就开始养成

①让·皮亚杰（Jean Piaget，1896～1980），瑞士儿童心理学家、认知心理学家。——译者注

了以自我为中心的生活习惯。母亲只要一听到婴儿啼哭，就马上给孩子哺乳。如果这样做是为了“哄”孩子安静下来，那么，随着孩子的成长，他就会懂得只要哭闹就能使自己的要求得到满足。这在形式上似乎与自律调节哺乳法或按需哺乳是相同的，但实际上反映了父母对孩子采取的养育态度。在日本，由于住宅结构不同于欧美国家，每个房间之间只用薄薄的推拉门隔开，墙壁也没有那么厚，孩子一哭就会影响到家里的其他人。因此，很早以前，人们就认为一味地让孩子哭而放任不管是非常不好的行为，甚至认为这样做不利于孩子的身体健康，有些老人还认为“孩子哭多了会伤及大脑”。

在有老人的家庭里，任性的孩子会比较多。这是因为不管孩子要求什么，老人都会百依百顺，比如零食、玩具、图画书、零用钱，有求必应。结果使孩子无从体验什么是自我欲望的控制，即使父母会拒绝孩子的要求，一旦老人答应，父母的态度不但变得毫无意义，而且还会造成孩子无视父母权威的后果。

如果有的父母老来得子，也容易发生同样百依百顺的情况。因为在父母眼里，孩子就是无价之宝，加之父母上了一定的年龄，生活上已有足够的财富保障，自然会对孩子百般宠爱。还有一种情况是，孩子在家里是独生子或最小的孩子，也会受到这样的宠爱。此外，如果母亲性格软弱或缺乏育儿知识，孩子也有可能会比较任性，以自我为中心。还有的母亲，如果与丈夫关系不和睦，这种心理不稳定的因素也会造成育儿态度缺乏一惯性，常常会因为“我只有孩子了”的念头，心甘情愿地为孩子做任何事情，极易助长孩子的任性行为。

对于任性的孩子，当我们了解了他们的生活经历或家庭环境，才会对他们抱以理解的态度。否则，任性的孩子只能让老师或保育人员认为他们是令人讨厌的孩子，对他们深感头疼，束手无策，失去对他们的同情心。

治疗方法：对于任性的幼儿及学龄儿童，让他们参加集体生活是有效的治疗方法。在集体生活中，他们会逐渐明白事事以自我为中心是行不通的，从而培养他们控制自己的欲望和顾及他人感受的良好习惯。

但是，那些身体弱小的孩子进入集体后不久，因为自我本位的要求得不到满足，便开始讨厌集体生活，很想回到能包容自己任性的家里过安逸的生活。所以，有的孩子因为拒绝上幼儿园而不得不中途退园。对此，幼儿园老师和家长应该共同努力，用各种方法积极地引导孩子参与幼儿园的集体生活。

值得注意的是，对容易产生不安感的孩子，最好不要突然让他们加入到集体生活当中，因为这样只会加深孩子由于不适应环境而产生的不安。尤其是在家一直任性受宠的孩子，突然加入集体生活，很容易受到精神上的打击。孩子会因此而行动呆板，常常疲惫不堪，使他们失去承受能力。所以，在孩子上幼儿园的最初阶段，代替母亲角色的保育人员，要尽可能早日与孩子建立亲密的关系。从这个意义来讲，对刚入园的孩子实行无约束的“自由保育”是很有必要的。

另一方面，那些身体强壮的孩子为了让其他孩子服从自己的意志，常常扮演“领头羊”的角色。他们把一些服从自己的弱小孩子组织起来，一起独占玩具，或者合伙欺负不服从自己的孩子，甚至一个人“单枪匹马”去抢夺其他孩子手里的东西或者正在玩的玩具。如果觉得自己没那么大力气，他们就趁其不备，突然冲撞对方，给对方造成危害。在幼儿园或学校这个新的集体中，他们是最先表现出问题的孩子，所以，我们一定要对其进行耐心的教育和帮助。

要教育好这些孩子，需要家人和幼儿园共同努力，多进行沟通，积极培养孩子增强自我约束的能力。首先，最基本的是要让孩子必须遵守约定好的事情，找出孩子可以在幼儿园和家里同时遵守的1～2条约定，由家庭和幼儿园统一认识，共同监督和沟通孩子的表现。如果孩子按要求做到了，就要给予表扬和鼓励。当孩子完全掌握后，再逐渐提出更高的要求。

在此阶段，孩子可能依然会偶有任性行为，给其他孩子造成麻烦，这时，保育人员或老师可以紧紧把孩子抱在怀中，并提醒他这种行为是不对的，只要改正就能成为好孩子。有的孩子可能不愿意被老师抱，试图从老师怀里挣脱或者反抗。此时，老师一定要用力把他搂在怀中，心平气和、耐心地给他讲道理，当然，这样做可能需要一定的时间，但切记不可急躁或大声呵斥，否则就会适得其反，让孩子更加不安。

其次，还要坚持与家长联系，指导家长对孩子采取正确的养育态度和方法。以孩子上幼儿园或小学为契机，尽量调整家庭环境，改变过去对孩子百依百顺的育儿态度。首先要与家长进行沟通，取得他们的支持，并确立统一的态度。然后，再向其他家庭成员提出配合的要求。必要时还可以召开家庭会议，一起讨论和制订教育孩子的有关规则，包括老人在内，大家都要遵守。在这个过程中，保育人员和老师的介入将起到很好的效果。

通过一段时间的努力，孩子可能在学校里逐渐学会了忍耐，但回到家里，如果父母仍然允许孩子的任性行为，那么孩子的人格形成过程便不会顺利。任性的毛病一旦在学校或幼儿园表现出来，就会被小伙伴们嫌弃，不愿意和他交朋友，于是，他们自己也不愿意积极交朋友了。保育人员或老师应就这一点和父母进行充分的沟通，随着家庭内部育儿态度的改变，孩子在班里的行为也会从根本上发生转变，成为能与大家友好相处的孩子。

孩子任性的问题在日本比较普遍，所以特地用一节来讨论。

6. 没有毅力的儿童

常常有一些家长向我们咨询："孩子总是没有毅力、缺乏朝气，该怎么办才好？"老师有时则会对家长说："孩子如果能再努力一些就好了。"于是，父母为了培养孩子的毅力，便经常鼓励孩子，诸如：打起精神来，只要努力就给你奖励。但是，在鼓励之前，父母首先要思考孩子为什么没有毅力？其原因何在？

我们分析父母们所说的孩子"没有毅力"的具体情况，大致可以分为以下几种现象：

一是有些孩子说话做事总是"磨磨蹭蹭"，很少能有痛快的反应或回答；二是"动作迟钝"，不论收拾东西还是学习、吃饭总是慢吞吞，让老师或家长着急。他们中有些孩子做事总要拖到最后一刻才行动，有些则自始至终都拖拖拉拉；三是有些孩子总是"走神、发呆"，对老师和父母的话心不在焉，好像听到又好像没听到的状态。这些孩子又分为两种，一种是确实没听懂老师和父母的话，另一种是令人出乎意料地能掌握大人讲话的主要内容。

另外，这些所谓"没有毅力"的孩子一般都可以和小伙伴们一起玩耍，但遇到需要比赛、竞争的事情时，就立刻退缩。对此，家长总是希望孩子能"拿出勇气，坚持到底"。有的孩子如果和伙伴打架，就马上哭鼻子跑回家，这也是没有毅力、缺乏朝气的表现。此时，有的家长会鼓动孩子："不许哭，去给他点颜色瞧瞧！"除此之外，我们还接到一些父母的咨询，他们说："孩子不论在学习还是体育活动方面，从不愿与别人竞争，一点好胜心都没有。"属于"不想上进"的孩子，我们把这类儿童也统称为"没有毅力"的孩子。

实际上，这些孩子所表现出来的每种情况仍有一些差异，其原因也各不相同，因此，下面我们将逐一进行分析。

1）磨磨蹭蹭的儿童

针对这种在行为和语言上反应磨磨蹭蹭的儿童，首先要了解他们在整体的精神发育方面是否存在迟缓的问题。由于这类儿童在行动和语言上不及他们的同伴，他们往往不愿意交朋友。老师和家长也为此感到焦虑，时而责怪时而又鼓励他们。我们认为有必要把这类儿童的身心发展问题作为一个重要课题进行研究，以便帮助他们建立自信心，促进身心健康发展。对于学龄儿童，可以进行智商测试，但不要轻易作出智力障碍的诊断。

如果智商测试的结果高于平均指数，则应充分了解孩子在生活中有哪些是“磨磨蹭蹭”的表现，同时，要反复观察他的行为，看他是否会在某些场合中表现得积极灵活。如果孩子有积极向上的行为表现，那么，就有理由认为，他们之所以有时候磨蹭，是因为他们对某事物不感兴趣。例如，当听到小伙伴叫他出去玩就立即溜了出去，可是每到学习的时候就很磨蹭，其原因是他对学习不感兴趣、缺乏热情，因此我们就要了解他“不感兴趣”的原因是什么。可能是因为母亲总是让孩子学习不感兴趣的科目，学到后来还骂孩子笨；也可能是因为母亲总是不停地唠叨“快去学习，快坐到书桌前”，以为让孩子长时间坐在书桌前就行；也可能是因为被老师说“这门课你不行”，令孩子感到自卑；还有可能是因为孩子正在为家庭矛盾而烦恼。总之，只要深入调查分析，就一定能找到真正的原因。

有些孩子在家里，只要母亲要他做的事情从来都是拖拖拉拉，不按要求去做；而如果是老师吩咐的事情，却都积极认真地去做。造成这种情况的原因，可能是由于母亲对孩子的要求太高，稍有差错就劈头盖脸地批评、责骂，而不考虑孩子的心情，这样就使孩子失去了帮母亲做事的积极性，甚至产生抵触情绪。因此，只要是母亲让他做的事，他就会满脸不高兴。

在让孩子帮忙做事时，我们必须尊重孩子的人格。通常，父母在拜托他人办事时，态度都很客气，但换作自己的孩子却往往使用命令的口吻。其实，即使是让自己的孩子做事，也应以征求意见或相互商量的方式去进行。父母要认真反省，自己在让孩子做事时的态度是否是以自我为中心。这可能是因为那种用权威来对孩子进行支配的思想，至今依然存在于多数父母的观念中。

同样，老师让孩子帮忙做事时也是如此。如果老师坚持认为学生必须服从老师的权威，往往就会采取命令的方式。学生对此将会产生抵触和厌恶的情绪。老师也将失去与学生之间沟通的机会，或者说老师不给学生提供这样的机会。对于这样的老师，学生往往会以“磨磨蹭蹭”的行为方式进行消极抵抗。

因此，我们让孩子去做哪怕一点事情，都要先和他们商量。在那些学生们能积极主动地帮助老师做事情的班级里，可以发现老师和学生之间的沟通工作做得很好。

我们一味地要求孩子“不要磨磨蹭蹭”是无济于事的。为了找到他们磨蹭、消极的原因，务必要多抽出时间来和他们促膝谈心，听听他们的想法，了解他们的真情实感。许多父母或老师不愿在这方面花时间，一开口就训斥孩子，操之过急只会事与愿违。在对待孩子的态度上，父母或老师要注意反省自己是否曾经有过这样的问题，有则改之无则加勉。

此外，有些孩子之所以早上起床、吃饭都慢慢腾腾，也不做上学的准备，是因为从小就由家里包办一切、娇生惯养，使孩子不能养成积极良好的生活习惯。他们总认为“反正家里有人会帮我做好”，在他们的意识中，自己该做的事情都理所应当地成了别人的工作。

为了帮助这类儿童改掉坏习惯，首先，家人应该减少对他们的照顾，所有的日常生活都交给孩子自己处理。有些母亲非常担心：

“要是那样，他们会什么都不想做！”但是，正是因为过去一切都由家人包办才造成这种现状的。为了让他们能在没有老人和母亲的帮助下也能独立行动，必须让他们自己的事情自己做，要彻底放手，锻炼他们独立生活的能力，这是极为重要的。

比如吃饭的时候，如果孩子不好好吃，有些母亲就会想方设法让孩子多吃一点。正是因为母亲或其他家人的这种做法，给孩子造成了“吃饭是别人的事”的印象，所以，必须改变这种做法，要教育孩子把吃饭之类的事情由“他人的事”视为“自己分内的事”。“食欲”是生理的基本需求，不必勉强孩子多吃，最好的方法就是放手，让孩子自己完成吃饭的事情。

当然，在家庭成员较多的家庭中，彻底地执行这种方法很难，所以，采用隔离治疗是最好的办法。可以让他们参加夏令营之类的集体生活，在这种集体生活中，他们不得不处于独立自主去解决问题的环境中，因此，当他们肚子饿了的时候，就会在生理需求的驱使下，开始好好吃饭。

2）动作迟钝的儿童

这些儿童的言谈举止在整体上都十分缓慢，说话不紧不慢，不能在规定的时间内完成学习任务，用剪刀也显得笨手笨脚。

这些诉苦大多是来自行事果断迅速的母亲们。她们做事雷厉风行，说话快人快语，给人一种干脆利落的感觉，在这些母亲眼里，孩子做事慢慢腾腾，自然是着急且不能容忍的。

但是，只要孩子做事能井然有序，不会出错，即使速度慢一点也不必担心。不论怎样，总比只图速度快却漏洞百出的行为要好得多。但是，这种慢条斯理的行为方式在重视效率的当今社会，会导致发生各种问题和损失。例如，考试就是如此。父母总是催促孩子：“快点抓紧时间，不要慢吞吞的。”这样做反而会让孩子心里感到慌乱不安，思维变得迟缓，最后导致做事笨拙或考试失利。因此，一味地催促孩子不能解决任何问题，而只能给他们造成损失。

那么，儿童为什么会行动迟钝、速度慢呢？针对这个问题，从来没有一个明确的结论。从经验上来讲，一个人的动作快慢似乎可以说是天生的，对此，还有待今后进一步研究论证。有的人出生后身体各系统发育缓慢，特别是运动机能在发育伊始时很迅速，而后却又速度放缓。有的孩子从幼儿时期就萌发了对数字或文字的兴趣，但之后却发展平平；有的孩子对此的兴趣和之后的发展则相反。对孩子进行智商测试时，测试所用时长比规定时间越长，他的智商指数就会越高，但如果测试时间限定在规定时间内，其指数就低于正常值。我们对这类身心发育速度的快慢问题还缺乏充分的研究。

考察孩子以往的生活经历，如果他一直都表现为行动迟缓，而其母亲却是一个动作麻利的人，就应该注意调整母亲和孩子之间的关系，母亲不能总催促孩子。因为，孩子即使做事或说话有点缓慢，但只要他们具有完成工作的能力，就应该肯定这是他们的长处，而不要对他们提出过多的要求，不要让孩子因为速度慢而产生自卑感。对那些已经产生自卑感的孩子，为了帮助他们从自卑中解脱出来，则有必要反复向其母亲提出正确的建议。当孩子能够克服自卑心理时，他们就能在行动中充满自信，尽可能发挥出自己的能力和效率。

3）心不在焉的儿童

有些儿童给人的整体印象是心不在焉。他们在听老师说话时，常常是目光呆滞，半张着嘴巴，佝偻着后背。当问他们老师讲的是什么时，他们总是支支吾吾，不能明确回答。

患有慢性鼻炎的儿童，不少都有张口呼吸、心不在焉的特征，有人把这种特征称为“腺样体面容”。扁桃体肥大时也会出现同样的症状，儿童患这种病后会造成呼吸困难、耐力减退，需要及时就医治疗。此外，由于耳垢栓塞、鼓膜凹陷、慢性中耳炎等引起听力减弱，也会使儿童出现心不在焉的现象。

如果儿童突然变得无精打采，经常发呆，在以前就会给孩子做结核菌素检验。如果检验呈阳性，就应拍X光片进一步检查；或者做粪便检查，看有没有蛔虫病；如果孩子有偏食情况，则检查是否缺维生素B。现在，由这些原因造成孩子无精打采、心不在焉的情况一般都比较少见。

对心不在焉的儿童，我们需要从精神方面来寻找原因。例如，家里是否发生过一些令孩子精神紧张的事情。由于父母关系不和睦，孩子因此受到影响，在幼儿园或学校上学时突然会变得呆滞，无精打采。我们曾经遇到过这样一件事：老师在上课时看到一个学生总是心不在焉，就让他站着听课。事后才知道孩子是因为母亲患急性腹膜炎住院而担心母亲的病情，于是上课注意力难以集中，后来这个老师对此感到非常内疚。即使是大人，也会因为妻子或孩子生病，以及家庭关系不和睦的原因，使他们在工作岗位上思想无法集中，造成工作效率低下，这种心不在焉的状态，还会引来周围同事关切地询问：“怎么了，发生什么事了吗？”所以，孩子同样也会因为某些事情的发生而影响到精神状态。

此外，造成儿童心不在焉的原因，如果从家庭内部来寻找，除了父母关系不和睦，还有由于弟弟或妹妹的出生，以及家里有亲戚来住等等，这些情况的出现，扰乱了原有的家庭生活秩序，孩子被忽视，不能像以往那样得到大人的关心和照顾。此时，老师就应当努力从家庭内部去寻找问题的原因。当父母来咨询关于孩子“发呆”的原因时，我们也要注意询问是否家庭环境发生了什么变化，而造成孩子的不正常行为。

在教室里“发呆”的孩子中，有的是因为注意力不集中，脑子里尽想着与上课完全无关的事情。例如，有个小学4年级的男孩，上课时看着窗户外面发呆，当老师批评他时，他说：“电线上站着三只小鸟，它们好像聊得非常开心，我在想它们聊什么呢？”这个孩子可以说是极富艺术想象力的。遇到这种情况，老师该怎么办呢？处置起来有一定的难度。老师上课的任务是要教授学生知识，完成教学内容，如果学生不配合，上课不认真听讲，老师理应提醒他们注意。但是，并不是说老师应该立即批评学生，而是应该先倾听他们这样做的理由，然后再提醒他们要认真听讲。

心不在焉、容易走神的儿童中，有一种是弱智儿童。他们跟不上学校上课的节奏，在给他们进行智商测试后，得出的结果是智商指数偏低。这种情况就需要让孩子接受与其智商相符的教育。

偶有发生走神的儿童中，有少数还会出现癫痫发作的轻微症状，他们精神恍惚，眼睛总是向上看，不能平视，或者仿佛若有所思似的自言自语。出现这些症状的时间往往很短，仅1～2秒钟的时间，不容易引起注意。如果有的持续10～20秒，老师和父母就会感到很诧异。例如，有些孩子明明好好地端着茶杯走过来，忽然止步使茶杯摔碎，这很自然地会引起父母的责怪，实际上可能是癫痫的轻微发作。也有些孩子在吃饭时，拿着餐具的手突然停下来，精神恍惚。如果这种症状经常断断续续地出现，就要带孩子去做脑电波检查，癫痫特有的脑电波是可以检查出来的。

治疗方法：儿童“发呆、心不在焉”症状的原因有多种多样，我们首先要对其进行医学检查，然后根据诊断结果再进行相应的治疗。如果确诊是癫痫，对症下药就能收到明显的效果。但是，即使脑电波检查表明有异常，也并不一定就是孩子“发呆、心不在焉”的原因，要特别引起注意（参照第256页）。

有的儿童出现心不在焉的症状，也有可能是生理方面的原因，例如，由扁桃体增生或者扁桃体肥大、慢性鼻炎等引起。特别是患扁桃体增生和扁桃体肥大的儿童比较多。过去人们认为扁桃体增生和扁桃体肥大，与“心不在焉”的症状以及学习成绩不好有很大关系，父母也认为通过手术治疗后就能解决问题，学习成绩也会相应提高，实际上，它们之间并没有很大的关系。

儿童出现心不在焉的症状，有时与其家庭环境有直接关系，如果发现家庭内部有问题，我们应该与他们的父母好好交流，或者向孩子了解家里是否发生了不愉快的事情，尽可能减少孩子的精神负担。而父母要切记不要因为孩子“心不在焉”就训斥、批评他们，或者用“振作起来”的话语来激励他们，这些都是不恰当的做法。

4）一味让步的儿童

有些儿童无论是被小伙伴们排挤还是受到欺负，他们都忍气吞声，一味让步。当他们的父母看到孩子的这种表现时，就认为他们没有勇气、太懦弱，希望孩子能与那些厉害的孩子争个高低，甚至强行让孩子去给对方点颜色瞧瞧。

在伙伴面前表现出谦让的态度固然值得称赞，但是，由于这种态度缺乏热情，他们总认为自己去争斗肯定会败下阵来，而对小伙伴言听计从又很不甘心。对这种性格的孩子，我们应该多想办法让他们提出自己的想法或主张。因为这些孩子中多数是由于独立性发展受到了压抑，所以，需要了解他们以往的生活经历，让他们从曾经受到的压抑中释放出来，培养他们成为热情而有勇气的儿童。

许多孩子在刚进入一个新集体时，由于还不习惯新的环境，对那些身体强壮的小伙伴就会做出让步。如果孩子自己本身精力旺盛，一旦能有机会表现，就会发生冲突，和小伙伴打架。如果孩子身体瘦弱但智力较高，就会采取旁观者的态度，事不关己高高挂起。如果是智力没那么高，他就会轻易地顺从那个领头的孩子，或者把玩具、零食分给领头的孩子以及其他小伙伴。有的孩子为了取悦小伙伴，但自己又没有钱，他们甚至会拿家里的钱，或者去偷窃也不足为奇。这种类型的孩子在面对比自己能力低的小伙伴时，绝对不会做丝毫退让，反而会对那些比自己弱小的孩子发号施令。此时，也会根据对方小伙伴的智商高低而表现出不同的反应。比如，对年龄较小，但较聪明的小伙伴，他们会以大欺小发生争执，可是，没过多久就会发现自己比不过小伙伴，不得不选择退让。

在低年级的时候，那些智力并不高但体力好的儿童一般会成为班里的“领头人物”，而升入高年级后，他们就会显现出智力和人格方面的问题。因此，在集体生活中，以体力好坏的因素来决定交友关系会因年龄大小而发生变化。

有的“一味让步”的儿童，是因为小时候家里的管教如同旧时教育一样严厉，逐渐成为唯命是从的小大人，他们的行为举止得体并受到大人们的表扬，但却不能像其他小伙伴那样尽情玩耍。由于他们缺乏独立性的发展，只要小伙伴的态度稍不如他们的意，就会闷闷不乐。对这种儿童，应该让他们从大人限定的生活模式中解放出来，引导他们成为天真活泼、对生活充满热情的阳光儿童。

另外，还有些“一味让步”的儿童，虽然能够开心地和小伙伴们一起玩耍，小伙伴们也很喜爱他，但是，一旦发生冲突、吵架，他们就会立刻变得消极，不再想和小伙伴们玩耍。这些孩子通常智力不低，在低年级时，很容易被认为是“没勇气、懦弱”的孩子。当他们进入高年级后，随着独立性的发展，就会逐渐受到小伙伴们的欢迎。因此，父母和老师不要过早地下结论，给他们贴上“没勇气”的标签，应该积极地促进他们的独立性发展。

治疗方法：对智力不高，特别是智力低的儿童，可以试着给他们换一个新的集体。但是，对年龄较小的儿童，在新的集体中，即使他们能够自由发表意见，可当他们重新回到原来的集体后，仍然会恢复原样。而调换班级也并非易事。所以，平时要努力发现他们的长处，及时给予表扬，以减少他们的自卑感。比如，可以让他们学习绘画、练习书法、参加体育运动，当他们取得一定的进步后，在班级里会获得更多的认可，这样，他们便有勇气开始提出自己的想法，积极参与集体活动了。

有些儿童在与小伙伴们一起玩耍时，虽然能找到自己适当的角色和位置，但有时也会显得不积极主动，采取一味谦让的态度。但是，一般来说这种情况只是暂时的，不必担心。如果在同伴中做调查的话，他们其实是很受欢迎的。即使低年级时显现不出来，进入高年级后也会得到更多小伙伴的认可。

对于接受形式主义管教过多的儿童，最重要的是要把他们从这种管教方式中解脱出来。我们曾经给一些父母提出建议，希望他们允许孩子在家里的淘气行为，甚至是对大人的意见提出异议或反抗，尽可能地要让孩子的独立性得到充分的发展，以便增进他们的生活积极性。此外，对他们进行游戏疗法，也会取得较好的效果。

5）过于老实温顺的儿童

老实温顺的儿童是指不需要父母过多操心和照顾的孩子。有的父母对孩子的“乖巧听话”非常满意，有的父母甚至认为这是良好家教的结果，还有的母亲在和老师沟通时会担心：“总感觉孩子有点拘谨，希望他能再活跃一些。”

虽然平时看上去“老实温顺”，但遇到困难却能积极克服的孩子，我们就不必担心。然而，人们常常在他们还没有表现出勇气之前，就对他们作出错误的评价，认为他们懦弱、消极。在一个班级里，当大家在困难面前畏缩不前时，他却能站出来向困难提出挑战并认真完成。这样的孩子才是有担当、值得信赖的孩子。

有的孩子受到过多的传统“家教”而成为小绅士、小淑女，他们的独立性发展其实是比较迟缓的，一遇到困难就开始逃避、退缩。比如，有些“喜欢干净”的孩子，就是因为大人从来都不允许他们玩水、玩泥巴，他们没有机会体验尽情地撒欢、嬉戏。

为了提高这类儿童的独立性发展，让他们能够更活泼一些，就需要下决心对他们进行精神治疗。比如，可以尝试让孩子用手指画画，或者带他们玩水，或者给他们的脚底涂抹上墨汁，让他们在走廊上跑来跑去，还可以和他们玩身体碰撞的游戏，带他们到大自然中爬山或爬树，去小河边打水仗……正如我们每年举办的夏令营一样，孩子们可以自由自在地做各种“搞怪”行为，当他们无拘无束尽情地释放天性时，就能表现出与年龄相符的“孩子气的顽皮”。

有一类儿童，他们不愿意与小朋友一起玩耍，总是安静地待在教室里。对此，我们有必要了解他们的生活经历，特别是在两三岁时，父母给予他们的身体抚爱是否比较少。这种看似温顺老实的儿童，平时对人的态度或者表情总是让人感觉十分冷漠。因为他们从小很少得到父母的身体抚爱，不习惯与他人保持亲密的关系。针对这样的孩子，首先，最重要的是父母要增加对他们的身体抚爱，这比任何方法都有效。即使是小学高年级的孩子，父母也可以通过陪他睡觉的方法，或者增加一些其他的身体抚爱方式，以此弥补他们曾经给孩子留下的精神创伤。许多医院病的研究表明，父母在孩子年幼时期给予的具体关爱，包括身体抚爱和语言交流，将在很大程度上对他们的情操发展起着极为重要的作用。

有的家庭中，如果父母或其他家庭成员喜欢安静的生活，极为厌烦孩子的吵闹，听到孩子大声说话就训斥他们，长此以往，孩子的独立性发展就会受到压抑，逐渐习惯独自一个人安静地玩耍。尽管生活中也需要安静和孤独时期，但苛求孩子也这样做未免不合情理，不现实。父母应该让孩子尽情地玩耍，这对他们形成健全的人格，提高独立性发展都是非常重要的。因此，我们应该建议父母要注意培养孩子积极与朋友交往、玩耍的能力，并且能主动为他们提供一些和小朋友自由玩耍的空间。

6）漫不经心的儿童

在父母们提出的关于孩子的学习问题中，涉及最多的是“漫不经心”的问题。有些父母还指出，他们的孩子在体育运动中不够机敏。比如，打球时，球向他飞过来也不知道躲避，或者在竞走比赛中丝毫没有争强好胜的积极性。

对小学2年级以下的儿童来说，学习不积极、不主动是很正常的。相反，如果那些在不用人管的情况下也能自觉、主动地完成家庭作业的孩子，即所谓的优等生类型的儿童，我们反而应该思考他们是否有某些压力，由此导致独立性发展迟缓。还有可能是因为母亲的虚荣心，过分夸张地谈论孩子自觉完成作业的行为。一般来说，儿童至少要到3年级之后，才会产生学习的自主性。即儿童到了具有观察、思考能力的年龄之后，才会明确地表现出对学习的兴趣，在此之前，可以说是以兴趣为主的学习阶段。

因此，孩子在低年级阶段，说教是没有用的。以前的父母总是对孩子唠叨“不学习就没出息”，现在的父母则是唠叨“不学习就进不了名校”。这些说教只会适得其反，让孩子对学习越来越不感兴趣，更加厌烦学习。在低年级阶段，如何让孩子对学习产生兴趣，以及如何引导他们学习，都是值得思考的问题。我们认为，孩子在低年级阶段对学习漫不经心是正常发展的表现。

孩子进入高年级以后，尽管对学习仍然是“散漫、漫不经心”，但只要学习成绩有所提升，就完全没有必要担心。因为，这些孩子的注意力集中能力高，理解力强，属于比较优秀的孩子。

但是，大多数漫不经心的孩子，他们的学习成绩都不尽如人意，而且，即使学习成绩不好也无所谓，依旧我行我素、贪玩。这些孩子之所以对学习不感兴趣、不能自觉地认真学习、成绩不好，肯定是有一定的原因。关于这个问题，我们将在“学习成绩不好的儿童”中详细介绍（参照第172页）。

在体育运动中缺乏竞争意识和好胜心的儿童，有的是因为智力发展比较弱，或者是因为性格孤僻患有自闭症，也有的是因为在自己的生活环境中从来没有过竞争的经历，作为家里的独生子，从小娇生惯养。当这些孩子进入学校的集体生活后，在老师的指导下通常都能逐渐表现出争强好胜的行为，父母不必太担心。有的孩子在幼儿时期缺乏竞争意识，他们不懂规则，不理解胜负的意义。对这类儿童，父母也完全不必担心。另外，有一些学龄期的孩子在球类比赛时，当球向他们飞过来却不知道怎样接球，也不知道怎样躲闪开，球总是打在他们身上。这种情况与运动神经，也就是身体的灵活性有关。关于这方面的研究我们做的还比较少。但父亲们可以多努力做一些工作，只要经常陪孩子投掷棒球或其他球类，孩子的运动能力和技巧会渐渐有所进步。

7．不愿意与小伙伴一起玩耍的儿童

有些儿童不论在家还是在学校，都不太喜欢与小伙伴一起玩耍。这类儿童中有的是从来就不愿意与小伙伴玩，有的只是偶尔玩玩，程度上略有不同。“不愿意与小伙伴玩耍”的情况有两种：一种是自己不想与小伙伴玩，另一种是想玩却又不积极行动。另外，那些“想与小伙伴玩耍”的孩子当中，也有几种不同的情况，有可能是因为被其他孩子嫌弃，所以不愿和他玩，也有可能是与其他孩子合不来，玩不到一起。

儿童不愿意与小伙伴玩，第一个原因是缺乏社会性。这主要是因为他们缺乏与小伙伴玩耍的自信，特别是遇到身体强壮的小伙伴就会产生不安和恐惧，最终选择逃避。当他与两三个和自己一样缺乏社会性的儿童在一起玩耍时，还能安安静静地玩一会儿。但是，当他们任性、互不相让时，就容易发生冲突，不能一起继续玩，只好一个人独自玩单杠，或者在沙坑里堆沙山，或者留在教室里看书，还有的孩子孤零零的一个人透过窗户，边咬指甲边看着其他小朋友玩耍。

针对这类儿童，我们必须了解他们过去与现在的家庭养育方式是怎样的。如果家里是与老人一起生活，或者孩子是独生子，一直受到家人的过度关心和保护，过着像小皇帝似的衣来伸手饭来张口的生活，我们就需要向他们的父母建议，要把孩子从过度保护的状态中解脱出来，或者可以让孩子暂时离开家，参加集体生活。但是，有神经质的儿童突然进入集体生活，他们会感到紧张而不喜欢这种集体生活的方式。所以，起初可以让他们先适应小集体的生活，同时还要给予特别引导和关照以缓解不适感。

这些孩子很容易被老师放任不管，或者老师只是向他们的母亲反映情况："你家孩子总不愿意和其他小朋友一起玩，真没办法。"如果母亲向老师咨询："那我们该怎么办呢？"老师则会一本正经地回答："希望家长能努力让他与小朋友玩。"其实，老师真正应该做的是要想办法让孩子在班里与同学交朋友。与此同时，父母在家也要注意改变过去不恰当的教育态度。

另外，在自己不愿意与小伙伴一起玩耍的儿童中，还包括因为身体有异常的孩子，比如，身体虚弱、肢体有残疾的孩子。

但是，不论是身体虚弱的孩子还是肢体有残疾的孩子，根据他们的实际情况，父母或老师可以适当地让他们加入到小伙伴的群体中一起玩耍。如果孩子因为自己的虚弱或残疾而感到自卑，不愿意与小伙伴一起玩，老师就应该寻找机会帮助他们加入小伙伴们的游戏行列中。其次，还应该帮助他们克服精神上的虚弱。如果父母因为孩子身体的问题而感到自卑，老师则应该向孩子的父母介绍他的各种优点，以帮助父母克服自卑心理，这一点是很重要的。如果孩子的身体各器官并没有特别的问题，只是身体虚弱，那么，我们就可以用上述方式来帮助父母克服自卑心理，孩子恢复健康也并不困难。

孩子的智力不及小伙伴，也是造成他们不愿意主动与小伙伴玩耍的原因之一。如果孩子的智力较高，他们一般都不愿意与同龄的孩子玩，而如果他们能放下姿态，还是可以的。但是，他们与年龄比自己大的孩子似乎能玩得更开心，因此，对这些孩子完全不必担心。然而，如果孩子的智力较低，即使他们与小伙伴一起玩耍，也会因为他们不懂规则，或者玩法比较低端无趣而不受欢迎。所以，针对不能与小伙伴一起玩耍的儿童，首先应该了解他们的智力情况。特别是智力较低的儿童，可将他们编入特殊班级，或者人数较少的班级。同时，老师要给他们进行个别指导，逐渐让他们适应其他小伙伴。但是，对于边缘儿童的情况，找到合适的处置对策还比较困难。目前的状况是，在一般的学校中，人数较少的班级极少。另外，判断儿童智力水平的高低时，一定要特别慎重，以免伤害他们的自尊心。

针对那些因为智力落后而无法融入集体的儿童，有些老师试图说服其他孩子主动和他们交朋友并一起玩耍。老师的这份心情是可以理解的，但对小学生而言有些勉为其难。起初大家还能按照老师的要求不时地主动邀请那个孤僻的孩子一起玩耍，但时间一长就会恢复原来的状态，那个孤僻的孩子依然不能融入集体。

有的儿童智力并不低，从教室里的表现也看不出他们的行为缺乏社会性，可他们就是不喜欢与小朋友一起玩，总是躲在学校的一角，静静地看着那些嬉戏打闹的同学跑来跑去。他们时而显出羡慕的神情，时而又似乎是在嘲笑那些淘气的孩子。这些孩子的家庭往往非常干净整洁，他们的父母喜欢干净整洁，举止文雅得体，而且认为只要孩子学习成绩好就很欣慰。因此，孩子自己也不愿意与小朋友玩闹，不喜欢玩得汗流浃背，把衣服弄得脏兮兮，甚至连小朋友的脏手都不愿意触碰，总是喜欢保持整洁的样子。针对这些孩子，我们在“没有毅力的儿童”中已有介绍。我们有必要让他们褪去形式的外衣，打破条条框框，让他们参加真正的充满孩子气的活动。孩子的年龄越大越难改变原有的习惯，治疗也越困难。必要时可以让他们暂时离开家，参加夏令营活动，或者林间学校活动，逐渐培养他们忍耐脏乱的生活能力。

下面，我们来谈谈那些自己主动想与小朋友玩耍，而小朋友却不愿意与他们一起玩的孩子。

如前所述，智力比较弱的儿童，小朋友会对其敬而远之。即使老师让小朋友们不要回避他，让他加入到集体中一起玩，但当他加入后，却因为不能很好地遵守规则，大家都玩得不尽兴，于是，越来越多的小朋友会抱怨“无聊、没意思”，游戏也多半会不欢而散。然后，多数小朋友又会在他不出现的地方重新开始玩耍。的确，小孩子们一般都不愿意进行相互不能配合的游戏。因此，对这种智力较弱、不能与其他小朋友正常交往的儿童，正如前面所述，老师应该建议父母让孩子在适合他们的集体中接受教育和指导。

其次，常常以自我为中心的儿童，也不容易被小朋友所接受。如果一个孩子总要求其他小朋友听自己的话，自然会让其他小朋友感到不愉快。如果这类儿童恰好身体强壮，他们就会成为“孩子王”，强行让其他小朋友按照自己的意志行事；如果这类儿童体弱无力、不够强壮，他们在和小朋友相处时，便经常发生冲突，不是争吵就是打架，结果被大家讨厌，没人愿意和他们玩耍。

因此，对那些任性、以自我为中心的儿童，需要让他们学会自我控制。在与大家一起玩耍时，尽可能地让他们体会到一起游戏的乐趣。为此，首要的任务是，老师要事先给这个集体中所有的小朋友做工作，告诉大家要一起遵守规则。如果他自己做出破坏规则的行为，遭到大家的指责，老师可以把他叫到办公室，告诉他遵守规则的重要性。

有的儿童在遭到集体排斥后，会对集体采取报复行为。比如，对大家制作的东西不是毁坏就是故意玩来玩去，于是，大家会更加讨厌他。有时甚至让老师也感到生气，免不了批评教育他，而这样做并不能解决根本问题。当老师接到学生的告状，“老师，他又在恶作剧”“他总是给我们捣乱”时，老师应该如何处理呢？可以尝试把这个总爱和大家恶作剧的孩子叫过来，对其进行说服教育。但是，说服教育必须以关爱之心为基础，不能单纯地去压制、批评他们。如果老师平时就真心爱护学生，那么，学生就愿意听从老师的教诲。相反，如果老师没有这份爱心，以老师的权威去压制他，其结果只是口服心不服，表面上不再恶作剧。他会在老师面前承认错误，一旦离开则会变本加厉地报复其他同学，而且，常常是在老师看不到的地方实施。由于老师采取的方式不当，反而造成了孩子的人格扭曲。所以，在对孩子进行说服教育时，首先要以关爱的态度来对待他们。当然，不仅仅是对犯错误的孩子应该这样，对班里所有的孩子都应该富有爱心。让每一个孩子都感受到老师的关爱，这是教育的前提。

但是，能让班里的每一个孩子都感受到关爱的老师并不多，而且，做到这一点也是需要时间的。尤其是针对问题儿童应该采取怎样的态度，是值得认真思考的问题。好孩子、乖孩子比较容易与老师建立亲密的关系，那些不容易亲近、郁郁寡欢的孩子就很容易被忽视，而老师更应该重视这些孩子，要经常耐心指导和关怀他们。

在教育这种专门给大家捣乱的儿童时，有一个较好的办法是：在班里以班会的形式，让大家一起讨论“大家在一起时，怎样才能做到友好相处”的问题，倾听每个同学的意见，经大家民主讨论后提出的意见比老师的说教更为具体，因而会更有效果。通过这样的班会讨论，制订出一些大家共同遵守的规章制度。如果有谁不能遵守规章制度，可以继续开班会讨论。在讨论过程中，老师要对每个孩子的立场给予理解和认可，注意不要让同学们相互批评指责，而且，老师也不要把自己的意见强加给学生。

其实，上述方法同样适用于解决家庭中兄弟姐妹之间发生的纠纷。家里如果有淘气的孩子，其他的兄弟姐妹会很受困扰。家长一味地训斥孩子“不许淘气捣乱”，并不能解决根本问题。大家可以一起坐下来，一边喝茶一边聊天，往往能达成共识，并制订出大家可以遵守的规则。

另外，不被小朋友喜欢的儿童，通常都有各种各样的原因。老师可以进行家访，详细了解他们的生活经历和家庭环境，并取得家长的支持。

首先，对在家里从小娇生惯养、任性的儿童，如前所述，要让他们学会遵守集体规则，使他们体验与其他小朋友一起玩耍的乐趣。因此，我们应建议父母首先做到以身作则，带头遵守与孩子共同制订的规章制度，然后再要求孩子努力遵守。在给孩子零用钱、买玩具以及其他生活规矩方面，有时大人都不能很好地遵守最初与孩子达成的约定。此时，老师应该与家长交换意见，共同考虑能遵守约定的对策。如果只有母亲能做到，而家里的老人不配合，父亲也不关心，家庭关系必然会出现问题。关于如何调整家庭关系的问题，我们将在第12章中详细介绍。总之，只有做好家庭的工作，得到家长的支持，孩子身上出现的问题才有可能向好的方向发展。

对那些小朋友不愿意与其一起玩耍的儿童，当我们了解其家庭环境后，就能发现这种情况大多是因为家庭成员之间的关系淡漠造成的。比如，父亲酗酒后有家庭暴力行为，母亲对孩子缺少关心。

另外，父亲工作忙，母亲为了协助父亲的工作，双双无暇顾及孩子的教育和生活，孩子处于完全放任不管的状态。

这些孩子在家得不到至亲的关心和爱护，将来很可能会走向迷途。我们必须要与孩子的父母进行深入的沟通，重新点燃他们内心中养育孩子的热情。

有的母亲虽然想给孩子更多的关爱，但因为某些原因，不得不在孩子上小学之前将其交给他人照顾。她们即使想负责，也很难给予孩子具体的母爱。有的母亲把孩子寄养在亲戚家或者保姆家，总希望能找到一个像亲骨肉一样有爱心的人，而找到真正爱孩子的人并不容易。

如果老师能给予这些孩子温暖的爱，在一定程度上也能改变他们的冷漠态度。总之，他们的心灵已经深受创伤。

8. 不愿意上幼儿园及上学的儿童

不愿意上幼儿园、上学，也称为拒绝上幼儿园、拒绝上学。

在很久以前，日本就有孩子拒绝上幼儿园的现象，而拒绝上学的现象则始于20世纪50年代，特别是在1960年以后这种现象有增无减，呈上升趋势。这种现象在其他文明国家是很少见的，我们只能认为这是在日本独特的社会背景下产生的一种社会现象。1960年正是日本国民生产总值（GNP）不断上升的时期，各个家庭的经济收入也随之不断提高，国民的生活逐渐富裕起来。与此相反，作为儿童游戏场所的大自然（原野、森林、小河）却日趋减少，由于汽车急剧普及，孩子们在空地上玩耍已经变成了危险的事情。所以，孩子们不得不被关在家里，电视陪伴他们的时间越来越多。与此同时，让孩子尽早接受教育受到全社会的重视，出现了教育过热的现象。孩子在3～4岁就开始上幼儿园或者托儿所，他们不得不在很小的年龄就在“教育”的大旗下接受大人们的管教。他们虽然也有机会和小朋友一起玩，但却不能自由自在。在家里，没有兄弟姐妹，也不能与邻居的小朋友玩，他们常常是独自一人。所以，对大多数的孩子来说，他们已经很难享受那种无拘无束、充满独立性和创造性的真正意义上的玩耍。

中小学校的教育如同“填鸭”。由于教育方式枯燥单一，没有任何特色，使得许多学生失去了学习兴趣，甚至厌学。老师每天布置大量的家庭作业，并认为家长如果不督促孩子写作业，孩子的成绩就没办法提高。为此，父母也意识到了危机感，越来越热衷于教育。在孩子放学后或者一到假期，就把他们送到各种所谓教育专家的“塾”[①]去学习。于是，各种“塾”如雨后春笋般席卷全国，出现了“乱塾时代”的现象。孩子们在大人们的严格管教下，完全失去了独立发展的空间。

还有，在学校上课之余，越来越多的家长开始送孩子去各种兴趣班，希望培养孩子的某种兴趣。城市里的孩子，几乎每个孩子都要报3～4个兴趣班，一周的日程表被安排得满满当当，可以说，孩子的生活完全受大人支配。

之所以如此，是因为在当今所谓的学历社会中，许多家长和教育工作者都认为，孩子只有名牌大学毕业才是出人头地、立足社会的必经之路，否则，一生将碌碌无为，得不到幸福。

在激烈的考试竞争中，如果孩子能取得优异的成绩，父母和老师都会称赞他们是“好孩子”。然而，作为人格形成中最重要的支柱——情操中的关爱、体谅之心，以及以独立自主为基础的创造性和积极性则被人们所忽视。

①塾，源于中国的“私塾”一词。最早出现于日本平安时代，称为“家塾”，江户时代广为发展，也称为“私塾”。现在的“塾”多为日本中小学生的课外补习机构。——译者注

在上述这种社会背景和家庭环境中，孩子们的人格在发展过程中遭到扭曲，出现诸多的问题行为也是必然的。拒绝上学便是问题行为之一，而那些拒绝上学的孩子便是受现代社会风潮影响的牺牲品。

1）拒绝上幼儿园

孩子拒绝上幼儿园，在很久以前就是幼儿园不得不解决的问题。当孩子走出家庭的温床，来到一个与父母分离的生活环境，其恐惧和不安可想而知。特别是3岁左右的孩子，这种恐惧和不安尤为突出。因此，为了让孩子们尽快适应幼儿园生活，幼儿园的老师必须思考恰当的方式和方法。如果幼儿园不太重视这方面的工作，保育人员又不具备这方面的素质，那么，刚入园的孩子就不能很快适应新的生活，拒绝上幼儿园的孩子就会增多。

在家里备受溺爱、娇惯的孩子，在上幼儿园后，他们的很多要求都得不到满足，因而会产生讨厌幼儿园的情绪。还有那些在家受到过多保护的孩子，也会因为在幼儿园无所依靠而感到焦虑不安，于是，他们就想逃避，想回到有人保护、舒适安稳的家。对这些孩子，我们要提前了解他们入园之前的家庭生活情况，以便采取相应的措施，帮助他们尽快适应幼儿园的新生活。因为多数孩子在家时都非常活泼开朗，所以，父母怎么也想不通他们为什么不喜欢上幼儿园，原因何在。在经过详细了解后，我们就会发现孩子应该是在家比较任性，依赖大人惯了。

一般来说，在家里受到过多保护的孩子，从入园的第一天开始就不喜欢幼儿园，而受溺爱较多的孩子在入园数周后开始不愿意上幼儿园。

对于这些孩子，幼儿园、托儿所担负着安抚和治愈他们的重要任务。保育人员应该和家长齐心协力解决孩子拒绝上幼儿园的问题。首先，要让孩子做到每天坚持上幼儿园，可能的话，父母一起送孩子去幼儿园。保育人员要热情地迎接孩子入园，以便逐渐培养与孩子的亲密感情。保育人员甚至可以在节假日对孩子进行家访，陪孩子一起玩耍，以此增进感情。如果孩子能把保育人员当成母亲一样看待，孩子就会慢慢习惯幼儿园的生活。

与此同时，父母必须改变对孩子的溺爱和过度保护的养育态度。另外，保育人员如果能与母亲一起交流养育方面的点点滴滴，母亲将会更加信任保育人员。当然，养育态度不是一朝一夕就能改变的，不必操之过急。

让孩子逐渐适应幼儿园的生活，有慢慢引导的方法，也有直接把哭哭啼啼的孩子交到保育人员手里，与母亲分离的方法。具体应该选择哪一种，需要根据孩子的状态以及保育人员的素质和经验。此外，与母亲能否狠下心与孩子分离也有关系，而不能笼统地说哪一种方法是最好的。

幼儿园如果得不到家长的配合，孩子一直拒绝上幼儿园，到了4～5岁，就会错过孩子结交朋友的重要时期，以后可能就会发展为拒绝上学（长期性）。这些孩子的家庭一般多与老人一起生活，老人们会认为上幼儿园不是必须接受的义务教育[①]，没有必要勉强孩子，有的父亲也会持同样的观点。因此，幼儿园园长需要找机会和家长沟通，努力说服他们让孩子坚持上幼儿园。

另外，有的孩子虽然坚持上幼儿园，但是，由于他们的独立性发展迟缓，进入学龄期或青春期后也会出现拒绝上学的现象。儿童的独立性发展情况，应该通过他们与小伙伴一起玩耍的情景来研究。在完全自由的状态下，观察他们是否有与小伙伴积极玩耍的能力，特别要注意孩子能否为了坚持自己的意见与小伙伴争吵。如果

①日本的教育法规定义务教育年限为9年、小学6年、初中3年。——译者注

孩子不能积极玩耍，或者即使与小伙伴一起玩耍也从来不吵不闹，那么，他的独立性发展就有可能迟缓。这些孩子的生活习惯一般都比较自立，举止得体、有礼貌，大人交代的事情都会很好地完成，在大人的眼里他们是听话的“好孩子”。其实，那只不过是在父母设置的教养框架中的行为，是一种表面的行为，因为照着做就是“好孩子”。他们在1～3岁阶段表现很乖，有可能不会出现第一叛逆期。关于这一点，咨询他们的父母就能得到证实。

如果确定孩子的独立性发展迟缓，幼儿园就应该多给他们提供机会，允许他们充分表达自己的意见，和小伙伴们一起顽皮淘气，以预防他们发展为拒绝上学的儿童。保育人员可以扮演“孩子王”的角色，带领并引导孩子们无拘无束地玩耍。另外，还应该与家长多交流、沟通，希望他们在家不要过多地干涉孩子，要让孩子有足够的机会淘气和反抗。

也有些孩子比起家里更喜欢幼儿园或托儿所，看见母亲来接反而会不高兴。如果是这种情况，就要思考这种状况是否是因为母子关系不亲密造成的。当他们被人抱起来时，常常会黏着人久久不愿意离去。对这些孩子，我们应该建议他们的父母多与孩子进行身体接触，给他们更多的爱抚以增进亲子关系。

2）学龄期儿童拒绝上学

进入青春期前的儿童拒绝上学，首先应该从他们的家庭中寻找原因。通过向家长了解孩子的生活经历，看孩子是否在家受到溺爱或者过度保护。如果在家里的确有这类情况存在，就要建议家长改变家庭内的养育态度。

如果能取得家长的支持，对于低年级的孩子，可以采取强制的办法把他们带到学校。这样，再加上学校老师的教育和帮助，也可以起到促使家长改变教育方式的作用，孩子也能了解老师的态度。

因此，采取这种办法会收到较好的效果。但是，强制性地让孩子上学并不是一件容易的事，他们有时候会抱着电线杆，使出全身力气，就是不愿意去学校。

如果以上的强制方法不成功，就要按照青春期后拒绝上学孩子的治疗教育方法来进行了。特别是中高年级的孩子，他们的体力有所增强，强制上学基本不可能成功。

低年级儿童与高年级儿童不一样，他们虽然拒绝上学，可是却想等小伙伴们放学回来后一起玩耍。这些孩子大多是因为在4～5岁时没有能顺利经过交友期，并且没有认识到上学是一种义务。也就是说，他们的独立性发展比较迟缓。然而，当小伙伴们不断地嘲笑他不上学是“偷懒休息”时，他就会窝在家里不愿意出门，与进入青春期后拒绝上学的状态一样。

3）青春期后拒绝上学

青春期究竟从多大年龄开始，诸说不一，没有一定的标准。我们这里说的青春期是包括小学5～6年级在内。拒绝上学的情况不仅发生在初中生和高中生中，大学生甚至研究生阶段也仍然会发生。

为了便于研究分析，我们把拒绝上学分为“长期”和“突然”两种。其实，并非是可以把这两种类型完全分开的，单一情况的案例极少。大多数情况都是二者兼而有之，混合型的案例比较多。

所谓长期拒绝上学，是指孩子从幼儿园时期就出现不愿意上幼儿园的现象，在上小学期间也会因为患水痘或腮腺炎等疾病而请假休息，或者在放长假结束后，多次出现厌烦上学的情况。总之，对每天坚持上学缺乏积极性，偶尔条件对自己有利就表现出上学的积极性，条件不利就不愿意去上学。他们一般很少有朋友，即使有也只是把小朋友叫到自己家来玩，特别不喜欢走远路去朋友家做客。

这类拒绝上学的孩子，在家里往往被溺爱和过度保护。他们从不协助父母做家务，几乎没有战胜困难的经历。他们的父母，特别是母亲做事勤勤恳恳、一丝不苟，从不愿意让孩子帮自己的忙。那是因为他们不想看到孩子做事笨手笨脚，总做不好事情。有的母亲甚至像侍奉旧时代的丈夫一样对待孩子，还有的父母总不放心让孩子自己做事，总是抢先大包大揽帮他们做好。于是，孩子就完全撒手不管，全权交给父母来做。其结果就是造成孩子的独立性发展受到严重阻碍，一旦他们走出家门，就会感到惊慌失措。尤其在进入青春期后，需要显示独立能力的场合急剧增加，而到那时，孩子无法自主决定自己的行为，不得不选择逃避，躲回家里。

在这些孩子的家庭中，他们的物质欲望和金钱欲望总是能得到充分的满足。特别是与老人一起生活，或者老人就住在附近，则更会助长这种情况。最近一些年来，随着家庭经济收入的增长，满足孩子的欲望和需求在父亲身上也表现得越来越明显。父亲们因为很少能陪伴孩子而感到内疚，便以更多的物质和金钱来满足孩子。整体来说，父母们都不想让孩子在物质方面感到一丝的不自由，而这些家庭也都有经济能力来实现。

这些孩子通常比较懒惰，缺乏意志力，特别是遇到困难时表现得尤为突出。让他们登山，没多久就喊“累了”；让他们与别人共同完成一项工作，他们只会偷懒。在学习方面，喜欢的科目会主动学习，不喜欢的科目则一眼都不想看。一般来说，他们都不喜欢体育运动，吃饭时挑食的现象比较严重。

在突然不愿意去上学的孩子中，他们大多一直被人们称赞为“好孩子”，大人们管教起来很轻松，他们平时认真、老实，学习成绩也不错。所以，在学校常常受到老师的好评，父母也很放心，并引以为傲。有的父母甚至感慨道：“真是乌鸦窝里出凤凰，我家孩子很棒！”殊不知，他们只看到孩子学习成绩好的一面，却忽略了孩子的人格发展中独立性和情操发展迟缓的问题。

详细分析这些孩子的生活经历，可以发现他们多数是在独立性发展方面存在这样那样的问题。比如，他们不会调皮捣蛋、缺乏叛逆反抗精神、没有争强好胜的意识。在1～3岁的这个阶段，他们就已经是老实乖巧的孩子。因为他们大多与老人一起生活，母亲作为家里的媳妇，为了顾及老人的身体健康，把孩子培养成了温顺听话的乖孩子。还有的父母认为孩子乖巧，不用大人操心就是“好孩子”。所以，为了迎合父母的期望，他们要努力成为温顺听话的孩子。结果，孩子的独立性发展受到了极大的压抑。

独立性受到压抑的儿童进入青春期后，当他们意识到自己曾经备受压抑时，就会对自己过去的行为加以坚决的否定。有的孩子会大声呼喊：“过去的我都是不真实的。”这意味着他们虽然想有孩子气般的独立性行为表现，但却做不到。

尤其是那些学习成绩好，在智力方面受人瞩目的孩子，他们害怕从荣誉的宝座上跌落下来。有不少这样的孩子，当成绩一落千丈时，便表现出厌烦上学的态度。许多父母认为自己的孩子一直是个“好孩子”，想不通他现在为什么不愿意上学。父母为此深感惊讶，寝食难安。然而，父母必须承认，过去对孩子冠以“好孩子”的评价是错误的。

孩子一旦开始拒绝上学，大多会经历以下三个阶段：

第一阶段是暴力期。主要表现为对父母，特别是对母亲进行拳脚相加的攻击性行为，破坏家里的生活用品；或者故意找茬儿进行语言攻击，常常怒气冲天、大喊大叫。这一时期是父母最为痛苦的时期，他们看着孩子如此失去理智的行为，甚至会怀疑孩子患了精神病。但是，当家里有客人来，孩子就会躲进房间，完全安静下来。可见他们非常在意他人对自己的评价，并且，当他们心平气和时，说话仍然条理清晰、有逻辑性，行为正常而并非患了精神病。

在这个时期，父母也只能尽量忍耐。有的父母因为实在无法制止孩子的攻击性行为，甚至在家附近暂时租借了房子分开居住。

第二阶段是懒惰期。这个时期的懒惰是彻底的懒散颓废，每天睡到中午才起床，多数时间在看电视，听午夜档的广播节目，直到凌晨才上床睡觉。有的孩子在大白天也呼呼大睡，自己的房间根本不知道打扫，也懒得洗澡，连续多日穿着睡衣完全没有要换的意思。他们既不想去理发店，也不想洗脸梳头，因为长时间宅在家里不到户外活动，脸色苍白铁青，有的父母说孩子就像一个怪物。有的孩子还不愿与父亲交流，对父亲避而不见。他们总是把自己关在房间里，完全不知道在干什么。在这一时期，他们的某些行为会被认为是精神病症状，但当他们情绪稳定时，又能像正常人一样说话，做自己感兴趣的事情。

第三个阶段是恢复期。在这个阶段，他们的起床、就寝等作息时间开始恢复正常，情绪趋于稳定，脸上的表情也显得开朗了一些。并且，还能自觉洗澡、换衣服，梳理乱糟糟的头发，打扫房间。与家人的谈话态度也温和了许多，还知道要帮母亲做家务，比如，帮家里接电话，收快递，逐渐开始与外界交往。此前，因为他们不愿意让人知道自己拒绝上学，一直保持高度警惕，断绝一切与外部的联系，老师或朋友来访都拒绝见面。如果强迫他们，他们甚至会躲进壁橱或洗手间里。

当他们开始与外界接触后，白天也愿意外出走动，不会再害怕遇到熟人或朋友。有的孩子还积极主动地给老师、朋友打电话，相约去朋友家里玩。这时，孩子即将要下决心重返学校了。

最终他们开始主动要求上学，一般会选择在新学年或新学期开学的时候，也有的会在学期中间。由于重返学校上学会留级，他们迎来了新的老师和同学，对此，他们并不介意。随着独立性的显著提高，即使他们再遇到挫折、困难或者不愉快的事情，他们已经拥有解决问题的能力。

在进入恢复期之前，有的孩子会很注意清洁卫生，每天洗手很多次，使用洁厕手纸的用量也很惊人。有的孩子表现出一些神经症的症状：时而幻听幻觉，时而一个人自言自语，时而又突然大笑起来，令人莫名其妙、毛骨悚然。但是，当孩子平静下来时，又能像正常人一样说话，应答也准确无误。因此，这种状况是可以与精神病区分开来的。不过，有些案例即使专家也很难辨别是否属于精神病症状。

如何对拒绝上学的孩子进行治疗，父母在家该如何对待他们，对于改善他们的问题行为是极为重要的。父母如果能主动、积极地给他们进行治疗，将有利于他们今后的恢复。这是因为，孩子拒绝上学在很大程度上与父母有直接的关系。所以，我们应该积极向他们的父母提出建议，建议的基本方针有以下两点：

第一，尽可能促进孩子的独立性发展。孩子拒绝上学就是家长过度保护或干涉的结果，因此，必须彻底改变这种态度。也就是说家长要放手，孩子自己的事情要让他们自己来处理。当然，放手并不是完全放任不管，而是一种养育态度。在关心孩子的同时，注意不要越俎代庖，大包大揽，这对于父母而言无疑是一场艰辛的考验。

首先，孩子上学或不上学都要让他们自己来决定，关于学校的所有事情，父母坚决不插嘴干预，要一直耐心“等待”至孩子自觉自愿地下决心去上学。

其次，日常生活也要全权交给孩子自己管理。不论是起床时间还是就寝时间，洗澡、打扫卫生、整理房间，全部放手让孩子自己来安排完成，父母要做到不插嘴过问。作为母亲，能为孩子做的，最多仅限于做饭和洗衣服这两件事。即使做好饭，如果孩子不按时吃（这种情况非常多），可以把饭菜保存到橱柜或冰箱里，吃与不吃交给他们自己决定。洗衣服也同样，预先给他们准备好放置脏衣服的专用筐，仅限于给他们洗专用筐内的衣物。

采取这种养育态度，最重要的是家长能否真正下决心“放手”，能否坚守这份决心。有的父母虽然不插嘴干预、不动手包办，但心中却惴惴不安。而父母的这种不安，孩子是可以从他们的眼神中感受到的，因为孩子的感受能力很强。一般来说，父母能否下定决心，是治疗孩子问题行为的前提。实际上，许多父母都希望让孩子自我管理，但他们内心却又充满焦虑不安。

彻底贯彻执行放手式的养育，从第一阶段的拒绝上学开始，到第二、第三阶段，都是要依次经历的。

第二，对孩子在物质、金钱方面的欲望要给予一定的限制，特别是对那些慢性型的拒绝上学的孩子更要严格管理。父母可以根据孩子的年龄给他们一定数量的零花钱，并且要明确告诉他们只能在此范围内购买所需用品。有时孩子可能会生气，不依不饶地缠着父母索要更多的零花钱，有的父母因此而屈服并迁就孩子，这样，“限制”也就成为一句空话。但是，只要父母坚持原则，就能逐渐培养孩子自我控制欲望的能力，并学会忍耐。由于这种类型的拒绝上学的孩子几乎不会独自走出家门，所以，父母只要在家不迁就他们，他们向父母提出物质、金钱的要求就会有所减少。有时他们自己也会主动珍惜，不随便乱花钱。

从拒绝上学到重新主动要求上学所经历的时间是因人而异的，每个孩子都不一样。但一般来说，小学生大约需要1年的时间，初中生和高中生大约需要2 ~ 3年时间。其中也有个别孩子需要5 ~ 6年的时间，其原因是因为孩子的独立性发展严重滞后，父母不能同心协力，或者因为母亲忐忑不安，不能下决心改变养育态度。特别是母亲的这种不安情绪得不到丈夫的支持和理解，还有来自亲朋好友的各种建议会让母亲无所适从，深陷迷茫之中。此外，如果孩子被误诊为精神病，会更加重母亲的不安。针对这些问题，我们的基本方针仍然是促进孩子的独立性发展，坚持放手的养育态度，让孩子自己的事情自己管理。

9. 躁动不安的儿童

许多父母向我们反映“孩子总是躁动不安、心浮气躁”，而他们的具体表现又各不相同。所以，我们应该对这些不同的表现进行认真研究，同时还要仔细观察他们的行为。有的孩子不断改变游戏方式或者学习内容，没有常性，极易喜新厌旧；有的则丢三落四，总是容易丢东西；有的是身体不停地晃动，难以安静下来；还有的则喜欢在人前表现出人来疯，行为总是轻率冒失。这些儿童都被称为躁动不安的儿童。还有一些特别调皮捣蛋、任性的儿童也经常被贴上“躁动不安”的标签。

对于上述几种表现，我们可以概括为：注意力不集中、小动作多、情感比较表面化。

身体不停地晃动、难以安静下来的儿童与动作缓慢的儿童形成鲜明的对比，但是他们与反抗叛逆心强的儿童又有所不同。一般正常的儿童不论年龄大小，大多都可以专注较长的时间来阅读图画书或故事书。比如，3岁儿童大约是50分钟，5岁儿童大约为90分钟，他们对于自己感兴趣的事物就能做到注意力集中。然而，躁动不安的儿童却不能持续地将注意力集中在一件事情上。正常儿童可以捕捉到书中自己感兴趣的话语或故事情节并能记住。躁动不安的儿童则是漫无目的、哗啦哗啦地把书翻来翻去，不一会儿就换另外一本书，结果书里讲了什么内容还是不知道。

他们在看书时，只要周围稍有响动，注意力就会立刻转向声音的来源。去别人家做客，也是手脚不闲，看到什么东西都想随手翻弄。年龄小一点的孩子还会爬上桌子，能伸手够到的东西都要抓起来，不是扔来扔去就是把它弄坏。他们对一样东西不能持续保持兴趣，甚至没有什么东西能深深地吸引到他们，不论做什么都无法全身心地投入。

上课时，他们左顾右盼，无法集中精力，以至于妨碍其他同学听讲。老师上课遇到这样的孩子，会很难维持课堂秩序，常常会大声地批评他们。在绘画课上，让他们画画时，注意力不集中的特征尤为明显，他们不能完好地画一个图形，只是在画纸上胡乱地画一通，到最后总是把画纸弄脏、弄破。对于老师的提醒，他们基本上是左耳进右耳出。对学校的惩罚、批评也是视而不见，毫不介意。

对这类极端躁动不安的儿童，我们需要从三个方面来系统地寻找原因。

第一，应详细了解他们的生活环境，看孩子所处的环境，特别是家庭环境是否有问题。例如，父母从事的工作总是忙忙碌碌，没有空闲时间。在这种环境中，孩子的生活节奏被父母所左右，孩子就很难养成静下心来做事的习惯。当然，也有个别情况是父母虽然每天忙得不可开交，孩子做事却能专心致志、有条不紊。然而，如果孩子的独立性发展迟缓，或者智力不是很高，就很容易随着父母一起陷入浮躁不安的生活状态。

另外，那些经常搬家或者来客较多，经常人来人往的家庭中，也容易出现“躁动不安”的儿童。特别是每当客人来访，父母总让孩子一起作陪，很容易使孩子心神不宁、躁动不安。

有的父母在孩子幼小的时候给他买很多玩具和图画书，其实，这是剥夺了孩子耐心地玩一个玩具，或者反复翻看一本图画书的兴致。所以，一定要记住，给孩子大量玩具可能会破坏孩子的注意力。在分析寻找孩子注意力不集中的原因时，我们必须注意他们以前是否有这样的经历。

如果孩子因为父母忙于工作，家里没有安定的环境而变得坐立不安，父母应该努力想办法避免让孩子受到干扰。比如，可以根据家庭情况，给孩子安排一个属于自己的房间，如果没有足够的空间也没关系，可以用帘子或者隔断给孩子隔开一个独立的空间即可。在节假日，不妨带孩子一起去户外放松，一家人共同享受平静安宁的时光。

如果孩子对书法、绘画感兴趣，还可以让他们参加这样的兴趣班。这种方式对在喧嚣不宁的家庭环境中培养他们的注意力是十分有效的。

即使家庭环境很安静，也有孩子不能静下心来认真学习。对于这种情况，则有必要分析他们为什么只对学习不能集中注意力。有些父母对孩子期望过高，强迫他们学习太多的东西，给他们造成很大的压力，孩子会认为学习是件痛苦的事情，自然会失去对学习的兴趣。对于不感兴趣的事情，自然也就做不到集中注意力。尽管如此，许多父母仍然对孩子说“你只要静下心来就能学好”之类的话，更加深了孩子躁动不安的状态。

针对这种类型的孩子，应该尽量放手让他们自主学习。首先，引导他们寻找自己感兴趣的科目。要提高学习兴趣，甚至可以从已学过的内容入手。比如，小学4年级学生，可以让他们从2年级的课本开始，每次考试都鼓励他们得100分，只要这样坚持下去，就能极大地提高他们的学习兴趣。关于这部分内容，我们将在“学习成绩不好的儿童”中介绍。

第二，有些儿童从小就不认生，家里的老人或者其他大人总是当面夸奖他们机灵、活泼、聪明。所以，孩子对自己的行为极其自信，久而久之也会陷入躁动不安的状态。对这些孩子，我们有必要考量亲子关系是否紧密。因为在3岁之前，父母对孩子的身体抚爱太少，孩子就不知道认生。如果发现有这种情况，就需要增加母子身体接触的机会，经常给他们以身体的抚爱。当他们出现认生的表现后，就会变得安静。

如果是身体瘦弱、体力比较差的好动儿童，可以让他们参加有规律的运动，加强锻炼身体，以增强他们的体质。或者，组织他们参加球类活动，玩弹珠游戏、编织游戏等，通过这些活动来训练集中注意力，也能使他们变得安静。

父母关系不和睦也会使孩子陷入不安的状态。如果在班里有孩子突然变得心神不宁、躁动不安，就有必要向其母亲了解家庭情况。有的家庭，由于父亲常常很晚才回家，使父母之间的矛盾严重激化，结果令孩子深陷不安之中。

瑞士首都伯尼尔为了让“躁动不安的儿童”接受专门的教育，特地把教室开设在寂静的森林中。接受教育的儿童主要以3年级学生为对象，由各学校从本校3年级“好动的孩子”中选送，每15名学生组成一个班级，由专业的老师负责教学管理。在森林这样幽静的环境里，老师们因材施教，对每个孩子进行相应的教育和指导，用一年的时间培养他们的专注能力，让他们足以能够静下心来，等孩子到4年级就可以回到原来的学校上学。

第三个原因是大脑功能障碍或自闭症。

如果孩子不论何种情况都表现得极度不稳定、躁动不安，并且带有冲动性特征，我们就必须考虑他是否患有大脑功能障碍，可以通过运用游戏观察法来加以确认。从父母向我们反映孩子好动、不稳定的情况来看，有些是因为父母对孩子的要求过高，或者亲子关系出现了问题。通过观察，即使确认孩子有这种问题行为，我们也必须收集并参考孩子在幼儿园和小学时期的行为情况。当初步判断孩子确实为“躁动不安的儿童”时，就需要进一步做脑电波检查。值得注意的是，脑电波也不一定能准确地反映孩子是否患有大脑功能障碍（详见“脑障碍”）。

有自闭症倾向的儿童，一般在没有他们感兴趣的东西时会表现得躁动不安，一旦有他们感兴趣的东西便会玩很长时间。但是，由于他们感兴趣的东西有限，所以，躁动不安、好动的行为表现得十分显著。多数这类儿童对玩水或者可以旋转的东西感兴趣，这一点也可以作为判断的依据。

以上我们对“躁动不安的儿童”进行了概括说明，下面再对“丢三落四的儿童”“毛手毛脚的儿童”和“过分淘气顽皮的儿童”作一些补充说明。

丢三落四的儿童中很少有容易感到不安的孩子，而容易感到不安的孩子则常常会介意是否遗忘了东西，躁动不安的孩子却不会在意。躁动不安的儿童在出门上学时，经常会把削好的铅笔遗忘在家里的书桌上，有的孩子甚至还会忘记背书包。

从母亲的角度来讲，如果孩子遗忘了东西，自然会担心他在学校不方便。所以，不是在上学前唠唠叨叨地反复提醒各种注意事项，就是亲自把孩子遗忘的东西送到学校。而这种担心只会剥夺孩子的独立自主性，他们会更容易丢三落四。即使母亲再怎样苦口婆心地提醒，孩子也只是心不在焉地听着，长此以往便形成了恶性循环。

因此，一定要让孩子有切身体验，铭记丢三落四的教训。母亲可以和老师保持紧密联系，在家里做到不再为孩子张罗一切，他们自己的事情就全部交给他们自己来打理。如果孩子上学忘记带东西，老师会提出严厉批评。学生受到老师的批评，自古以来就被认为是件羞耻的事，所以，在家庭教育中，家长都会教育孩子要在老师面前好好表现。其实，老师应该努力打破这种状况，与父母齐心协力，培养孩子的独立自主性。

要改正丢三落四的毛病一般都比较困难，但随着孩子独立性的增强会逐渐有所改善。在改正的过程中，关键是需要父母和老师密切配合、共同努力，只有这样才能取得良好的效果。

毛手毛脚的儿童，有时行为极其滑稽、搞笑，他们主要是想通过这种行为引起他人的关注。大多数这类儿童都是因为没有得到父母给予他们的亲情和关爱，所以，他们才会通过一些吸引眼球的行为来逗家人高兴，或者取悦来客。当他们的这种方式取得成功时，他们便会在人前反复做出同样的滑稽行为。如果孩子在其他方面的行为都很稳定，唯独在涉及人际关系时行为冲动、毛手毛脚，则有必要分析亲子关系是否有问题。比如，这个孩子的排行是否夹在兄弟姐妹的中间，不受疼爱或者与母亲性格不合。

在教室里经常做一些怪异、滑稽行为的儿童，老师在批评他“别胡闹，要认真点”之前，应该先向家长了解孩子在家里的情况。如果发现孩子在家里被父母放任不管，就要取得家长的配合，共同解决这一问题。经过努力，大多数孩子在教室里的行为都会稳定下来。老师也要对这类儿童给予更多的关爱。比如，可以陪孩子一起嬉戏玩耍，也能帮助孩子改掉毛手毛脚的习惯。总之，他们都是需要父母或老师给予更多关爱和体贴的孩子。

关于“过分顽皮淘气的儿童”，我们必须根据他们的年龄来具体分析，因为儿童的顽皮淘气有各种不同的特点和类型。

一般来说，年龄越小的儿童越淘气。好不容易收拾好的房间，不一会儿就被翻个底朝天。他们从不会考虑父母的心情，每天都会鼓捣父母认为比较重要的物品，不是弄脏就是弄坏；还会用蜡笔在墙上画画，把推拉门弄坏。所以，有些房东会明确表示不愿意把房子租借给有小孩的家庭。

但是，这类顽皮淘气的行为实际上是儿童独立发展的一种正常表现。通过淘气，丰富了他们的生活内容。由于他们还没有达到抽象思维的年龄，只能结合具体物体来认识事物。而这种认识方式与父母的价值观不相符合。比如，对钻石的认识，在儿童眼里也不过是一块小石子而已。而在路边捡回来的小石子，对于他们而言可能比钻石还要珍贵。

又比如，儿童都喜欢玩泥巴，没几个小时就弄得浑身是泥。小水坑在孩子眼里就如同大海一样，放一块小小的木片就会幻想它是一艘巨大的船。孩子时常把衣服弄脏，对于母亲来说，洗一堆脏衣服是件头疼的事情，总买新衣服又会很花钱。所以，弄脏衣服总会招致母亲的一顿斥责。

我们在接受父母有关“淘气”的咨询时，深切感受到孩子的世界与成年人的世界之间存在着一道鸿沟。如果孩子的生活中被禁止“顽皮淘气”，那么他们的创造性的活动必然会萎缩。所以，我们要尽量给他们淘气的机会。比如，在孩子的脚底涂满墨汁，让他们在白纸上随便走来走去，反而会丰富孩子的绘画想象力。而且，在类似这样的淘气之后，他们再也不会用沾满泥的脚在地板上踏来踏去了。我们发现，利用孩子喜欢淘气、搞恶作剧，不仅可以提高他们的创造性，还可以培养他们遵守规则的自我约束能力。所以，有的儿童专家称儿童的淘气是“探索行为”。如果是成年人的话，这种行为就被称为是“研究活动”。

然而，现实的家庭生活中，往往很难允许孩子的淘气行为。在经济不宽裕的家庭中，没有那么多闲暇时间来让孩子搞恶作剧。有一句话是说“贫穷对于孩子而言是一种罪恶”，很值得反思。而在富裕的家庭里，孩子也会受到财富给他们带来的压抑。有些家庭完全是按照大人们的兴趣来装饰布置，孩子被禁止触碰任何豪华家具和奢华物品。从小在这种不能随便淘气、恶作剧的环境中生活，被教育成乖巧听话、举止得体的孩子，于孩子而言却是可怜至极。

总之，儿童的淘气行为，会随着年龄的增长逐渐减少。因此，我们应该尽量在他们的幼儿时期，给他们准备一个可以无拘无束、自由淘气的空间，让他们玩沙子、橡皮泥等，尽量不要压抑孩子的天性，让创造力在淘气中得到尽情地发挥。如果这种方式在家庭中难以实现，我们应该考虑修建可以让孩子们自由自在玩耍的儿童游乐园。

有人说："孩子有时淘气起来没有道理，该打。"其实这种说法只不过是一种维护成年人利益的辩解。当然，如果家里的隔断门被孩子损坏，又恰巧是在寒冷的冬季，的确让人感到生气，不过，作为父母更担心他们受凉感冒。即使这样，出手打孩子肯定也是不行的。此时，父母其实可以表现出非常着急、为难的样子，孩子自然就能从父母的眼神中明白自己不该淘气。

另一方面，我们也不要忘记培养孩子的自我约束力。关于这一点我们在"任性的儿童"中已作相关介绍。例如，通过在规定的时间给孩子零食的方式，以培养孩子的忍耐力，帮助孩子养成有规律的生活习惯，从而避免他们因顽皮淘气而变得任性撒野。

就儿童的发展过程而言，孩子4岁以后就能理解和领会大人的心情，而且他们希望帮助大人做事的愿望越来越强烈。所以，调皮捣蛋的行为就会随之减少，更不会反复进行同一种类型的淘气行为。

如果4岁以后，孩子仍然经常进行同一种类型的淘气行为，可以考虑有以下三种情况。

一是大人是否总爱唠唠叨叨，禁止孩子这样那样的行为。有些家庭大人比较多，他们常常在孩子面前使用"不许""不准""不要"之类的词语。孩子因此而产生了逆反心理，反复搞一些恶作剧进行反抗。也有可能是孩子还没有顺利度过第一叛逆期，在这一时期，如果大人没有好好重视，孩子受到严格的管教和压制，他们就不会从叛逆期顺利"毕业"。所以，对大人们限制或禁止的行为表现出了持续的反抗，经常做一些令人不可思议的"恶作剧"（详见"第一叛逆期"）。

二是学龄期儿童的淘气行为多种多样。有的用小刀刻桌子，有的在墙壁上凿洞，有的爬上别人家的屋顶破坏排水管。体力越好的孩子淘气行为越严重，他们不是折断邻居家的树枝，就是把花坛里种的花草拔得乱七八糟。他们在外面比在家里更淘气，经常有人到学校或家里来告状，给学校和父母造成不少困扰。

三是这类儿童大多在家里没有感受到父母的温情，父母很少关心照顾他们。在冷漠的家庭中，孩子的心灵深受创伤，大人的斥责和惩罚只会进一步让孩子的心灵变得更加冷漠无情。因此，他们其实是急需用家庭的温暖来拥抱的孩子。如果这类儿童有极端“躁动不安”的现象，有可能是患有精神运动型癫痫，或者某种脑器质性疾病，需给他们做脑电波检查。

以上我们对“躁动不安的儿童”进行了分析。另外，我们在接受一些家长咨询时发现，许多情况是因为母亲对孩子的要求过高，超出了他们的年龄范围，与实际年龄并不相符。例如，要求3岁以下的孩子要“稳重”不能淘气，或者希望他们长时间地集中注意力，这样的要求都未免过于严厉，孩子是不可能做到的。

10．攻击性行为多的儿童

这里虽然用“攻击性行为”来统一表述，但“攻击性”包含多种意义。比如，叛逆的儿童、脾气暴躁的儿童、总绷着脸噘着嘴一脸不高兴的儿童、以强欺弱的儿童、蛮横粗暴的儿童、狂妄自大的儿童等等。虽然他们的这些“攻击性”行为各有原因，为了便于研究，我们将其归纳为同一类型进行分析。

1）叛逆的儿童

当儿童开始使用“我……”的话语时，他们坚持自我意志的倾向便日益增强。什么事情都想自己做，这是独立性发展的表现。此时，他们还无法正确判断哪些事情重要、哪些事情不重要，2~3岁处于第一叛逆期的儿童便是如此。当儿童的自我意识增强，就会向父母以及周围的其他孩子发起挑战，父母也会因为孩子的行为与自己的期望相背离而产生失落感。有的甚至说一些诸如“真的是变成坏孩子了”“早知道是这样的孩子，当初真不该生他”之类的泄气话。

但是，儿童出现与年龄相符的叛逆期，正是他们身心发展的正常表现。叛逆期对于孩子的独立性发展，特别是对积极主动性的形成具有重要意义，这个时期的人格发展是非常显著的。因此，对于孩子的叛逆行为，如果家长强行压制或者用权力威慑，都是错误的养育方式。

孩子到小学2~4年级时期，叛逆行为便会以“顶嘴”的形式表现出来。当父母和老师批评他们时，他们便会采取反抗的态度，顶嘴说：“妈妈不也这样做吗”“爸爸也这么做过”或者“老师也是这样做的”。面对这个阶段的孩子，父母总会批评他们“狂妄自大”“不孝之子”“现在的孩子，就知道嘴巴上逞能”。有的老师被学生顶撞也会非常生气，甚至体罚、打骂学生。

最严重的叛逆发生在青春期，又称为“第二叛逆期”。他们对父母和老师依然采取反抗的态度，还会评论时政，怀疑人生。他们崇尚正义，憧憬美好的事物，人格的形成进入了飞跃发展的时期。在现实生活中，他们经常与父母、老师发生冲突，而父母和老师又无法用权力来压制他们、和他们讲道理，他们的“理论”会一套接着一套。应对青春期的孩子，对家长和老师来说的确是一件比较棘手的事情。此外，由于他们的性意识开始萌动，也让父母和老师更为操心。

但是，叛逆期是孩子在人格形成过程中最为重要的阶段，我们应该为孩子出现叛逆表现而感到欣慰。为了帮助他们以“优异的成绩”从叛逆期“毕业”，我们应该认真思考相应的教育方式。

我们认为对待叛逆期的孩子有三个重要原则。第一，尊重孩子独立性发展和积极主动性的形成。孩子成长到这个阶段，父母和老师应该相信他们将来的发展会更加优秀，相信并认可他们是非常重要的；第二，对待处于叛逆期的孩子，应该采取温和的态度，多些包容，不必太计较。如果与孩子的叛逆正面冲突，就如同皮球的反弹力一样，只会招致更强烈的叛逆；第三，叛逆过程中时常会发生危险的情况。为了避免发生危险，在必要时应采取果断的措施，制止孩子的危险行为。

2）蛮横粗暴的儿童

这类儿童一般都不听父母和老师的话，总是坚持自己的意见，反其道而行。比如，有的婴幼儿在检查身体时就有明显的表现：不愿意在医生面前脱衣服；医生要给他们检查喉咙时哇哇大哭着挣扎；给他们玩玩具，也会不管不顾地把玩具扔到地上；好不容易检查结束，身体刚恢复自由，不是在地板上滚来滚去，就是生气地用头撞地板。有的孩子还会对母亲又打又咬，有的孩子由于过度撒泼生气而引发痉挛，这种现象被称为“情绪痉挛”。

这类叛逆儿童，既不能与兄弟姐妹和睦相处，也不能与邻居的孩子一起好好玩耍，还会经常抢夺其他孩子的玩具，我行我素。

这类异常的叛逆状态，是由于孩子身处叛逆期，可能还有以下原因：

第一，给孩子施加了不合理的压力。父母不理解孩子的心理，对他们的反抗叛逆行为一味地斥责甚至打骂。孩子如果身强体壮，不但不会屈服，反而会表现出更强烈的反抗。

第二，父母或家庭成员性格软弱，对孩子的反抗行为总是不停地数落，但最终还是任凭孩子胡闹。因此，孩子的要求只要受到一点点妨碍，不论在什么场合都会又哭又闹，不达目的决不罢休。因为这一招在家里行得通，所以，在其他场合也会采取同样的行为，如果要求得不到满足，他们就会觉得特别委屈，异乎寻常地生气。有时还会采取自虐行为进行反抗，比如用头撞墙。因为他们知道，如果是在家里，只要这样做就会有家人来安慰，最终达到自己的目的。

有的儿童会把这种态度持续到小学高年级，偶尔也会持续到青春期，甚至成年后依然如此。一般来说，随着年龄的增长，他们的粗暴脾气会更加严重。但是，多数这些孩子一离开家走到外面，反而变得温顺、胆小。只是他们有时也会把在外面遇到的不满情绪带回家，向家人发泄，甚至还会实施暴力。由于他们日益长大，体力也有所增强，母亲或祖母自然是难以管教他们了。有的母亲曾向我们诉苦，怀疑自己的孩子是否患了精神疾病。如果孩子的问题只发生在家庭内部，可以排除精神疾病的可能性。因为如果患有精神疾病，在家庭之外也会表现出性情暴躁、蛮横无理的行为。

这些孩子在家多为独生子，或者是排行最小的孩子，或者是家里唯一的男孩，又或是他们与祖父母在一起生活。所以，在进入叛逆期后，他们平时在家的任性行为会表现得更为淋漓尽致。

治疗方法：与对待“任性的儿童”一样，父母要彻底改变家庭养育态度，不能一味地迁就、满足孩子的欲望。不论孩子怎样胡搅蛮缠，全家人都要齐心协力坚持原则。

当这些孩子小学毕业进入中学后，由于他们在家庭生活中已经长期形成了这种不良的行为习惯，要彻底改变是十分困难的。

有一种比较行之有效的方法是让孩子暂时与家庭隔离开来，让他们体验一段时期的集体生活，通常大约需要几个月的时间。如果没有这样的机会，我们应该考虑把孩子寄放到家庭教育方式较好的家庭中接受教育。

3）脾气暴躁的儿童

有的儿童稍微受到一点刺激就会大发脾气。每到这时，他们的脸色发青，手脚发抖，这是因为孩子属于自律神经系统反应敏感的体质。有的专家认为他们的脑电波与患有癫痫症儿童的脑电波都有不同的异常波出现，关于这一问题目前尚无确切的结论。

如果孩子平时非常乖巧、规规矩矩，可是因为某件事突然大发脾气，我们应该建议给孩子做脑电波检查。

脾气暴躁的孩子家里，也一定会有脾气暴躁的家庭成员。比如，父亲或祖父母，一遇到不顺心的事情就大发雷霆。表面上看，似乎是长辈的这种秉性遗传给了孩子，而其实孩子是以此为范本，大多是在模仿大人们的行为。特别是如果脾气暴躁的家人在家庭内部拥有极强的权威性，孩子看到他的所有要求都能得到满足的事实，也会去效仿这种行为，久而久之养成在家任性妄为的习惯。日本的男孩子受这样的影响比较多。

曾经有一个2年级的男孩，他的父亲脾气极其暴躁，不论是对自己的母亲还是妻子，都能在外人面前若无其事地大吼大叫，有时还拳脚相加。同样，这个孩子也会对自己的妹妹和母亲粗暴无礼，施加暴力。由于母亲和妹妹惧怕他的坏脾气，每当他蛮横无理时就只好对他迁就服从。虽然在他的脑电波检查中发现有异常，但是，他在学校里却很温顺、老实。母亲为了改变儿子的坏脾气，下狠心将他寄养到了一个从事教育工作的友人家里。经过3个月与家人的隔离生活，当他返回家后，变得非常温和懂事，可以说令人刮目相看。每当父亲暴躁发脾气时，他还会据理力争，对母亲和妹妹表示同情，主动站出来保护她们。

据说母亲的友人家采取的教育方式是，即使孩子发脾气，大人不仅不会和他发生争吵，那位女主人还会严肃地握着他的手并教育他："不做好孩子就不能放你走，你有能力保护比你弱小的人。"而在自己家里，母亲从来没有用这种态度教育过他。

对于孩子的不正当要求，即使孩子用胡搅蛮缠的方式来要挟，母亲也要做到果断拒绝，因为这对孩子的行为具有重要意义。如果在孩子诉诸暴力时，母亲就像面对拥有强权的父亲发脾气时一样，露出一副既无奈又困惑的表情，只会助长孩子的无理取闹。

当然，并非说只要家里有脾气暴躁的大人，孩子也一定会如此。相反，有些孩子由于惧怕家人的粗暴而畏畏缩缩，在同情母亲之余，自己也成了胆小怯懦的儿童。

治疗方法：要改变父亲的暴脾气往往很困难，因而对孩子进行隔离治疗更为理想。可以考虑把孩子托付给能培养孩子忍耐力的家庭。

有些孩子是毫无道理地乱发脾气。比如，在幼儿园或学校遇到一些不满意的事情，一回到家就立刻向母亲撒气。这时，母亲只要静静地把他们抱在怀中，过一会儿他们就都能平静下来，这是缓和亢奋的方法之一。这种情况如果多次发生，就需要了解孩子在集体中所处的立场是怎样的。当孩子处理问题的能力有所提高，逐渐能够自主处理集体中遇到的不满时，乱发脾气的情况自然也会减少。所以，努力提高孩子的独立自主性是非常重要的。

4）不听话的儿童

在儿童咨询中，经常听到一些家长说："孩子根本不听我们的话，可是在学校会认真听老师的话。"这种情况就有可能是母子关系的问题了。

母亲做好饭菜叫孩子来吃，可是千呼百唤他也不出现在餐桌上，甚至一声也不应。当然，让他们帮忙做事，更是推推托托，无动于衷。这让母亲感到很无奈。

这些孩子的家庭中，往往都缺乏合理的时间安排。家人没有时间观念，母亲随意差遣孩子，对此孩子很不情愿。加之母亲缺少魄力指挥不动他们，往往仅止于唠叨和抱怨，所以孩子对母亲说的话充耳不闻。

在日本，家庭生活的时间安排非常松散，不紧凑，这种情况已经成为一种社会习惯。因此，用餐或者其他日常事务也深受影响，毫无规律可言。特别是晚餐时间，由于父亲的回家时间很不确定，家人总是无端地长时间等待。有时客人来访也不期而至，家庭生活常常被扰乱。这些现象对孩子必然会造成一定的影响。

另一方面，母亲给孩子分配任务没有原则性，一旦出错就指责批评他们，使他们失去了做事的积极性，不愿再听话。一般来说，让孩子帮忙做事，不能让母亲称心如意是常有的事。其实，让孩子帮忙，一开始就应该考虑到他们可能会犯错误或者失败，不能因为犯错误就批评抱怨他们说："以后再也不用你帮忙了。"这样说的结果，孩子对帮助母亲做事自然是兴致全无。

有些孩子对父母明确禁止的事情常常是左耳进右耳出。比如，"河边很危险，不能去玩"。尽管父母多次强调并阻止他们，但他们仍然会一意孤行，坚持自己的意愿。这些孩子的母亲无时无刻不在为他们担心。但是，通过观察母亲的行为，我们发现，母亲的这种担心只是口头上的唠叨而已，并没有真正严格要求孩子遵守自己提出的要求。因此，孩子从来就没有养成听话的习惯。

孩子会把这种生活态度延伸到学校，他们对老师提出的要求和命令熟视无睹。当老师批评他们时，他们也只是暂时老实一会儿，过不久就把老师的话抛诸脑后。这样的孩子会经常受到老师的批评。

要想改变这种生活状况，首先，母亲必须改变自己的态度。就生活时间管理方面的问题，母亲和孩子在充分沟通后，制订出有规律的时间表，母亲必须严格遵守。比如，到吃饭时间孩子还不来餐桌，那就把饭菜收拾起来。用这种方式并不是要威胁或捉弄孩子，而是表明要严格遵守时间的态度。过了吃饭时间，任凭孩子怎么哭闹也要让他明白“不按时吃饭，就要等到明天早上”。

母亲的态度不是一朝一夕就能改变的。因此，可以考虑让孩子参加管理有序的集体生活，特别是对3年级以上的儿童，更应该让他们在集体生活中接受遵守纪律的教育。

5）性格固执的儿童

性格固执的儿童有多种情况。学龄期的儿童常常会因为坚持自己的言行而寸步不让，当然这种“固执”是正确的，可以说是我们所期待的。

不少固执己见的孩子都会与父母针锋相对。父母的言行有时也会有错，如果被孩子指出，有些父母可能会担心失去家长的威信。所以，他们在孩子面前很容易保持固执己见的态度，并且用这种封建家长制的权威，要求孩子对父母必须言听计从，可是孩子不愿意接受父母的这种态度，因而也变得越来越执拗。也就是说，父母对自己的错误和过失不愿意坦诚面对，并为此道歉。父母越是固执，孩子也会同样坚持自己的固执。因此，对于这类固执的儿童，我们需要先向其父母提出改善建议。

老师也是如此，如果老师在学生面前不愿承认自己的失误，那么，倔强、固执的学生也会逐渐增多。学生之间也会形成一种互不相让、相互逞强的班级风气。

其实，父母和老师都是人，都会有许多缺点和不足，失败也在所难免。这些缺点和失败被孩子指出是很正常的，主动、坦率地承认错误才是一个正直诚实的人。问题在于，许多老师或父母以为承认自己的缺点和失败就意味着失去权威，为了维持这种权威而固执己见、自欺欺人，孩子就会变得固执。相反，承认自己的缺点，为自己的失策而道歉并不等于丧失权威。因为孩子并不是信服于父母和老师的权威，而是信服于权威之上的正义。只有通过认错、坚持正义，父母和老师的权威才能得以维持。知之为知之，不知为不知，对比那些不懂装懂的人来说，我们显然会明白哪种人格境界更高尚。

也许孩子有时会认为父母什么都不懂，老师有很多缺点，但他们恰恰从这样的父母和老师身上能学到人类积极进取的精神。由此，孩子们也会充分展现出他们的率真性情。

有些孩子只要提出一次要求，就会固执地坚持，直至得到满足为止。关于这种类型的孩子，我们在“任性的儿童”和其他相关章节中有所论述。此外，如果父母过度追究孩子的错误和失败，不站在孩子的立场体谅他们，也会使孩子变得倔强固执。当父母发现孩子稍有失误行为就大肆批评，这种态度必然会让孩子感到心灰意冷。于是，孩子明知自己在撒谎，也会固执地坚持到底，不承认错误。这一点我们将在“撒谎的儿童”和“保持沉默的儿童”中详细介绍。这样下去，孩子的未来令人堪忧。

11. 性格乖僻古怪、爱捉弄人的儿童

儿童到了5岁左右，嫉妒、乖僻、爱捉弄人等成年人身上才会有的心理，在他们身上也会表现出来，出现这种心理的波动并非异常现象。相反，儿童不能坦率地表达自己的真实心理才是一种不正常的现象。有的母亲在这方面有严重的“洁癖”，孩子身上稍有一点问题都会被无限放大。因此，要判断孩子属于正常还是异常，必须仔细观察孩子平时的行为。

1）嫉妒心强的儿童

这类儿童总喜欢与其他孩子作比较，总觉得自己很不幸，在各方面都不如别人。比如，即使父母对待兄弟姐妹以及老师对待学生都是一视同仁的，但他还是会认为："给我的都是不好的，给我的比给他们的少。""老师总是偏心。"结果，他们总是一脸不高兴的表情，时常埋怨他人，满腹抱怨。

那些同他人比较总感觉自己不幸的儿童，有可能在过去的生活中经历过以下两种不公平的待遇。一是在家庭生活或社会生活中，由于遭受不公正的对待，因而对人与人之间的关系产生了强烈的怀疑。比如，家里的老人和母亲只疼爱长子，其他孩子自然会对此心怀不满。此时，身体强壮的孩子就会极具攻击性，以此表示不满。如果身体瘦弱，便会哀叹自己的不幸，性格变得乖僻或者爱捉弄人。另外，家里有三个兄弟姐妹，夹在中间的那个孩子，特别是性别排列为男、男、女，以及女、女、男的情况，排行第二的孩子往往很少得到母亲的关爱。

二是在曾经的生活经历中，缺乏忍耐力的儿童也容易产生"嫉妒"心理。特别是看到别人有的东西他也想要，如果得不到就会自顾悲怜、暗自伤神地说："他可真是幸福啊！"

容易产生嫉妒心的儿童，其家庭成员中也常见嫉妒心强的家人。他们在茶余饭后总是羡慕别人家的富裕和幸福，哀叹自己的家庭如何的不幸。并且，在他们身上完全看不到改变现状、追求幸福的决心和态度。孩子耳濡目染，受此影响逐渐继承了嫉妒心理。

医院病的研究表明，在家庭中遭受冷落的孩子，如果放任不管，很容易成为冷漠无情的人。我们将在第12章详细介绍医院病的研究成果。这里要强调的是：在家庭教育中应该注重培养孩子的爱心，树立平等、公平的观念。对那些很少得到母亲关心和照顾的孩子，我们建议母亲首先要给他们一些撒娇的机会，其次要认可他们的优点，以增强他们的自信心。

此外，对缺乏忍耐力的儿童，我们应该与其家人进行交流，建议家人多给孩子一些自我控制欲望的锻炼机会，可以与孩子共同制订一些规则并一起严格执行。

在班级中，老师可以组织学生进行“什么是幸福与不幸”的主题班会。让他们懂得有的人虽然物质生活贫穷拮据，但在精神生活中仍然能够很充实幸福。也有的人是为了他人的幸福而努力工作，因为自己也能从中获得幸福感。类似这样的讨论，可以在3年级以上的学生中进行。另外，还可以让大家讨论：为了克服生活中的不幸，我们应该做怎样的努力？通过讨论，让孩子们树立克服困难、积极进取的勇气和信心。

总之，有嫉妒心理的孩子很令人同情，不应该单纯地讨厌或责备他们。

2）性格乖僻的儿童

这个类型的儿童不能坦率地接受他人的好意，或者一会儿想接受他人的好意，一会儿又表示拒绝，常常自相矛盾，出尔反尔。

日本是一个人际关系比较复杂的国度，在人与人的日常交往中，如果不能真正读懂他人的内心世界，就不能圆滑处世。这种乖僻的性格是很常见的问题。

在家庭或在学校，父母和老师经常无意识地向孩子做出许多乖僻的“示范”。比如，母亲让孩子帮忙，如果孩子没有马上答应，母亲就会不高兴地说“那就算了”。有的孩子努力按照老师的要求完成某项工作，老师却说“这样做有什么意义”。

在一些家庭中，大人常常恶意解读邻居的好意，在背后曲解别人的行为本意。孩子在这种环境中成长，也会变得性情古怪，令人难以捉摸。所以，大人在孩子面前谈话时，一定要注意分寸，不要给孩子造成潜移默化的消极影响。

相反，在那些凡事尽量善意地理解他人、体谅他人的家庭中，孩子就不会出现嫉妒或乖僻的心理。

3）爱捉弄人的儿童

儿童爱捉弄人常常发生在与对方处于竞争状态时，并且是在自己没有实力与对方平等竞争的情况下，为了使对方陷入不利的境地，保护自己的地位和利益。比如，对方想借某样东西而故意不借给对方，或者采取让对方为难的行为，都是爱捉弄人的表现。

在老师当中也常有类似的现象。在办公室里发生的使坏心眼、恶作剧的行为，多数是发生在教授相同科目的老师之间，或者学生在同一年毕业的老师之间。

如果职位较高的老师，比如教务处主任或校长，在用人方面不能知人善任，无法做到人尽其才，让每位老师充分发挥各自的能力，当某个老师受到重用时，不受器重的老师就有可能故意制造事端。

作为成年人，如果其人格发展成熟，即使遭到一些偏见或者不公正的待遇，也能够正确处理由此产生的不悦或者嫉妒心理。然而，如果是人格尚不成熟的老师，就很难正确对待类似的问题。

孩子的人格发展尚未成熟，特别是年幼并且常常以自我为中心的孩子。他们不是不愿意借给小朋友玩具，就是故意挡道不让小朋友通过，以困扰对方为乐。这类行为在1～3岁的儿童身上表现得尤为明显，属于正常行为。但是，如果到4～5岁依然如此，就是通常所说的“任性”表现。之所以不愿意把玩具借给小朋友玩，是因为如果一旦借出后自己就不能痛快地玩。他们缺乏协作精神，缺乏与他人协调合作的能力。

缺乏合作能力对1～3岁的儿童来说属于正常现象。孩子到3～4岁会逐渐明白如果想和小朋友愉快地玩耍，只顾自己玩是不行的，那样就不能与小朋友一起开心地玩了，因此，他们学会了忍耐。然而，有的孩子随着年龄的增长会越来越喜欢捉弄人，他们有可能是自我意识极强，或者曾经被大人强制要求把自己的玩具借给其他小朋友，内心感到极其不愉快。

有的孩子即使长大后也依然喜欢捉弄人。这是因为他们在家受到父母偏心的不公正待遇，使他们产生强烈的偏执、嫉妒心理。而且，如果他们和对方处于竞争状态，自己又相对缺乏能力时，就会采取捉弄人的行为来保护自己。另外，在家里常常被兄弟姐妹欺负的孩子，或者由于家境贫穷，经常羡慕他人的孩子，都可能会在长大后依然有喜欢捉弄人的行为。

因此，我们必须针对各种不同的原因，努力帮助儿童从内心克服偏执、嫉妒。

1～3岁的儿童表现出喜欢捉弄人的行为，我们不要因为事情本身去责备他。特别是如果孩子自己不愿意把玩具借给小朋友，父母既不要强迫孩子勉强借出，也不能因此批评他是“坏孩子”。母亲可以经常陪孩子一起反复地玩同一项游戏，或者通过一起玩同一样玩具，让孩子体验与他人共同游戏的乐趣。3岁以后，孩子的人格逐渐得到发展，这个问题自然会得到解决。

如果大一点的儿童或者学龄期儿童仍然喜欢捉弄人，被朋友或邻里的孩子所厌恶，那么，就应了解他们在家庭中所受的待遇是否有什么问题，父母是否对孩子不闻不问，放任不管；在兄弟姐妹中，父母是否较少关心、爱护这个孩子。如果有这些情况，父母首先要做到让孩子感受到父母对他的关心。我们也可以与父母进行面对面的交流，建议父母要公平地对待每个孩子。

总之，父母要充分接受并认可孩子。通过这种方式让他们的情绪保持稳定，爱捉弄人的这一问题就会逐渐消失。

4）报复心强的儿童

报复心强的儿童是指当受到小朋友欺负、捉弄时会反击的儿童。

年龄较低幼的儿童多采取扔石子、挥舞木棒的方式进行报复，等年龄再大一点，他们会通过动脑筋想办法去实施报复行为。总之，不论采取何种方式，都是为了让对手陷入困惑、为难的境地。从这点上来看，与“爱捉弄人”的目的并没有两样。而捉弄人是一种消极的行为，报复则是一种积极的对抗。

日本的孩子从小就有很多机会接受关于如何报复对手的教育。在1～2岁的时候，当孩子打母亲时，有的母亲会模仿孩子的动作打回去。有的孩子在外面受欺负哭着回家时，家长会教唆孩子：“真是没出息，去，再去打回来。”作为父母，当然是希望鼓励自己的孩子勇敢、有骨气。必须注意要教孩子正确的方式、方法，不应该随意煽动孩子的竞争心理，避免认可孩子的报复行为，报复并不能让孩子真正强大起来。有时，孩子在外面打架败北而归，有的母亲会挺身而出“帮你讨回公道”。正如“孩子吵架父母不要插手”的道理，父母的过度保护只会造成孩子依赖父母，性格越来越懦弱。吵嘴打架是儿童在玩耍过程中的必然现象，最好交给孩子自己去解决。

12．冷漠的儿童

“冷漠”是一种非常模糊的主观印象，对在孤儿院长大的儿童进行研究的学者就用“冰封的心”来形容他们，我们可以仔细体会这个词的含义。在日本，有时评价某个孩子也会用到这个词。

所谓“冰封的心”是指在与人交往时毫无热情，十分冷漠。如果一个儿童有一颗“冰封的心”，他不仅不能与其他小朋友亲密友好地交往，而且最终会失去与人交往的心理需求。有不少这样的孩子最终会走上违法犯罪的道路。

这种冷漠心理常见于从小没有感受到家庭温暖的孩子，或者被迫离开父母在育儿机构长大的孩子，他们很少得到父母和亲人的疼爱。孩子离开父母时的年龄越小，离开父母的时间越长，就越无法感受到家庭的温暖。因此，他们的心理就会带有冷漠的性质。

温暖的家庭氛围是由每个家庭成员在充满爱心地养育孩子的过程中“酿造”出来的，在这个过程中，最重要的是由“爱心”必然产生的具体的养育行为。也就是说，父母是如何与孩子接触的？接触状态（肌肤关系）是问题的关键。如果日常的亲子关系中缺少具体的肌肤接触，孩子绝不会感受到父母对自己的爱。即使再怎样说“妈妈是多么关心你”，孩子也会怀疑“妈妈是真的关心我吗？”其实，孩子更希望父母在平时能给予他们实实在在的关心照顾。

美国在30年前就开始强调母子之间肌肤接触关系的重要性，从另一个方面也反映出美国社会日常生活中母子接触关系日益减少。随着家庭生活机械化程度的提高，母亲已经很少事无巨细地亲自抚育儿女，连婴儿的饮食也几乎由人工营养食品所替代。可以说，母亲放弃了用自己的乳房哺育婴儿。断奶期的食品也由十分方便的罐头食品替代，而且，多是让孩子躺在婴儿床上进行喂食，或者独自一个人被放在婴儿房里。这些现状被视为育儿中出现的问题。例如，美国的C.A.T.（知觉测试）表明，每10例问题中就有4例是与“母子分离”相关的问题。

此外，在美国，有关方面还建议实施“母子同室制”，主要目的是让孩子从新生儿开始就能经常在母亲身边，以增加母子间的接触机会，便于母亲照顾婴儿。所以，“按需哺乳”的方式就是要求建立良好的母子关系，即孩子一哭母亲就能给予回应。

现在，父母无微不至地养育婴儿的家庭已经越来越少，而“母子同室制”和“按需哺乳”正是对这种现象提出了警告。不仅在美国，在其他国家也有类似的问题。比如，在德国，社会各界对“被锁的孩子”，即父母把孩子一个人锁在家里的现象，表示了极大的关注和忧虑。

日本由于火灾、地震等危险情况较多，父母很少让孩子一个人留在房间里，从预防“母子分离”的角度来看，是值得庆幸的。日本的母亲一直有陪着孩子睡觉和背着孩子做事的习惯，使母子之间具体的亲密接触得以充分实现。

但是，在有的家庭中父母一味地模仿欧美国家的养育方式，父母照顾孩子的时间有所减少，“母子分离”的现象也时有发生，有的孩子因此变得冷漠，并且，这种情况有逐渐增加的趋势。还有的父母不喜欢孩子，即使在家里也很少同孩子有具体的接触，孩子得不到父母的关爱之情，在不知不觉中也就变得感情冷漠了。

当然，那些年幼时失去双亲的孩子往往几度辗转，被人领养、抚养也只是徒具形式，保证了基本的饮食起居而已。还有，那些在管理严格的孤儿院长大的孩子也极易形成冷漠无情的性格。

有的儿童遭到父母或抚养者的虐待，他们的心便如同海螺紧闭的壳，把自己封闭了起来。即使别人对他们友好热情，他们也没有任何回应。不仅如此，越是想努力亲近他们，对他们好，他们越是表现出反抗行为，对人越冷漠。

这些孩子需要有一个真正爱他们的成年人。如果能尽快让他们生活在一个温馨的家庭里，将会是非常幸运的事情。如果是在保育机构里生活的孩子，从治疗的角度出发，他们需要更多的关爱，以温暖受伤的冷漠的心。

总之，如果发现给人以冷漠感的儿童，首先，要认真了解他们的生活经历，重点考察他们在成长过程中接受过怎样的照顾，母亲是否真正爱孩子，是否能够无微不至地关心体贴孩子。

一般来说，给人冷漠感的孩子很少有笑容。但是，也不能因为孩子很少笑，就简单地断定他是冷漠的孩子，这是很危险的。不过，不爱笑的孩子，由于不可爱，大人对他们的态度也比较消极，孩子得不到大人的爱，笑容便越发减少，更加郁郁寡欢。在兄弟姐妹多的家庭中，父母有必要检讨自己是如何对待每个孩子的，是否有将某个孩子确定为不讨人喜欢的孩子。

有的父母虽然喜欢孩子，但是他们把这种爱隐藏在形式化的家教之中。父母注重培养孩子的行为举止，教育孩子不要轻易表达自己的情感。对这种“家教”虽不能一概加以否定，但外国人却常常批评日本人“像戴着一副假面具”，应该说这是孩子从小所受家庭教育的影响。生长在这样家庭的孩子还很有可能会变成小大人，有的孩子甚至给人以绅士、淑女的感觉。假如让他们画一幅画，他们只能画出非常呆板的、没有生气的画。

针对这样的孩子，我们应该让他们体验到真正的孩子气的快乐，打破所有形式的枷锁，在生活中像孩子一样天真烂漫。对此，我们可以使用“游戏疗法”，教他们用手指画画。如果是学龄儿童，则可以让他们参加以培养独立性为目的的夏令营活动。这些方法可以改善孩子的心理状态，效果都不错。

当然，父母的引导也很重要。比如，在条件允许的情况下，可以给孩子一个属于自己的空间，在那里，孩子可以自由自在，不受父母的干涉。

许多冷漠的儿童不能理解幽默是什么。其他孩子听后立即有反应的幽默，他们听了却一本正经，甚至发怒、哭泣，这些孩子的父母一般都缺乏幽默感。但是，如果学校的老师是一个性格开朗、幽默的人，孩子也会逐渐能够理解幽默的乐趣。在家里，父母要尽量减少“装模作样”和“拘泥于形式”的家长作风，多说一些幽默风趣的话题，使家庭氛围保持轻松愉快。

有的孩子总是把自己的东西整理得井然有序，书和文具从不随便乱放，如果被弄得乱七八糟就会非常生气。他们多是独生子，平时很少和小朋友一起玩耍，家里的大人就很喜欢整洁，家里总是收拾得干干净净。比如，与老人一起生活的家庭就很容易有这种情况。针对这些孩子，父母最好让他们多交一些朋友，或者经常带他们去一些不太讲究、比较随便的朋友家里去玩，或者让他们多体验夏令营等集体活动。

我们在接受咨询时，常有母亲抱怨："孩子不愿意和我们父母多交流，对我们的态度比较冷漠。"下面就来简单谈谈这个问题。通过我们的详细了解发现，这些孩子大多不愿意和父母讲在幼儿园或学校发生的事情，他们曾经也经常给父母讲起过，但不知何时起就变得沉默寡言了。究其原因，首先，应该是孩子对父母讲自己的事情时，父母心不在焉，没有认真听。于是，孩子不厌其烦地缠着父母一定要听他们讲，父母更嫌他们烦人，拒绝听他们"啰唆"。有过这样的经历，孩子也就不再有兴趣向父母说自己的事情了。孩子们说的话，在大人眼里似乎显得很无聊无趣，但大人们也应该认真倾听。如果孩子在父母正忙的时候去找他们说话，父母很容易会觉得孩子"烦人"。当遇到这种情况时，父母应该耐心地对孩子说："等忙完了再好好听你讲。"然后，另行约好时间仔细倾听孩子的心声。

孩子不愿和父母说话的第二个原因是，当孩子讲完自己想说的话，父母会批评孩子这不对那不对。父母对孩子讲的事情横加批评或者无端干涉，孩子就不想再敞开心扉了。所以，孩子说的话，父母认真倾听即可。孩子讲的事情大多都是他们在与老师、同学交往中的一些体会，或者遇到的一些不开心的事情。在母亲面前吐露不快，有助于他们的情绪稳定，是一种很好的精神疗法。如果父母的教育意识过强，总认为应该从道德的角度教育孩子，要提醒孩子各种注意事项，那么，孩子也会因此不愿意与父母进行交流。老师也是如此，如果老师总是能够耐心倾听学生们的心声，那么，孩子们在老师面前就会无话不谈。许多时候，孩子说的话只要随声附和即可。命令孩子“有什么话就说吧”是没有效果的。父母和老师要努力提高自己的包容能力，成为孩子的倾诉对象。

当儿童对父母和老师藏有秘密时，他们不仅不愿意对父母说，还会加以隐瞒，甚至会为此说谎。关于这个问题我们会在“爱撒谎的儿童”中详细介绍。

13．早熟的儿童

早熟的儿童分为“待人接物老成稳重”和“性早熟”两种类型。待人接物老成稳重的儿童，即没有孩子气的儿童，从小就被称赞“真聪明”“真乖”，他们习惯做一些让大人喜欢的行为。

“儿童不是缩小版的大人”，这句话对于理解儿童十分重要。孩子有发展的特质，即使现在不成熟，他们也拥有开拓未来世界的创造力，挖掘孩子身上的这种能力可以说是父母和老师的一大乐趣。然而，如果把儿童禁锢在大人编制的框架中，无疑会压抑儿童的创造力。早熟的儿童大多是生活在大人较多的家庭中，大人们总是要求孩子的行为举止要像大人一样稳重，而且很在意周围人的评价，总希望自己的孩子被人夸奖“家教良好、懂礼貌”。这些家长很在意世俗社会所认为的“教养”。有些大城市的幼儿园为了让孩子通过名牌小学的入学考试，让孩子们训练军队式的礼仪，使用整齐划一的口号。最终使孩子们丧失了个性，如同从同一个模具中刻出来的一样。

在老成早熟的儿童中，有的儿童很逞强。比如，刚上小学1年级的孩子就要看面向3年级学生的图书，看电视、听收音机也是面向大人的节目。这种情况往往是因为家里有大人总在孩子面前夸奖他们“真聪明”“这么小就会读书认字”的结果。其实，他们只是从书本和电视上记了一些零碎的东西，似懂非懂，并没有真正理解内容。由于只是形式化的死记硬背，所以孩子迟早会对这些东西失去兴趣。

有的父母虚荣心强，喜欢讲排场。比如，在孩子过“七五三”节[①]时，给孩子穿上类似成年人的服饰，并且烫发化妆，把孩子打扮得如同偶像明星，或者像绅士、淑女的样子。有的孩子会认为自己家是上流家庭，不愿意与其他小朋友一起玩耍，在他们的思想中已经有了优越意识。

我们要建议这些孩子的家长，尽快把孩子送到幼儿园，或者采用游戏疗法，发挥孩子本来所具有的创造力。我们要反复地向家长提建议并给予具体的指导，希望能把孩子从家庭的行为模式中解放出来。

有的孩子特别喜欢时尚，爱干净，他们不愿与浑身脏兮兮的小朋友拉手，从不玩泥巴、沙子。他们经常看到其他小朋友穿漂亮衣服，就要求父母也给他们买。虽然才只是小学低年级学生，却在镜子前长时间驻足。

这种喜欢时尚的孩子，家里肯定有同样喜好的大人；爱干净的孩子家里也有特别注意卫生的“细菌恐惧症”或者“疾病恐惧症”的家人。他们特别注意卫生，聊天话题中多会有关于疾病的内容。

但是，孩子到了青春期，对于容貌和服饰的兴趣增强是很自然的事情。我们将在后文详细介绍。

---

①“七五三”节，日本神道教里有一个习俗，新生儿出生后30至100天内需至神社参拜保护神，到了三岁（男女童）、五岁（男孩）、七岁（女孩）则于每年的11月15日再去神社参拜，感谢神祇保佑之恩，并祈祝儿童能健康成长。——译者注

14. 性意识强的儿童

儿童的性意识根据不同的年龄有各种各样的表现方式，也会受到环境因素的影响，还会受到家庭所处的社会阶层、文化水平、与父母的关系、孩子的智力等各方面因素的影响。

儿童对性开始产生兴趣，起初是对“人是如何产生的”这个问题抱有疑问，然后会关注自己的生殖器、父母的生殖器、其他小朋友的生殖器。但是，他们的这种兴趣表现是毫无掩饰的。因此，可以说儿童对性感兴趣，其实与他们对其他事物感兴趣并没有什么区别。也就是说，孩子对生殖器的兴趣和对其他不熟悉的东西的兴趣是一样的。他们即使看着别人的生殖器，也和看着耳朵、鼻孔是一样的。

2岁儿童能够根据发型、衣服等区别男性和女性，他们逐渐会发现男人和女人小便的姿势不同，3岁左右便开始明白自己是男性还是女性。据美国的一项儿童研究结果表明，通过生殖器来分辨性别差异的儿童比例为：4～6岁儿童占50%，7～10岁儿童占72%，11～12岁儿童占80%。

由于日本和欧美家庭及社会对待性的态度不同，上述比例在日本会更高，日本的孩子要更早一些学会区分性别。儿童在了解男女生殖器的形态差异时，有的儿童没有感到特别的惊讶，而多数儿童会感到诧异。其中，有的儿童会认为女性生殖器就是男性生殖器被切掉后的状态。美国的这项研究结论可能是受精神分析学派的影响。

西欧的研究认为，在学龄前儿童中，有的女孩希望长大后同父亲结婚，有的男孩希望长大后同母亲结婚。但是，在欧美国家，孩子从很小的时候就与父母分房睡，这种情况应该与日本的孩子存在差异。如果直接使用欧美的这项研究是极其片面、不恰当的。在参考西欧的研究结果时，我们需要注意由于家庭生活方式以及社会生活习俗的不同所产生的差异。

男孩在小学1～2年级时，想与同性玩耍的意识增强，而女孩的这种意识则表现得更早一些。这种意识会逐渐增强，在整个学龄期，他们始终会与同性小朋友玩耍，并保持紧密的关系。他们与异性小朋友玩耍会感觉“不好意思，难为情”。9岁以下的儿童对性的幻想还比较少见，9岁以后则对性的幻想逐渐增加，同时，还会伴随罪恶感和恐惧等心理，性空想的儿童有所增加。

进入青春期以后，孩子对性方面的兴趣表现得更加显著。他们对异性的爱有所觉醒，情窦初开，希望得到异性的认可，因此，越来越在意自己的容貌和服装。欧美国家的孩子对爱情的表现以及直接与异性的交往，多受父母之间的行为以及电影、电视、书籍的影响，进展都比较早。美国孩子的这种表现更为显著，他们大多是通过嬉戏和拥抱的方式体验性的兴奋。由于日本的家庭环境中，父母的态度和社会环境对于这方面的表现都非常避讳，孩子的行为也比较拘谨。日本社会对儿童产生负面影响的主要是在媒体报道尺度方面。此外，对异性表现出的态度，男孩比较积极，女孩比较消极。下面，我们来探讨儿童在性发育过程中出现的一些问题。

1）自慰（手淫）

孩子在幼儿时期就会用手抚弄自己的性器官。当他们学会坐立以后，尤其是男孩对自己身体上突出的部分特别感兴趣。由于这种行为不过是一种单纯的好奇，所以大人完全置之不理也没关系，即使阴茎勃起也不必担心。但是，必须要注意孩子的阴部卫生，保持内裤清洁。特别要注意让男孩的阴茎包皮内保持清洁，在洗澡时尽量将其外翻清洗干净。女孩则应注意保持外阴部的清洁，尤其要注意大阴唇内侧的卫生。如果孩子感到阴部瘙痒，多会用手去抓挠。

所以，为了避免引发炎症，务必要注意保持清洁卫生。阴部出现湿疹和瘙痒的原因，女孩可能是患有蛲虫病，从肛门爬出来的蛲虫会在阴庭湿润的部位产卵。孩子如果受到这种刺激，用手抓挠的机会增多，便会产生愉悦的感觉。即使病好以后，她们还是会不自觉地用手去抚摸阴部。

自慰是指自己刺激外阴部，使自己进入一种恍惚状态的行为。进入青春期的男孩，在自慰时会出现射精现象。

通常女孩在幼儿期的自慰行为多于男孩。有的孩子会用手抚摸外阴，有的是紧夹大腿根部，有的是在桌子的边角处摩擦，还有的喜欢用腿夹枕头。一些研究人员认为，儿童在出生后数周就有自慰行为。也有研究报告称6个月大的婴儿就有此现象，1岁以后还会有所增加。

产生这种行为的原因，最初是由于身体需要正常的刺激，并且在身体需要受到刺激的时期，母子之间缺乏身体接触，孩子多处于被冷落的状态。因此，我们需要了解孩子是否处于这种状态。比如，因为有弟弟妹妹的出生而被忽视，或者母亲由于工作繁忙而减少与孩子的身体接触。对这种情况，我们不应该作为一种病态来处理。如果因此而训斥或惩罚孩子，会让孩子产生强烈的自卑感，或者对生殖器产生恐惧感，可他们仍然会背着人暗地里进行。通过惩罚，孩子即便停止了自慰，也会变得畏畏缩缩或脾气暴躁。所以，有效的治疗方法应该是积极恢复母子之间的亲密关系，多增加身体的爱抚。当确认孩子有自慰行为时，可以把孩子的注意力转移到其他游戏活动上，特别是要让他们多参加户外体育活动。

对已经有较长时间自慰行为并形成习惯的孩子，建议母亲可以多陪孩子睡觉。同时，实施游戏疗法的效果也不错。还可以多让孩子到户外活动，不向孩子提出任何“禁止”的要求，我们会在“游戏疗法”中详细介绍（参照第370页）。

孩子从小学低年级到进入青春期前的这一阶段，一般很少有自慰行为，但仍然会有玩弄生殖器的习惯。此时，父母可以提醒孩子“小鸡鸡是很重要的地方，不要用脏手随便摸”。这个时期的儿童玩弄生殖器的习惯，与咬指甲、吮吸手指是一样的意思，没有什么本质的区别。

进入青春期后的自慰行为可以解释为是一种生理现象。如果带有罪恶感反复地进行自慰，可能会使他们的自尊心受伤，失去自信，甚至引发食欲不振和睡眠障碍，对身心造成极大的损害，从而导致恶性循环，自慰的需求进一步增强。经常自慰的孩子会因为害怕被发现而注意力难以集中，学习无精打采，有气无力，脸色苍白。但是，自慰行为只要不是过于频繁一般不会伤及身体。

女孩大约在9～11岁，男孩大约在11～13岁便进入青春期，这一时期，父母有必要找适当的机会和孩子谈谈生殖器官及其功能。通常，孩子到了这个年龄已经了解到一些相关知识并会产生一些疑问，父母应该有意识地利用他们的提问机会，向他们介绍这方面的知识。但是，切记不要让孩子认为自慰是不好的行为，会消耗精力。父亲与孩子谈及此事时，应该坦率地告诉他们自己年轻时也有过同样的经历，以便让孩子对父亲产生亲近感和安心感。

另外，父母还要努力引导他们逐渐减少自慰的频次，在不使他们有负罪感的前提下培养他们的自制能力。

有的孩子很少和小朋友一起玩耍，不喜欢参加体育活动。父母可以引导他们适当运动，多交朋友，鼓励他们参加学校的体育社团或者音乐社团等集体活动。

有些父母担心，孩子参加体育社团反而会受到同伴的影响。其实，这种担心是对自慰有错误认识的前提下产生的。只要不沉溺于这种行为，就是正常的生理现象。父母还应该告诉孩子要经常保持生殖器的清洁卫生，并告知他们正确的清洁方法。如果发现男孩有包皮炎症，女孩因分泌物增多引发瘙痒时，应及时去医院就诊治疗。

自慰次数过于频繁的儿童常常显得比较孤独。他们的家庭关系往往存在一些问题，特别是由于亲子关系不和睦，让孩子的内心没有安全感。如果发现有这种情况，我们应该建议父母要努力调整家庭关系，同时，还要对孩子进行心理辅导，以改变他们的孤僻心境（参照“游戏疗法”），培养他们独立的生活能力。

2）热衷于有关性的话题

儿童在很小的时候就会说一些有关性的词语，或者玩一些有关性的游戏。3岁以后，有时会故意在他人面前小便让人看，有时小朋友之间也会说一些不文明的词语来相互取悦开心，甚至回到家也会重述这些词语。

一些学龄前的孩子有时也会盯着对方的生殖器看，或者以此为取乐对象。这些行为多数是从其他小朋友或者大一点的孩子那里学来的，家长越是严格禁止，他们就越是藏着掖着不让大人发现。

进入学龄期的后期，有的孩子会在涂鸦中画一些与生殖器有关的图画。进入青春期后，有的孩子会沉迷于猥亵的绘画或照片，以及阅读一些相关书籍。在学校图书馆的字典上，被涂抹得最脏最乱的一页往往是有关生殖器方面的介绍。

以上所述的儿童对性产生的各种兴趣，是伴随儿童发育过程中表现出的正常生理现象。那些看起来似乎对此不感兴趣的优等生，其实一般来说也是抱有极大兴趣的。只是由于他们被父母严格管教，或者害怕自尊心和名誉受损，故意对此类问题避而不谈，或者不参与相关话题的讨论。另外，人格发育不成熟的儿童，对这方面的表现会滞后于一般儿童。

正确引导儿童对性产生的兴趣，并对他们适时地进行性教育是非常重要的。相反，如果有些父母发现孩子的言行中表现出对此类话题感兴趣，为此而感到惊诧，并对他们大加批评、斥责，孩子就会隐藏这些言行，并且还会产生强烈的罪恶感。

小学3年级以后，孩子就能和大人进行较多的对话交流。所以，我们应该经常和孩子就有关性方面的话题进行交谈，告诉他们生殖器是人体中的一个重要器官，需要非常珍视和爱护。

3）同性恋

同性恋大多始于青春期或青年期，而且会保持身体关系。在欧美国家，同性恋问题属于社会的热点问题。在美国，据说最初发生同性恋接触的平均年龄在9岁多。与美国相比，日本对于性方面的诸多问题似乎有些过于神经质，而且夫妻关系比亲子关系更受重视。由于文化背景的差异，日本的同性恋问题相对比较少。在美国，一个很有趣的现象是，白人的孩子间同性恋问题较严重，而黑人中的同性恋则很少。研究人员表明，同性恋与人的智力发展毫无关系。

大多数具有同性恋爱倾向的儿童，他们的家庭都存在很大缺陷。父母之间没有爱情可言，而且他们之间的关系极其不和睦，家庭处于分崩离析的状态。由此给孩子造成强烈的自卑感，他们并不奢望得到家人的关爱。

因此，这些渴望被爱却得不到满足的孩子，内心充满不安，对他人不能正常健全地表达爱。有攻击倾向的儿童就会去欺负比自己小的同性，而体力较弱的儿童则会把与自己同类的伙伴作为爱恋对象。有许多男孩子喜欢穿女孩子的衣服，涂脂抹粉，甚至男扮女装，完全把自己装扮成少女的样子。针对这些有同性恋倾向的孩子，我们必须了解他们在家庭中是否能得到父母的爱。

如果对进入青春期的孩子进行道德教育没有效果，就需要进行精神疗法。

4）异性间的爱抚

在欧美国家，异性之间的爱抚、拥抱作为青春期或青年期的一种行为，是很普遍的现象。日本由于日常生活中的行为模式与欧美国家不同，异性间的爱抚行为并不多见，只是日本的媒体对于这方面的宣传极具煽动性。

正值青春期的男孩女孩们追求异性的心情属于生理现象。但是，由于双方的爱抚行为会使兴奋度增加，对自制力较弱的少男少女来说，很容易发展至性交，最后导致怀孕。因此，异性间的爱抚行为也成为人们关注的问题。特别是近50年来，由于孩子们的初潮和初次射精的年龄大大提前，性开放的孩子有不断增加的趋势，很令人担忧。

15．爱撒谎的儿童以及谎言癖

常言道“撒谎是偷窃的开始”。所以，父母和老师对孩子的撒谎行为极其敏感。

时常有父母抱怨自己的孩子“面不改色地说谎”。幼儿的说谎行为大多是因为他们分不清现实与幻想的区别而产生的自我想象，有人称这种说谎为“虚构症”。因为他们的想象力丰富，容易受暗示的影响虚构一些“谎言”，他们并不明白什么是现实。所以，这种情况与诚实不诚实是没有关系的。如果父母和保育员把孩子的虚构或想象当成是有意撒谎，反而会暗示孩子有意识地说谎。也就是说，当父母和保育员批评他们说谎是“坏孩子”时，他们反而会觉得很意外，并对此感到恐惧，甚至为了避免受批评，采取自我保护性的撒谎。因此，儿童在幼儿时期的撒谎是发展过程中的正常现象，听听即可，没有必要太在意。

然而，由于有些父母对孩子的关心和照顾不够，孩子就会虚构一些情景，在幼儿园讲述给老师听。比如，“我去海边玩了”“爸爸带我去百货大楼买玩具”，父母从老师那里听到这些“谎言”后会感到非常惊讶。如果是这种情况，就需要父母多陪孩子一起玩耍，经常倾听孩子提出的需求，而最根本的方法是父母首先要改变养育态度。

进入学龄期以后的儿童说谎话，大多是智力迟钝的儿童或者有歇斯底里症状的儿童。前者由于缺乏判断力而编造谎言，后者则是为了满足虚荣心而撒谎。有些人把这种情况称为“谎言症”。然而，判断孩子是否真的撒谎往往比较困难。如果孩子明明没有说谎，却被大人指责为说谎，会使他们幼小的心灵深受伤害。于是，孩子越来越不信任那个批评他的人，进而转变为对所有人的不信任。

年龄大一些的幼儿以及学龄期以上的孩子撒谎，一般有以下几个原因：

第一，通过说谎来逃避不愉快的经历。这种情况被称为“逃避性”谎言。当他们说实话会遭到批评、斥责时，就会选择撒谎。比如，弄坏了东西，学习成绩不好，把小朋友的东西悄悄带回家。一旦他们说了实话，肯定会受到父母和老师的批评，于是，就用撒谎来“逃避现实”。特别是面对那些只看到孩子行为的结果，而不问行为的动机，就一味地批评他们的父母和老师，孩子就很容易撒谎。所以，父母和老师遇到孩子撒谎时，最重要的是应该先思考孩子为什么撒谎。最好和孩子做个约定，实话实说也不会批评他们，并严格遵守约定。

第二，自我保护性说谎。这是孩子为了能避免受到父母和老师的批评甚至打骂，而采取的自我保护性行为。因此，在过于严厉、总爱训斥孩子的父母和老师面前，孩子就会经常撒谎。而且，父母越是追究孩子的说谎行为，孩子说谎的本领就会越高明，形成恶性循环。有的孩子还会因此而走向歧途。一般来说，孩子在比较宽容的父母面前都不会产生撒谎的行为。因此，父母和老师应该努力与孩子建立起一种良好的互相信赖的亲子关系及师生关系，让孩子不必说谎。即使孩子偶尔说了谎，也不要批评孩子，要给孩子一个温暖的拥抱，耐心倾听孩子的真实心声。

另外，有的父母总是按照自己的意愿随便差遣孩子做事，或者让孩子拼命学习。孩子会迫于压力，敢怒不敢言，这时，也会用说谎的方式来进行自我保护。与此相比，在经常倾听孩子的意见和心声，与孩子能保持良好交流的家庭环境中，孩子是不会产生说谎行为的。

第三，孩子希望自己在和朋友、老师、父母的关系中处于有利的地位。比如，考试成绩不好也会说考得很好；在朋友面前自夸“我家很有钱”“我爸爸很厉害”。这种撒谎多数是暂时性的，不必担心。值得注意的是，父母平时表现出来的价值观在很大程度上影响着孩子。如果父母渴望社会地位和物质财富，孩子在这方面的需求也就越发强烈。这种情况下，我们就需要建议父母注意改变既有的价值观。

第四，模仿性说谎。如果父母是经常撒谎的人，孩子也会有样学样。日本的父母在日常生活中经常对孩子说很多谎，这一点比较令人意外，值得我们反省。也有的父母因为一点小事就夸大其词、小题大做，孩子也会受此影响。因此，父母需要反省自己的行为。如果发现孩子有夸大其词的言行表现，父母应该及时教育孩子实话实说，澄清事实。同时，对孩子的说谎行为不能只是简单的批评，而是应该注意帮助他们学会正确的表达。

第五，叛逆性谎言。这种谎言在叛逆期表现得尤为突出。父母要他们帮忙做事时，他们其实手头并没有任何事情，却因不愿意帮忙而撒谎说自己很忙。叛逆性谎言多数也是暂时性的，可不必担心。这种情况大多发生于父母和老师用权威以势压人，强迫孩子做事时。对此，父母和老师应反省自己的做法。

第六，为了吸引父母的注意而撒谎。比如，他们很清楚父母知道自己没有洗手，还撒谎说已经洗过了，结果招致父母的批评。其实，他们早已知道肯定会有这样的结果。只是，他们的目的是希望通过这种手段来保持和父母之间的关系。

这是由于父母对孩子放任不管，经常拒绝孩子的正当要求，孩子才会撒谎。如果长此以往，孩子未来很有可能会走入歧途，做出违法犯罪的行为。所以，我们建议父母应该多关心孩子，给予他们更多的爱，还要多陪他们一起玩耍。同时，要检讨自己为什么排斥孩子，对孩子放任不管。

第七，以报复的形式说谎。比如，他们故意和父母作对，为了惹父母生气，谎称自己做了父母明令禁止的事情。这样做的目的是有意与父母的意愿背道而驰。这与“偷盗”“违法”一样，源于父母对孩子缺少关心爱护，用强权来压制孩子。

“谎言癖”大多源于精神分裂症、性格异常、头部外伤等器质性障碍的情况，临床病例不多见。

以上介绍了各种说谎的方式和原因。针对儿童的说谎行为，家长和老师在批评、惩罚他们之前，首先要详细了解原因，根据不同的原因制订解决方法。

16. 偷盗行为

有些孩子不理解什么叫偷盗。他们会把幼儿园或小朋友家的东西拿回家，把邻居家随意放在那里的零钱拿到自己手里，或者默不作声地把商店里的东西拿回家。特别是年幼的孩子，他们的自我控制能力较弱，所有权观念发展迟缓。所以，用“偷盗”这个词来形容上述行为是不恰当的。

当我们发现孩子擅自拿别人的东西时，我们应该陪孩子一起向当事人赔礼道歉，并将东西归还原主，以促进孩子的“所有权”观念的发展。否则，孩子到了学龄期，随便拿别人的金钱或物品就是有明确目的的偷盗行为。

1）以嬉闹为目的的偷盗

有的孩子为了自己当老大，从小卖店里偷了东西在小伙伴面前炫耀。他们有的是智商低的孩子，但也有一些身体强壮、行动敏捷的孩子经常2～3人结成小团伙，在繁杂的居民区进行偷盗行为。这类情况多发于父母对孩子关心较少，放任自流的家庭。在美国多发于贫民聚集的区域。

2）所有权观念淡薄的偷盗

所有权观念淡薄的孩子分不清什么是别人的东西，什么是自己的东西。他们不认为自己感兴趣的东西对别人来说非常宝贵，结果就是把别人的东西据为己有。而在这些物品当中，有些东西对他们来说根本没有任何使用价值。

这些孩子在2～4岁阶段，没有受到爱惜别人物品的教育。他们的家庭条件一般都比较优越，从小就是想要什么都很快能得到满足。所以，他们一看到感兴趣的物品就立刻想拿回家去，缺乏忍耐的能力。

当孩子对父母说“想要零花钱”时，有的父母习惯对孩子说：“在钱包里，自己去拿。”于是，孩子学会了默默地从家人的钱包里拿钱，久而久之便养成了习惯。当去邻居家玩耍时，这种行为就会重复上演。虽然孩子还小，但父母也要教育他们把自己的玩具、图书放到一个固定的地方。比如，可以为他们准备好专用的玩具箱、书架。父母如果想要用孩子的东西，也要先征得他们的同意，要让孩子明白一个道理：即使是家人的物品也要明确所有权。

所有权观念的教育从孩子2岁开始到4～5岁尤为重要。到学龄期后，如果孩子需要零用钱，必须征得父母的同意后，才能从父母的钱包里取出约定好的金额，这是为了培养孩子的责任感和自尊心。当然，原则上也是为了让孩子学会在一定的零用钱范围内有效利用，养成良好的生活习惯。

3）为了取悦朋友而偷盗

有些孩子为了得到玩伴的关注，或者为了让朋友能和自己一起玩，就会送东西给他们。刚开始只是送一些自己的物品，如铅笔、橡皮、笔记本，后来就逐渐发展为拿家里的东西送人。当父母发现后，如果不分青红皂白就批评孩子，那么，孩子就会把手伸向家庭之外。最容易到手的是摆放在商店门口的物品，所以，商店就成为偷盗的对象。儿童的偷盗行为多属于这种情况，特别是年龄小的孩子较多。比如，由于学习成绩不好而感到自卑，常常受朋友孤立的孩子；因为身体比较弱，或者因为是“左撇子”或“口吃”而受到朋友轻蔑对待的孩子；家境贫穷的孩子。另外，有的孩子穿着时髦，不同于其他孩子，他们害怕被排挤，便想通过送东西讨好朋友；还有的孩子为了当选班委，试图用物品拉拢同学而去行窃；还有的则是出于自我表现的强烈欲望而去偷盗。

对于上述类型的偷盗行为，我们没有必要过多地追究偷盗行为本身。想要根本解决问题，首先需要调查了解这个孩子在同伴中所处的地位。

从家庭的角度来讲，父母有责任帮助孩子摆脱自卑感。比如，

“学习成绩不好的孩子”总被父母与其他兄弟姐妹比较，孩子由于成绩不好而被笑话；有些父母哀叹孩子身体上的缺陷，其结果只会增强孩子的自卑感。为了让孩子的情绪能够保持稳定，父母应该给孩子创造一个温暖体贴的家庭氛围，特别是要经常发现孩子的优点并给予鼓励。

4）因热衷收集而偷盗

有的孩子常常热衷收集，收集的物品因年龄大小各有不同。从幼儿园到小学阶段，比较流行收集玩具小汽车、邮票、各种小夹子、矿石标本以及火花等物品，到初中、高中阶段也有相应的流行。当孩子迷恋上收集物品后，对自己手里没有的东西，总要想办法拥有。他们常常不经别人的同意，就把别人的东西擅自拿回家。在这些孩子中，有的是因为缺少零用钱，有的是缺乏物品的所有权观念。有的家庭即使经济条件优越，但由于父母平时不给孩子零花钱，或者由于孩子缺乏自我控制能力，都有可能形成随便拿别人东西的坏习惯。

当父母发现孩子有收集某些物品的兴趣时，应经常和他们交流，多倾听孩子的愿望以及了解其他小伙伴的收集情况。对孩子收集东西的热情要给予支持和帮助，同时，要告诉他们收集过程中需要注意的问题，以及哪些事情可以做，哪些事情不可以做。为了防患于未然，还应该注意培养孩子的所有权观念，以及人格形成过程中所需具备的忍耐力。

有以上偷盗行为的孩子，一般来说智力低下，意志力薄弱，情感极其不成熟。父母在他们的幼儿期没有注意培养他们的忍耐力和独立性。即使父亲对孩子严格要求，但由于祖母和母亲的溺爱，孩子依然缺乏自我控制的能力。

5）为报复父母而偷盗

这类偷盗行为的主要目的是孩子为了报复父母对自己的冷漠态度。他们总感觉父母不爱自己，甚至觉得父母讨厌自己。他们的父母总在孩子面前摆出权威的姿态，强迫孩子绝对服从自己的命令。有些父亲多会采取这种态度，他们往往随意差遣孩子做事，让干什么就必须立刻去做。有的孩子在年幼时，由于家境贫寒，父母无法给予他们足够的营养，他们在家中没有地位，自己的存在得不到认可，处处受压抑。所以，孩子就会以偷盗的方式来发泄心中的不满，并以此来表现自我存在的价值，体验物品为我所有的愉悦。还有些孩子由于在兄弟姐妹中得不到父母的疼爱，出于对父母的不满，试图通过偷窃兄弟姐妹的东西来报复父母。那些东西即使微不足道他们也不放过。

当父母对孩子的态度比较冷漠时，我们就应该向其父母——特别是对孩子的父亲——建议，希望他能从父权的宝座上走下来，多给孩子一些关心和爱护。当父母的态度有所转变，孩子能感受到家庭的温暖和爱意，确认自己也是家庭中重要的一员时，他们的情绪就会稳定下来，偷盗行为自然会减少或者完全消失。

但是，在一些偷盗成癖的孩子中，有的父亲固执地坚持自己的权威，母亲夹在父亲和孩子中间，时而哀求、时而恐吓孩子不能盗窃，家庭内部没有统一的言行来教育孩子。在这种情况下，如果能把孩子暂时寄养到温馨和睦的家庭，让孩子体验身边的关爱与平和的态度，对纠正孩子的偷盗行为会起到良好的作用。当然，也可以考虑亲戚家或其他保育机构。

另外，也可以让孩子所信任、亲近的人，给他们耐心地讲解为什么不能偷东西的道理。

6）有计划的偷盗

有的孩子受到身边坏孩子的教唆经常行窃，这就必须引起我们的高度重视。进行这种偷盗行为的多为男孩，他们当中有的是与坏孩子为伍时感到好玩而去偷窃，有的则是因为害怕受到坏孩子的欺负和恐吓而偷窃。其中，有的父母还会默许孩子的这种行为，睁一只眼闭一只眼，甚至还有些比较贫穷的家庭会认为，孩子的这种行为不是什么大事，不必吹毛求疵。对这种情况，我们应及时与儿童福利机构取得联系，要对孩子的家人进行相应的心理辅导。因为这不是孩子个人的问题，社会也应予以关注。

7）病态的偷盗

这种病态的偷盗行为可能是因为孩子患有某种疾病。要注意观察孩子是否患有癫痫、精神恍惚、性格异常等问题，属于这种病态偷盗的孩子非常少见。

如果认定孩子是病态的偷盗行为，切记不要用报警来恐吓他们。而且，越是怀疑孩子，他们的病情越会加重。即使他们不断地反复出现偷窃行为，我们也要坚持用宽容的态度来对待他们，相信他们，并且还要鼓励他们“你一定会成为一个受人尊敬的人”。与此同时，还应与其父母及时进行沟通，以便对孩子实施精神疗法，使之早日康复。

17. 离家出走的儿童

有的孩子毫无正当的理由就逃学或者离家出走。究其原因，大致有以下几个方面：

1）基于冒险欲望而出走

有的孩子喜欢冒险。他们认为在遥远的异地他乡，肯定会有许多稀奇好玩的事情，或者梦想自己能成为武侠小说里行侠仗义的侠客。通过冒险，他们认为可以体会一夜之间长大成人的自豪感。实际上，他们大多数是5～7岁或者是即将进入青春期的孩子，其中男孩多于女孩，因为这个时期的男孩要求独立自主的愿望比同龄的女孩更为强烈。他们希望冒险，但又不愿意与父母或熟人一起出走，否则就不是侠客了，而且，还有很多事情会被大人们禁止。所以，他们愿意独自一人出走或邀请1～2个好朋友一起结伴而行，完全不考虑后果如何，家人是否担心的问题。当然，这种离家出走是暂时性的，不必太担心。另外，拒绝上学的孩子，当他们的独立性发展到一定程度时，也会选择一时的离家出走，对此，我们也不必过于担心。

2）因家境贫困而出走

有的孩子离家出走是因为家境贫穷，他们很少有机会外出旅行，做梦都想成为富豪，或者能环游世界。有的孩子则是由于受到内容不良的电影或图书的影响，向往大城市的生活。然而，由于他们还年幼无知，对目的地的情况一无所知，而大城市里充斥着许多诱惑，孩子极易误入歧途，加入违法犯罪团伙，有的少女在暴力团伙的要挟下被迫沦为卖淫女。不仅在日本，在欧美国家也有很多孩子因为同样的经历而深陷无边的黑暗世界。

3）因遭父母训斥而出走

有的孩子离家出走是因为家里发生了不愉快的事情，和家里闹矛盾。由于父母平时不体谅孩子的心情，动辄就对孩子粗暴训斥。有的孩子则感觉父母对自己漠不关心，还有的孩子受到父母虐待，感受不到家庭的温暖。另外，有的孩子在学校受到老师的批评，或者考试成绩差的时候，想到一回到家又要被父母训斥，就不愿意回家。在这些孩子的家庭里，他们的父母通常关系不和睦，或者不懂养育孩子的方式方法。有的是父母对孩子过于严厉，有的则是拿孩子的短处和兄弟姐妹相比较，经常责骂他们。这些孩子的父母还特别挑剔他们的学习成绩。另外，由于他们在学校没有朋友，很难适应学校生活。他们离家出走除了想逃避父母训斥之外，还包含有想报复父母的心理。

4）因精神障碍引起的出走

有些自闭症儿童或中度弱智儿也时有离家出走的现象。究其原因，一方面是当外部对他们有极强的诱惑力时，另一方面则是对家庭环境的不适。有的孩子患有癫痫症，在神志不清、精神恍惚的情况下离家出走，这种情况非常危险，稍有不慎极易发生交通事故。

孩子第一次离家出走时，一般不会走太远。因为他们不会带太多钱，一旦钱花完了就会回家。有的孩子早上离家，黄昏时就会回到家的附近。由于害怕受到家人训斥，所以不敢进家门，一般会躲在附近的仓库、神社或者寺院中过夜。但是，在外过夜期间的诱惑将非常危险。

有过一次离家出走的经验后，如果在家中再次发生不愉快或矛盾，孩子就会反复地出走，逐渐变得习以为常，从而转变为长期的离家出走。孩子在离家出走期间往往会染上偷窃的恶习。

要解决好离家出走的问题，首先应该了解孩子离家出走的原因。由于多数原因在于他们对家庭的极度不满，所以，详细了解父母平时在家对待他们的态度是很重要的。有些孩子由于不适应学校生活，得不到家人的理解而离家出走，这一点也有必要详细了解。

如果家长无暇管教孩子而对其放任自流，或者对孩子漠不关心，这个问题就很难解决。在这种情况下，可以把孩子寄养到有收养资格的养父母家或者其他专门的养育机构。在那里，孩子如果能得到无微不至的照顾，并且有机会结交新朋友，他们就会感到愉快，从中享受到生活的无穷乐趣。

有些父母在训斥孩子时，总会不经思考轻易地说出："生你这样的孩子有什么用？早知道就不该生你。""这个家放不下你。"这种不加考虑的训斥，会严重伤害孩子的自尊心。因此，从预防孩子离家出走的角度来讲，父母在教育孩子时一定要谨言慎行。

离家出走的孩子中，常常有一些低智商的孩子。对待这样的孩子，我们应当及时发现并认可他们的优点。在这方面，特别需要学校老师进行更多的指导和帮助。

18. 有纵火癖的儿童

在儿童事件中，因放火引起的火灾虽然不多，但是，一旦发生就会对社会产生极大的危害，扰乱社会秩序。

玩火的孩子的年龄大多在6～9岁和11～15岁这两个年龄段。

1）年幼儿童的纵火

年幼的孩子对"着火"和"能燃烧的东西"非常好奇，玩火对他们很有诱惑力。这种玩火的行为从孩子本身的天性来看可以理解，但有人认为，有纵火癖的孩子在上学后会在学习方面有困难。比如，读书写字能力差、视力有缺陷、手脚不灵敏，而且，这些孩子常常躁动不安，经常会在桌子上乱刻乱画。有的孩子还有偷窃行为，或者逃学旷课、离家出走等诸多问题。

2）较大儿童的纵火

年龄较大些的孩子如有纵火现象，问题就很严重了。放火是有计划的行为，待实施后，放火的孩子会自己按响火灾报警器，然后留在火灾现场幸灾乐祸地看热闹，当看到人们惊慌失措时就暗自窃喜。有的纵火行为是与两三个朋友一起合作实施。这种恶作剧基本上都是男孩子实施的行为。据说，他们大多都患有夜尿症。

有纵火行为的孩子，他们的父母对他们的态度一般都比较冷漠。孩子缺少父母的关心和爱护，为了重新获得父母对自己的爱而采取这种非常的手段。还有一些在学校纵火的孩子，他们的智力一般都比较正常，可能是因为受到老师的批评，为了发泄不满和报复而纵火，或者因为其他一些原因，比如，考试成绩不好，担心回到家遭父母批评而纵火烧掉成绩单。

3）病态性纵火

有些纵火的儿童智力低下，并且具有明显的病态性格。

治疗方法：如果孩子还年幼，可以让他们体验火的危险性。同时，应该教育孩子如何谨慎用火。对于年龄较大的孩子，则有必要查明原因并及时治疗。如果确诊是病理性因素，有必要对孩子进行隔离观察，这种情况一般很难矫正。

19．自杀的儿童

自杀或企图自杀的儿童并不多见， 10岁以下的儿童几乎没有这种现象。在自杀和企图自杀的儿童中，男孩自杀的比例比女孩高。在美国，白人孩子比黑人孩子自杀的多，每年大约有50～60名不满15岁的儿童自杀。

近年来，欧美各国的儿童自杀率呈上升趋势，而自杀的年龄却趋于变小。在日本也存在同样的趋势，1955年约有2800名不满20岁的孩子自杀。1976年约有800名（这个数字与11年前的1965年基本持平），相比于1955年虽然大幅下降，然而，从1977年开始出现回升的趋势。在欧洲，法国和丹麦的儿童自杀问题比较多，而英国、瑞士和意大利则比较少。

关于自杀的方式及其比例，欧美国家和日本的情况不同。美国使用手枪自杀排在首位，自缢排在第二位，其他国家为跳楼自杀比较多，而在日本自缢的比例最高。

据调查，儿童自杀的原因多数是想逃避不愉快或惶恐不安的状态。有的是因为家庭环境差，有的是因为身体有障碍或者患有慢性疾病，还有的是不被学校老师所接受，由此产生憎恨而选择自杀来逃避。他们大多想象着：在自杀后，父母肯定会因为失去孩子而悲痛欲绝，肯定会为当初没有给孩子更多的爱而后悔。很多孩子基于这种心情的驱使走上了自绝之路。

但是，还有许多原因不明的自杀行为。我们能否对有自杀倾向的孩子进行事先预测，目前还尚不明了。但是，详细调查的结果表明，我们可以推测这些孩子的独立自主性发展都比较迟缓。另外，也有可能是他们在幼儿时期母子之间的亲密接触较少。

20. 青少年的犯罪行为

成年人受到刑法惩处的行为称为违法犯罪行为或者不良行为。如果18岁以上20岁以下的青少年犯罪行为，就需要适用《少年法》[①]予以惩处。对18岁以下的青少年犯罪则需要相关部门采取各种教育方式、对策以及建立相应的收容设施，对他们进行挽救教育，使他们迷途知返、改邪归正。然而，这些方法并不能从根本上解决青少年犯罪的问题。日本青少年犯罪的数量虽然没有增加，但犯罪性质不断恶

①日本《少年法》是指日本规定对于违法犯罪少年进行处理的程序、措施以及特殊保护的法律。自1922年颁布至今，在经过37次修正后，最新修正案于2014年4月16日公布，6月16日施行。其中2000年、2007年、2014年分别进行了三次较大的修正，在实体和程序法上都向成年案件靠拢，目的在于严惩青少年犯罪。——译者注

化，并且有向低龄化发展的趋势。也有的研究人员对此现状持否认态度。

青少年违法犯罪的种类，轻度的包括有荒废学业、吸烟、离家出走等，严重的则有偷盗、打架斗殴、四处流浪、色情游戏。

究其原因，青少年的违法犯罪是由多种因素造成的。如果对每个案例逐一分析，很难从中找出一个确切的原因。因此，还没有切实有效的对策来防微杜渐。据研究表明，父母关系不和睦以及父母的养育态度欠妥是造成青少年违法犯罪的重要原因之一。在此，我们不能一一举例说明，仅对常见原因进行以下分析。

1）与身体发育及体型的关系

与正常的孩子相比，有不法行为的孩子身体更健壮一些。有研究者认为，根据发生学所提出的体型分类，外胚层体型的少年更容易违法犯罪。还有研究者认为，青少年犯罪的类型因体型的不同也不一样，或者可以从内分泌腺的状态来研究犯罪类型。但是，在目前，这些理论大多还不可信，或者不能视为绝对性因素。不过，在违法犯罪的青少年中患有夜尿症的居多却是事实。

2）与智力的关系

很久以前，人们认为智力低下的儿童或边缘儿童比较容易犯罪。智力测验的结果表明，在犯罪的青少年中大多智力水平相对较低。少年教养院的孩子的平均智商水平，男孩为IQ88.5，女孩为IQ80.6。但是，仅以此数据不足以说明智商低下就是造成青少年违法犯罪的原因。有些研究者认为，智力低下与其说是引起犯罪的条件，不如说是他们被抓获的条件。还有一种理论是，WISC（韦克斯勒儿童智力量表）表明，犯罪儿童往往在语言能力和动作能力方面不平衡，他们的语言能力一般都胜过行动能力。

3）与学习能力的关系

有研究者指出，犯罪的孩子一般学习能力比较低下，他们的学习能力与智力发展之间失去了平衡。最为显著的表现是拒绝上学，经常装病，中途辍学现象较多。而中途辍学与犯罪之间的关联度较高。所以，有的研究者认为中途辍学是导致青少年违法犯罪的原因之一，也可以说是青少年走上歧途的过程之一。

4）家庭的影响

根据调查结果进行的对比发现，有犯罪行为的孩子，其家庭多有这样那样的问题。他们的父母或者患有各种情感障碍，或者精神呆滞，酒精中毒，甚至有犯罪前科。所以，与其说这些孩子是受父母遗传因子的影响，不如说是因为父母对孩子缺乏教育和关爱，使他们走向歧途。总之，这些孩子平时无人管教，缺乏罪恶感的意识。而这些孩子的父母往往对社会毫无责任感，对未来没有计划，即使孩子走上犯罪道路，也丝毫不感到羞耻。因此，这类家庭被称为缺乏道德的家庭。在美国等一些国家，这些孩子多会聚居在火车站附近或城市边缘地区。

另外，他们的家庭不是已经分崩离析就是有某种欠缺。比如，父母离婚或分居。在这种不稳定的家庭环境中，孩子得不到父母的爱，快乐、温馨的亲子关系严重缺失。

这些孩子的母亲都有一个共同特点——对孩子漠不关心。即使她们发现孩子有初期的犯罪倾向，也并没有对孩子提出警示劝告。当然，这类父母对孩子的教育方针从来没有一致性。其父亲的主要表现则是对孩子过于严厉，不了解孩子的心理，常常不分青红皂白对孩子拳脚相加，诉诸暴力。

除此之外，有些在家受到过度保护的孩子也会走上犯罪道路。其原因是由于他们受父母过分的溺爱，从小养成了以自我为中心的性格，加之自我控制能力差，一旦受到诱惑就无法把控自己而走向歧途。

5）与性格的关系

一般来说，这些孩子做事鲁莽，不冷静，攻击性和破坏性强。根据德国的一位研究者的分类研究表明，这些孩子在性格上缺乏意志力，而且不稳定性的特征显著。冲动型或情绪欠缺型性格的孩子也有不少，他们对人或事的态度时常充满敌意，固执己见，我行我素，不懂礼数。

6）与精神病、神经症的关系

在犯罪青少年当中有的患有神经症，但一般来说，犯罪与神经症的关系并不大，患有精神病的情况也不多。

脑电波检查的结果显示，杀人行为与癫痫并无明显关系。但有人认为，在犯罪青少年中，大多似乎有精神病或易患病体质的异常表现。据说，没有明确动机的杀人犯的脑电波是有变化的。但是，也有很多人并不重视脑电波的变化与犯罪行为之间的关系，因为根据脑电波来判明犯罪原因还有其他不确定的要素。

7）与家庭经济状况的关系

有研究者指出，家庭贫困是产生犯罪动机的原因之一，但多数研究者认为贫困并不是主要原因。

8）与文化背景的关系

1942年以后，各个发达国家的犯罪率急剧上升，对此，很多人认为应该从当时的文化背景来思考。首要的原因是新旧文化的冲突，当时，新旧文化的矛盾已经发展到水火不相容的地步，尤其是新文化被认为有向颓废发展的倾向。当然，新旧文化的冲突也是引发亲子间产生矛盾的一大原因。

其次，当时的机械文明使人与人之间的关系日渐疏离。即使在家庭内部，家人之间的关系也逐渐变得冷漠。因此，有研究者认为，发达国家的犯罪率正是在这种背景下不断攀升的。

另外，电视、电影、收音机、杂志等大众传播媒介的影响也不容忽视。当然，这不是助长犯罪的直接原因，家庭成员之间的关系失衡才是犯罪增多的根本原因，媒体只不过是诱因而已。

针对青少年违法犯罪的问题，至今尚未找到切实有效的预防办法。家庭、学校、邻居以及福利机构的相关人员应携手配合，通力协作，一旦发现孩子有轻度的不良行为，首先要寻找原因并及时制订对策。如果是因为缺乏家庭教育，就应该向其父母提出建议，或者把孩子寄养到正常的家庭或者养父母家，儿童教养机构也是很重要的。

作为老师，平时在学校要随时关注每个孩子的行为。如果老师能做到充分了解每个孩子的家庭状况，那么，他们对避免孩子走上歧途将起到重要的作用。

另外，儿童福利机构也应在防止青少年犯罪方面采取相应的措施。比如，让孩子经常参加一些有趣的社团活动。但是，不能因为让孩子参加他们喜欢的社团活动而增加家庭的经济负担，希望政府在这方面给予适当的行政支持。

第4章

在学业方面有问题的儿童

家有小学生或中学生，父母都要面临孩子升学直至将来就业的问题。许多父母都会把自己的希望寄托在孩子身上，他们常常以孩子能获得符合自己要求的成绩而感到满足，若非如此，就会想尽办法提高孩子的成绩，或者请家庭教师，或者上补习学校，有的父母还直接向老师请教如何才能提高孩子的学习成绩。

另一方面，虽然老师希望学生更好地掌握学习方法，以提高学习成绩，但有的父母却对此毫无热情。这类父母会认为“父母本来就脑子笨，将来只要能继承家业就心满意足了”“女子无才便是德”，对孩子的前途似乎从不抱有期望。另外，有些孩子在幼儿时期父母就让他们接受智力测验，而结果不尽如人意，再听专家说“不要对孩子的将来抱太大期望”，于是，父母便灰心丧气，对孩子完全失去信心。在这种家庭氛围中，孩子自己也得过且过，失去了积极努力的意愿。针对这种状况，我们首先应该让孩子对人生充满希望和信心，并激发他们积极向上的学习热情，这种热情将贯穿人的一生，极其重要。

老师以及儿童教育专家在与孩子的父母接触时，要有意识地了解他们是否对孩子的未来抱有希望，或者了解他们希望孩子将来成为怎样的人，这对研究孩子的精神状态很重要。

望子成龙心切的父母都希望自己的孩子能在学业上取得优异的成绩，希望他们能有自觉主动的学习态度，当孩子的成绩不理想时，便责备孩子："如果平时再多用功一些就不至于考出这样的成绩……"老师也会说："如果在家多用功，成绩肯定能提高。"用这类言辞来刺激孩子。

然而，如果父母的期望超过了孩子的能力范围，孩子就会被学习的重负压得喘不过气来，表现出身心容易疲劳，陷入注意力不能集中、躁动不安的状态。但是，父母却一味地认为"只要静心学习，就能取得好成绩"。他们经常对孩子反复唠叨，而且，有的父母为了让孩子能够静下心来投入学习，让孩子长时间坐在桌前练习静坐功，他们认为只要进行这种练习，孩子就能安静下来。殊不知，如果孩子对学习毫无兴趣，面对"静坐"反而如坐针毡，使他们压力更大，更躁动不安。

上述的教育方法显然是错误的。首先，我们应该思考怎样才能提高孩子的学习兴趣。当他们取得好成绩时要给予适当鼓励，以增强他们的自信心。其次，还应该注意不能为了单纯地取得好成绩而超越了孩子的能力范围，以免打击他们的学习积极性。

为了增强孩子的自信心，这里介绍一种"百分训练法"。具体方法是：以小学3年级为例，让3年级的学生做1年级的练习题，反复训练直至全部正确，取得100分为止。在做练习的过程中，可以不去计较他们出现的错误，只对正确的部分给他们打100分，这样便可以增强孩子的自信心。要有这样一种观念：如果不看错误的部分，孩子永远都是100分。在过去的教育中，老师总是把重点放在打“×”的错误部分，总是想办法纠错，直到孩子能正确理解为止。这种方法虽然不错，但却会使孩子失去自信，产生自卑感。“百分训练法”则是与此相反的教学方法。

同时，我们还应该把目光转向孩子的人格培养。对没有积极性或情绪不稳定的孩子，我们必须认真寻找原因。积极性与独立性的发展有着密切的关系，情绪是否稳定则与亲子关系的好坏密切相关。因此，要充分了解孩子的生活经历，如果发现孩子缺乏积极性或情绪不稳定，就需要帮助孩子纠正，以培养孩子独立健全的人格。

日本的小学教育制度无视孩子的具体情况，没有去尝试了解每个孩子的状态及生活经历，也没有考虑因材施教，一律进行统一的教育。老师授课的着眼点总是放在提高学生的平均能力，达到这一平均水平的学生自然能顺利地通过考试继续学业，而达不到要求的学生却因跟不上课程进度成为“落后生”。对这种教育方式，即使是在平均能力以上的优秀学生都会常常陷入不适应的状况。授课内容枯燥乏味、知识面狭窄，会给孩子的成长带来许多后患，有的还会成为产生问题行为的原因。教学方法不当必然会让孩子在课堂上出现“坐立不安”“和同桌窃窃私语”“走神、发呆”等现象。作为老师却既不寻找原因，也不反省自己的教学是否有问题，而是批评甚至体罚孩子，其中不乏有更严厉的惩罚。然而，惩罚是无济于事的，只要课程内容与孩子自身的能力不相符，问题就得不到根本的解决。

试想，如果让我们成年人去听一场让人难以理解的讲座，我们肯定也会哈欠连天，或者跷二郎腿，或者身体扭来扭去浑身不舒服，听不多久就会进入梦乡。

如上所述，孩子的学业不理想有许多原因。下面，我们就主要分析孩子学习成绩不好的原因。

1. 学习成绩不好的儿童

学习成绩提不高的原因，是否是因为智力发展迟缓造成的呢?

在日本，弱智儿童的智商指数IQ一般都在75以下，因此，如果孩子的智商指数低，学习成绩又差，有的老师就会劝其父母尽快把孩子转到特殊班级学习，使其父母陷入深深的不安之中，甚至还会引起他们与孩子之间发生诸多争执。作为老师，难道只相信智商测试的结果吗？真正称职的老师应该仔细分析学生成绩不好的原因，他们是否缺乏学习积极性？是否与情绪不稳定有关？或者还有其他一些原因。

学习成绩不好的儿童总会有一些问题行为，他们或者情绪不稳定，或者缺乏学习热情。对此，我们有必要从另一个角度来思考。对孩子的紧张不安情绪，我们仅采取单纯的鼓励或批评是不能解决问题的，有时还会适得其反，使孩子更加厌学或者产生其他问题行为，形成恶性循环。如果我们不理解他们，当孩子再次表现出问题行为时，就会对他们加倍地批评、斥责，而这样做的结果，只能是令孩子越来越迷茫痛苦。处于这种状态的孩子有很多，令人难以置信。如果老师与家长齐心协力，在关注孩子情绪的同时，多鼓励孩子，多去发现孩子的优点，并创造机会让他们发扬和巩固这些优点，就会有效地帮助孩子爱上学习，逐步提高学习成绩。

针对弱智儿童，我们则需要实施与其智力水平相符的教育。老师要充分了解他们的智力程度、特殊才能和性格特征，同时，还要安抚他们的情绪，并让他们保持稳定的状态。在此基础上，对他们因材施教，鼓励他们在学习时集中注意力。按照这种办法坚持下去，至少有部分孩子的状态会有所改善，学习成绩也自然会提高。

有些孩子被称为“边缘儿童”，智商指数在75至90，介于正常儿童和弱智儿童之间。

“边缘儿童”的理解能力较差，在学习方面总是跟不上老师要求的进度。父母和老师热心帮助他们，反而加重了他们的负担。结果，孩子总是被批评，甚至被体罚，导致孩子产生强烈的自卑感。有的孩子听到老师点名都会感到恐惧。这种状况就如同没有特殊才艺的父母或老师在宴会等公众场合，被点名要求展示才艺时的心理一样，而孩子可以说是每天都处在这种精神紧张的状态中。

上课时，如果孩子总不能理解授课内容，就跟不上课程进度。所以，他们常常心不在焉，东张西望，胡思乱想，在桌子上不是涂鸦就是用小刀刻字。这些小动作如果被老师严厉禁止，他们只好漫不经心地在笔记本上涂写乱画。这种心境与大人们参加一个乏味会议的感受是没有区别的。

孩子处于这种状态时，有的老师会故意提问孩子，孩子当然回答不上来，令孩子感到非常难堪。这样的老师应该说是比较残忍的。另外，有的家长经常拿孩子与其他兄弟姐妹或者其他孩子进行比较，指责他们成绩差，这样也会伤害孩子的自尊心，使他们产生更强的自卑感。

综上所述，我们必须认真分析孩子的智商是否正常，智商低的原因是否与情绪或积极性相关。尤其值得注意的是，孩子有无学习的积极性会严重影响他们的学习成绩。

德国学者曾经对这类儿童进行过研究，他们把上小学1年级的学生编入“学校幼儿园”（Schul-kindergarten），一边观察孩子们的状态，一边进行适合每个孩子特点的、有针对性的教育。特别是英国，考虑到每个孩子的发展速度各不相同，从提高每个孩子能力的教育理念出发，小学前三年并不划分年级，而是采用自主选课制度（不定型教育，informal education）。有些孩子在前两年对数学不感兴趣，可能到了第三年才开始对数学产生兴趣，有的孩子用一年的时间就能完成需要三年时间才能掌握的全部课程。

总之，如果我们对学习差的孩子放任不管，孩子的自卑感就会逐渐增强，一直伴随到高年级，使他们成为彻底的落后生。如何帮助孩子走出这种困境？这是一个需要我们思考的问题。在孩子听课困难，没有充分理解课程内容的情况下，还让他们升入高年级，课业只会越来越困难。父母和老师如果再不停地说教“要好好学习”，其结果必然使他们完全失去学习兴趣。

有些孩子尽管学习成绩差，但进行智力测验后，发现他们的智商高得出人意料。那么，这些孩子为什么没能充分发挥自己的能力呢？我们要认真分析其原因何在。

原因之一是家庭成员之间的关系不和睦，特别是父母之间的矛盾会给孩子带来很大的心理负担。他们有时会显现出无精打采和疲劳的神情，无心投入学习，从而导致成绩一落千丈。有的孩子还会因此心神不宁，学习成绩下降的同时，身心还会出现异常状态。对此，我们应及时了解其家庭环境。

其二，父母不论谁生病，或者家里老人重病在床，使家庭陷入极大的不安之中，孩子也会受此影响而成绩下降。为了让孩子尽快摆脱这种心烦意乱的困境，希望老师能出面与家长积极沟通，尽快找到解决问题的方法。

其三，有些孩子智商较高，但由于和老师的关系不协调，学习成绩并不理想。如果孩子属于胆小怯懦或神经质儿童，当他们面对那些威严的老师，或者对孩子的人格做出片面评价的老师时，他们就会感到深深的不安和莫大的委屈。另一方面，如果父母在家总是教育孩子在学校要做“懂礼貌、尊敬老师”的“好孩子”，他们在老师面前就会更加紧张，唯恐老师对自己的印象不好。所以，要帮助这些孩子搞好学习，就必须了解家长是如何教育孩子面对老师，以及老师对孩子的评价，家长又是持怎样的态度。而作为老师，也应该考虑如何与学生相处融洽，以便得到学生的理解和信任。

其四，老师对学生家庭的印象会直接影响对孩子的看法。尤其是如果老师对孩子母亲的印象不好，自然就会对孩子产生偏见。当然，有时因为母亲存在某些问题，也会导致孩子的学业不振或出现问题行为。但是，如果因为母亲的原因就对孩子做出负面评价，对孩子未免太不公平。即使母亲存在种种问题，孩子同母亲之间也有过不愉快的经历，但孩子都是崇拜老师的，老师对孩子应该始终抱以同情的态度。有些孩子仅仅因为母亲与老师之间的关系得到改善，老师对孩子的评价也有所改变，他们的学习成绩就明显有所提高。

其五，有些孩子由于缺乏理解能力或是“左撇子”而导致学习成绩差。有语言障碍的孩子也是如此，尤其是“口吃”的孩子。还有些孩子因为不擅长数学计算，学习成绩也不好。相关内容我们将在后面的章节中介绍。

其六，身体出现问题也会影响孩子的学习成绩。如果孩子在视觉方面有缺陷，因为近视、远视、散光、斜视等问题，会使孩子不能充分发挥读写能力。这种情况远比我们想象的要多。因此，老师应高度重视学生每次的体检结果，孩子的学习成绩不理想是否与听力、视力有关，家长一定不要怠慢。

有轻度脑障碍或手足麻痹、颤抖的儿童，由于行动不便而产生自卑感，进而变得胆小怯懦，学习成绩因此受到影响。

患有癫痫病的孩子往往会在意想不到的时候突然发作，使他们的注意力不能集中，导致学习成绩下降。这是因为癫痫病的发作使智力下降，还是由于情绪不安或所服药物的影响导致学习成绩下降，还需进一步研究（参照第253页）。

患心脏病、哮喘或其他慢性疾病的“虚弱儿”，常常因病不能上学，还经常容易疲劳，因而他们缺乏努力学习的意志。所以，我们要在鼓励他们战胜病魔的同时，思考如何提高他们的学习积极性。

有些孩子进入青春期后就会开始注意自己身体所发生的变化，头发是否卷曲，颜色是否好看，皮肤上是否长了黑痣或者疣，并且对高矮胖瘦等发育问题也特别敏感。注意力一分散，在学习上就不如从前那样用功了。出现这种情况主要是由于他们的独立性发展迟缓造成的。

还有不少孩子是因患鼻炎或其他鼻病，特别是“鼻塞”有碍于注意力的集中，同样会导致学习成绩下降。当然，这不能一概而论。另外，扁桃体增生或肥大与学习成绩下降并没有直接关系，这类淋巴系统的器官增生和肥大，一般认为是学龄期孩子发育的生理现象，不能期待手术治愈后学习成绩就会立刻提高。值得注意的是，扁桃体肥大症和增生可能会影响孩子的听力，扁桃体炎反复发作还会因经常休病假而缺席上课。如果患肾炎住院也会影响到学业。

父母如果一心想让孩子取得好成绩而一味地督促他们，反而会给孩子增加压力，使他们的情绪难以稳定而无法专心学习。人在教室听课，耳边会不时响起父母激励的声音，每当此时，孩子就会更加焦躁不安或者走神发呆，根本听不进老师讲课。

其七，在家受到过度保护的孩子，学习成绩也容易受到影响。这些孩子的特征是，语文和历史的成绩较好，数理类的成绩不理想。这是因为他们常常宅在家里闭门不出，让母亲或家人给自己读书、讲故事，因而经常与大人交流的机会比较多，读书和写字的机会也比较多。但另一方面，他们很少独自一人到外面花钱买东西。据说缺少社会经验与数学成绩息息相关。有研究表明，被放任不管的孩子，阅读能力稍显逊色，而计算能力就更差了。但是，这类被放任不管的孩子与受到过度保护的孩子相比，学习成绩还是要好一些。

此外，在学习成绩不好的孩子当中，有些是由于为了帮助父母分担家庭的经济负担，在家没有时间学习，所以影响学习成绩。这些孩子即使有能力、想学习，也因为家庭的原因不能享有充足的学习时间。不过，这种情况较从前已经大有改善。

以上，我们从各个方面对造成孩子学习成绩不好的原因进行了分析。孩子学习成绩不好不能简单地归结为“脑子笨”，就对他们放任不管。老师和家长应该从多方面帮助孩子找原因，并在此基础上及时采取切实有效的对策，多鼓励孩子，让他们发挥出自己的学习潜力，争取提高成绩。

2. 对“边缘儿童”的特别分析

从智商的角度来看，不少孩子属于边缘儿童。但是，对边缘儿童究竟采取怎样的教育方式，目前还没有恰当的对策。在学校，通常都是以学习成绩的好坏来评价一个学生的优劣，这就使许多孩子因成绩不好而产生强烈的自卑感，有了自卑感成绩就更难以提高。上课时跟不上课程进度，成绩愈加落后，结果导致孩子情绪不稳定，在课堂上时常东张西望，甚至搞恶作剧。这些行为一旦被老师发现又免不了挨批评。长此以往，孩子被贴上“不受老师欢迎的学生”的标签，进一步加深了自卑感。在这种恶性循环中，孩子对上课内容不感兴趣，又不能调皮捣蛋，犹如被关进了牢笼。

对身体强壮的边缘儿童，应帮助他们摆脱自卑感。比如在参加体育运动时，让他们担任主力队员，或者在摔跤场上施展威武。如果孩子将来的梦想是成为“运动健将”，我们应抓住此良机，对他们予以鼓励和赞扬，让他们产生“优越感”，摆脱自卑情绪，增强自信心，为提高学习成绩打好基础。然而，偏重知识教育的老师和父母不但不给予鼓励和支持，还用“光会做体操有什么用”的态度给孩子泼冷水，说什么“学习不好，将来做什么都不行”。孩子受到如此斥责，对学校生活完全失去兴趣。有些孩子失去上学的积极性，表现出“脐疝痛”和“疲劳乏力”等身体症状。所以，老师和家长需要对这些孩子多鼓励，不断发现他们的长处，使他们在班级内得到认可。比如，有些孩子擅长绘画和手工制作，就应该让他们参加能发挥其长处的班级活动，以促进他们成为积极上进的孩子。有些人担心如果只让孩子去发挥特长，就会荒废其他学业。恰恰相反，通过发挥孩子的某些特长，增强他们的自信心，会达到稳定情绪的目的。在此基础上，再对其他学科进行指导。所以，发挥特长与全面发展是相辅相成的，希望不要误解全面发展的含义。

目前，由于尚未制订出针对“边缘儿童”的切实有效的教育对策，许多边缘儿童对学习不感兴趣，加之懒惰，他们经常沉溺于低级粗俗的东西。随着年龄的增长，有的孩子还会误入歧途。特别是家庭环境有问题而得不到父母疼爱的孩子，很容易走向犯罪的边缘。

我们应尽快为边缘儿童制订出相应的教育对策，在学校为他们创造一个情绪稳定的学习环境。尤其是老师，应该努力研发一些有针对性的教学方法，还要善于发现他们的长处。这里所说的边缘儿童是以智商指数为划分依据的，但智商检查的结果是否准确可靠，还需我们进一步分析。因此，我们希望父母和老师都要用发展的眼光来看待这些孩子，不能再用一成不变的固化观念束缚孩子的发展。

3．荒废学业的原因

这里所谓的“荒废学业”是指对学习毫无兴趣，缺乏热情，经常迟到早退，或者貌似去上学，实际上在半路又跑去别处玩耍。这种情况与明确表示拒绝上学是有一定区别的。

1）在家被放任不管的儿童

有的父母双双在外工作，无暇照顾孩子，孩子放学回家后家里空无一人，他们倍感孤独寂寞。当然，这种家庭对孩子的在校表现也是不闻不问，漠不关心。

特别是家境贫穷的孩子，他们由于衣服破旧而感到自卑，因而经常逃学，造成学业荒废。

有的家庭因为孩子多，母亲整日忙于家务，几乎没有时间照顾孩子；有的家庭因为母亲去世或者父母离异，孩子由父亲抚养，但父亲忙于工作也无暇顾及孩子的教育问题。针对这些家庭的孩子，应从儿童社会福利的角度想办法创造条件，使他们得到应有的照顾。比如，把孩子送到社会福利养育机构，或者为孩子寻找有正常家庭环境的养父母。

有这样一个案例，父母长期居住在国外，孩子被寄养在亲戚家，只能得到形式上的照看，而得不到父母至亲的关爱，因此导致孩子的情绪不稳定，经常逃学旷课。后来，换了一个疼爱孩子的叔母来照顾他，逃学旷课的情况就完全消失了。

2）智力有问题的儿童

心理发育迟缓是儿童逃学旷课的一大原因。由于他们在课堂上听不懂讲课内容，跟不上课程的进度，老师又不顾他们是否能理解消化，只管推进课程。因此，他们对这种一天要占去他们一半时间的学校生活会感到乏味无趣，毫无快乐可言。为了改变这种状况，我们应该分析他们的心理发育迟缓的各种原因，并制订相应的对策。边缘儿童也常常会陷入同样的状态。特别是老师如果对落后的学生放任不管，他们当然会对学校生活失去兴趣。另外，如果父母此时再不断地责备“为什么不好好学习”“其他兄妹学习都好，就你不行”，这样的言辞会更让孩子感到学校生活如负重荷。

有的父母为了让孩子考上有名的私立中学，特意把孩子安排到授课标准要求高的班级去学习。可是孩子的成绩反而逐渐下降，结果孩子不被老师认可，朋友也随之减少。于是，孩子便不想上学，经常旷课。对这种产生自卑感的孩子，我们可以设法让他转学。在新的环境中，孩子可以重新获得老师的认可，结交新的朋友，他们便会逐渐恢复对学校生活的兴趣。有的孩子转学不到半年时间，学习成绩就有了明显提高。

另外，智商高的孩子也有逃课的现象。对于这些孩子而言，单调的、千篇一律的课程让他们觉得乏味，满足不了他们的求知欲。他们在课堂上常常与老师对立，或者小动作不断，被老师批评“狂妄自大”。他们的自尊心因此受到极大的伤害，对学校生活产生厌倦，进而开始逃学旷课。有几个智商较高的中学生，因为上课时不遵守纪律被老师批评，他们就群起反抗，对老师采取抵触或攻击性行为。于是，老师把他们的父母叫到学校谈话，称他们的孩子不服管教，甚至说他们会成为“不良少年”。这几个孩子在老师和家长的双重压力下，不得不谨言慎行。其实他们口服心不服，并以旷课的消极方式来表达对老师的不满。后来，家长把他们转到了新的学校，那里的老师在肯定孩子的优点后，孩子的实力得到了良好的发挥。而且，新伙伴也十分佩服他们，有的孩子在第二个学期还被选为年级委员会的委员，还有的孩子在升入高年级后为新的班主任充当助手，情绪逐渐恢复稳定，并开始和伙伴们一起玩耍。孩子是无法根据自己的意愿选择老师的，因此，老师必须关注每一个学生，努力发现每个学生的优点。否则，老师就会成为众多学生发泄不满的“人质”。

以上，我们介绍了孩子在学校生活中所处的立场，即老师是如何评价学生的、学生希望得到老师怎样的评价。由此我们可以知道，每个孩子不管能力如何，都强烈渴望自己能够被老师认可，并得到老师的表扬。对此，老师应该如何评价学生就是关键所在。如果一个学生得到老师的认可和表扬，往往可以使其他同学对这个学生产生好的印象。相反，如果老师指责一个学生，其他同学也会与老师保持一致的态度，使这个孩子在班里成为被蔑视的对象。所以，老师无论对哪一个孩子都应该给予充分肯定，认可他们的长处，让孩子感到自己的学校生活快乐而有意义。因为每个孩子肯定都有各自的优点。

3）学生与老师的关系不融洽

有研究指出，如果老师严重偏心或者用权威恐吓学生，那么，这个老师所在的班级的学生就容易有逃学旷课、不认真学习的现象。学生究竟需要得到老师怎样的评价呢？有的孩子希望在体育、绘画、手工制作方面能得到老师的好评，有的孩子敢捉其他孩子不敢碰的毛毛虫，如果老师能称赞他有胆量，他会引以为豪。总之，那些优点得不到老师和伙伴们认可的孩子，大多会逃学旷课。这种情况下，老师就应该扮演主角了。

4）贪玩的儿童

这些孩子对学习以外的东西感兴趣。比如，有些孩子觉得钓鱼和游乐场很有趣，为了存钱去玩，他们经常旷课去拾废品卖钱。这些孩子在家往往被放任不管，他们的要求总是得不到满足，因而对学习以外的事情产生兴趣。此外，他们的学习热情不高，成绩也不好，在学校得不到老师的认可。

4．假性弱智儿

具有正常智力，但却极易被误诊为弱智儿的孩子，我们称为“假性弱智儿”。被医生和老师送到我们这里来的弱智儿中，常常会有这样的孩子。我们认为多数原因在于智力测验的不完备。除此之外，有的则是因为孩子缺乏情绪表达能力，或者有部分障碍而表现出弱智症状。

1）智力测验的失误

智力测验的疏忽大意常常导致误诊，给孩子们带来很大麻烦。特别是当父母得知孩子智力低下的测验结果，都会失望、难过至极。因此，我们要充分完善智力测验时的条件。下面，我们就来分析造成误诊的原因。

第一，实施智力测验的工作人员的问题。缺乏经验的工作人员往往在提问的方式方法上不得要领，使孩子接受测验的状态不佳。在日本，除专家对儿童进行智力测验外，有时会由学生们相互进行，其结果的可信度就可想而知了。

由幼儿园或学校老师负责的智力测验，其结果同熟练的工作人员得出的结果常常是有出入的。如果孩子是自己班上的学生，有的老师还会给出提示，以诱导孩子回答，用这种方式测定的智商就非常高。有的幼儿园进行智力测验，同龄孩子的平均智商指数在150左右，最高达200以上。这种结果几乎是不可能发生的。

第二，根据儿童在智力测验时的精神状态，测试的结果也会有很大浮动。如果工作人员不是十分专业、熟练，无法与孩子亲近，比较胆小怯懦的孩子就常常无法展现本身所具有的能力。此外，对那些“好动”的孩子进行智力测验时也要引起特别注意。

为了使测试结果更真实有效，针对以上类型的孩子，我们有必要对他们进行充分的游戏观察，了解他们的行为特征，以掌握他们的基本情况。

对3岁以下儿童所作的智力测验结果，其准确性一般都较低。因此，我们并不能把这类检查称为智力测验，它只是检查孩子的智力是否正常发育，应该称为“智力发育状况的检查”。所以，在告知家长检查结果时，应仅限于告知父母孩子目前的智力发育状态，而不能预言孩子未来的状况。

有时，人们根据新的智力测验方法来衡量智力水平，但是，信赖仍在实验中的测验方法是很容易导致误诊的。协助实施测验的工作人员虽然很重要，但不应将结果告知家长。

2）缺乏情绪表现能力的儿童

如果孩子在3岁以前很少得到父母身体的抚爱，或者父母很少陪伴孩子玩耍，孩子一般都会缺少情绪表现能力。此外，辗转寄养在亲戚或熟人家的孩子，以及在婴儿院或养育机构长大的孩子也是如此，他们就是所谓医院病较强的孩子。由于这类儿童在接受智力测验时的态度比较消极，因此很容易被误诊为“弱智儿”。

3）在不正常环境中成长的儿童

在“假性弱智儿”中，有的孩子被父母放任不管，而有的父母几乎没有让孩子接受过正常的教育。对这些儿童进行智力测验时，如果测验项目中包括有关受环境影响的发育要素，由于他们在这方面有所缺陷，其智商指数都较低。

此外，有轻度视觉、听觉缺陷的孩子，如果放任不管，不采取积极的补救教育措施，也会造成同样的结果。

有些体弱多病的儿童，长期与老人一起过着非常平淡消极的生活，老人以看书伤眼睛为由而不让孩子看书等等，这种孩子也会被误认为是弱智儿童。

4）运动能力发育迟缓的儿童

儿童的心智发育与运动及语言能力的发育有很大关系。在弱智儿童中，运动能力以及语言能力发育迟缓的现象相当明显。值得注意的是，孩子在出生时因缺氧症等原因导致脑障碍，仅在运动机能的发育方面表现迟缓，其他方面的发育均属正常。

5）语言表达能力发育迟缓的儿童

有些儿童说话比较晚，3岁依然吐字不清，常常会被怀疑是弱智儿。但是，对这类儿童的诊断必须格外慎重。因为有的孩子在3岁3个月前只能说3～4个词语，而后来的语言能力却急速提高，很快就达到与正常儿童一样的表达能力。这种情况称为“单纯性语言能力发育迟缓”。另外，多数自闭症儿童的语言发育也比较迟缓，应充分观察他们的行为表现，然后再做诊断。

有些“左撇子”儿童的语言发育也比较迟缓，还有些双胞胎也是同样，给他们做语言性的智力测验时，结果都非常差，而有关动作性的智力测验指数却很高。

6）视力、听力发育不健全的儿童

视力和听力发育不健全的儿童，在接受智力测验时，由于他们容易看错或听错测验的内容，所以很容易被误诊为弱智儿。

7）患癫痫症的儿童

据说，在智力发育迟缓的癫痫症儿童中，有大约25%的儿童属于假性弱智儿。这是因为孩子患有癫痫症，家人以及孩子本人感到自卑，孩子经常闭门不出。另外，由于害怕发病而对生活采取消极的态度，从而妨碍了他们的思考能力。而为了治疗所服用的药物也会有一定的副作用，因此，服药也需十分谨慎。

8）甲状腺功能低下的儿童

黏液性水肿或克汀病一类的疾病，由于症状较明显，很容易确诊。但是，对甲状腺功能低下的诊断却很困难。所以，这种疾病在幼儿时期如能及时发现，并及时给予治疗，就能预防智力发育迟缓的问题。因此，早期诊断极为重要。

有的儿童骨骼发育明显迟缓，骨骼生长情况较差，血液中的胆固醇含量高。由此，我们可以判断他们的基础代谢存在障碍。另外，可以观察这些儿童的容貌及头发的光泽是否有所减退。总之，这类情况应尽早做医学检查，以便及时让患儿服用甲状腺制剂进行治疗。

9）苯丙酮尿症

许多患儿在出生4个月后就被诊断为智力发育迟缓。他们往往表现为周围的人无论怎样逗弄，也没有多大反应，而且极易躁动不安。其中大约有三分之一的患儿会发生痉挛，脑电波也显示有异常。

这种疾病目前可以通过血液检查尽早发现。如果确诊，可以给孩子进行食物疗法。比如，喂食特殊奶粉进行治疗，可以有效预防智力发育迟缓。

苯丙酮尿症是由先天性新陈代谢障碍引起的。此外，造成智力发育迟缓的新陈代谢障碍症还有其他3～4种。

10）小儿自闭症

小儿自闭症往往被误诊为弱智。这是因为这些孩子的语言能力发育明显迟缓，不适应精神发育检查所造成的。但是，他们的运动机能的发育一般都比较好，对感兴趣的事物就能充分显示出能力，尤其是记忆力强的孩子比较多。另外，有些自闭症儿童的手很灵巧。这类儿童一般不与他人进行眼神交流，对他人漠不关心（参照第257页）。

11）患脑水肿的儿童

根据头部外观和头围的测定值大致可以对患儿做出诊断，但是，由于患儿的头围值与正常儿童很接近，根据外观很难准确判断是否患有脑水肿，需要参考机能学、X光片检查、CT扫描的检查结果才能确诊。但是，如果测定值处于边缘值，即使是专家也难以判断。由于患脑水肿的儿童行动非常缓慢，在规定的时间内进行智力测验，结果必然会很糟糕。有时需要为他们花更长的时间进行测试，才会获得较理想的结果。

12）出生时或出生后曾患脑部障碍的儿童

婴儿在出生时或者刚出生后，由于脑缺氧或头部外伤的原因造成脑部障碍，就需要引起特别注意。一旦脑部遭遇障碍，即使智力发育正常，在运动机能方面也会表现出轻度障碍，在出现明显的发育迟缓症状之前，会表现有各种后遗症。因此，对于有明显或不太明显的智力发育迟缓症状的儿童，不能一概诊断为弱智儿。因为，在这种情况下，他们在智力机能和运动机能方面处于难以表现的状态。当受障碍的这部分机能得到恢复后，发育速度就会迅速提升。另外，大脑系统中未受损的脑部区域还可以代替受损部分发挥积极的作用。

5. 有语言障碍的儿童

有语言障碍的儿童，由于表达能力受到极大限制，因此，对这些儿童进行智力测验，得到的结果就很不理想。那么，是什么原因造成语言障碍的呢？下面，我们就来简要分析其原因。

1）有听力障碍的儿童

儿童的轻度听障通常都不容易发现。如果孩子处于幼儿期，我们可能会把听障的原因归结为语言发育迟缓。如果是进入学龄期的儿童，则把他们当作智力发育迟缓来对待。这是因为智力发育过程中有很大程度需要依靠听觉来刺激，有听障的儿童自然就会受到影响。

儿童听力障碍的程度与类型，可以通过使用听力检查仪来判断。对幼儿进行这种检查，精确度一般都比较高。但是，我们平时仍然需要仔细观察他们的行为，随时发现可能存在的听力异常情况。

2）有感觉性失语症的儿童

这类儿童虽然耳朵能听到声音，听力正常，却难以将听到的声音转化为语言加以认知，也就是说不能理解别人说话的含义。在读书、写字方面也存在障碍，时常想不起来常见事物的名称。

造成感觉性失语症的主要原因，在于大脑系统中各区域间的联系存在障碍。这种症状一般比较少见。

3）有脑性麻痹或其他原因的儿童

患有脑性麻痹的儿童主要表现为四肢不灵活，并且语言存在障碍。除此之外，由于各种脑炎或髓膜炎的后遗症，以及面部神经麻痹、肌肉麻痹、短舌、兔唇、狼咽的原因也有可能导致语言障碍。

因此，我们有必要根据不同的原因实施医学治疗，同时，配合相应的语言治疗也是非常重要的。这些治疗都需要较长时间。

4）说话太快的儿童

这类儿童由于说话太快，别人往往听不清楚他们说话的内容。幼儿期症状还不太明显，随着年龄的增长，这种症状就会变得愈加明显。有的儿童甚至会变得口吃。对此，应该在他们上小学后，让他们坚持练习缓慢朗读，以便矫正。

一般来说，对语言理解有困难的儿童，在面对新环境或陌生人时内心深感不安。长此以往，他们就会变得胆小怯懦。这种状态严重影响了他们对外界新鲜事物的学习。有的父母对此不仅不积极帮助孩子，反而产生自卑感，既不愿让孩子出门，也不愿让孩子在客人面前出现。加之父母对孩子的过度保护，从外表看上去越来越显现出智力发育迟缓的特点。

相反，如果强迫他们进行语言训练，只能进一步加深孩子的自卑感。不少孩子因此对说话产生抗拒，有些孩子会突然暴怒。比较理想的方法是，让他们加入人数较少的集体，循序渐进地进行语言训练。还可以利用语言障碍儿童康复中心，让孩子在专业教师的指导下接受治疗。

6. 书写有困难的儿童

有些儿童尽管智力正常，但写字时常常反着写（镜像字），或者写字不规整、写字的速度非常慢，还有的孩子写字笔画清晰，抄写也没问题，但却不擅长听写，并且有阅读障碍。

有些儿童在小学低年级时就写镜像字。据美国学者的研究表明，书写镜像字的儿童概率为0.04%～0.5%。研究称，这类儿童基本上是左撇子，他们从左到右写字比较困难，而从右到左书写却很容易。但是，我们认为写镜像文字的儿童并不仅限于“左撇子”儿童。

当这类儿童从开始学习写字时，我们就应该注意培养他们认真写字的习惯。如果刚开始写字是用摹写的方式，就需要特别注意防止他们写镜像字。

强制“左撇子”儿童从左到右写字，往往会让他们感觉很困难，而且，使用左手写字的时间越长就越难纠正。我们在指导孩子写字时，要特别注意教导方法和言辞，以免让孩子产生自卑感，至少不要让孩子觉得用左手写字是难堪的事情。现在，教育界有许多观点认为，如果孩子使用左手更为方便就应顺其自然，不必强迫矫正。

有些儿童写字的方向不统一，字迹极其潦草，时常自己都无法辨认。相关原因目前尚不明确。

有研究发现，对于这类书写有异常的儿童，一般男孩比女孩多。此外，在同一家族中，有不少同为书写困难的人。所以，研究者认为书写困难可能具有遗传性，目前，这种观点尚无定论。

我们在指导这些写不好字的儿童练习写字时，尤其要富有爱心和耐心，要不厌其烦地教他们正确写字的方法。可以给孩子规定每天练习写字的时间为10～15分钟，每次练习时间不宜过长，即使在休息日也要坚持练习不要间断。在指导过程中，如果孩子不愿意写字就不要强迫，特别是强制孩子站到黑板前写字，会使他们的自卑感增强。在考试测验时，如果以口头形式来进行，孩子的成绩可能会比较好。

7. 计算有困难的儿童

读写能力较弱的儿童，在低年级时计算能力并不差。但是，当他们升入高年级后，就会感到计算困难了。主要表现为读数字比读语句更吃力，甚至对数学题的题意都不能理解。

在家里受到过度保护的儿童在读写方面能力较强，但在算数能力方面却有欠缺（参照第305页）。

除此之外，大脑有器质性疾患或患有癫痫症的儿童，他们的数学成绩很不容易提高。对此，我们应该分析孩子数学成绩不好的原因是疾病本身造成的，还是由于身患疾病而产生自卑，或者是由于家庭给予过度保护而引起的。

8. 弱智儿童

弱智儿童是指由于各种原因导致智力发育迟缓的孩子。为了便于理解，我们将智商指数在75以下的儿童定义为弱智儿童。这个界限原本是没有的，主要是为了区别于假性弱智儿童。据调查，智商指数在75以下的儿童占同龄儿童的1%～3%。在日本，18岁以下的青少年中，这类孩子的实际数量高达30万人以上。也有学者对此数据持怀疑态度，因为他们认为，有不少孩子是受各种环境的影响而导致智力发育迟缓的。

当弱智儿童和普通儿童做同样的事情时，弱智儿童可能会有种种问题行为。比如，大家一起坐在饭桌前吃饭，他却坐在那里发呆不吃饭。当大家要去其他教室上课时，他却一动不动，有时还会在课堂上来回走动，影响上课秩序。虽然这些孩子智力迟缓的程度或问题行为的类型各不相同，但对于负责一个班级近40个孩子的老师而言，确实是件比较头疼的事情，而且他们在班里接受不到与自身能力相符的教育。另一方面，如果老师把精力过多集中在他们身上，那么，其他孩子就不得不为此做出牺牲。

近年来，已有越来越多的人开始关注如何救治弱智儿童的问题。一般认为，要治愈弱智儿童需要注意以下几方面。

第一，在孩子被诊断为弱智儿童之前，首先应该从教育的方式方法上下功夫。为此，需要了解他们的各方面情况以及生活经历；其次，让他们与正常儿童进行交往，以此促进他们的智力发育；再次，对正常儿童的教育，需注意培养他们关心、帮助弱智儿童的社会意识。

另外，可以增设特殊班级。比如，一个班级的人数设定在10人以内，人数较少便于老师对弱智儿童进行个别指导。通过增设特殊班级，可以使那些受到冷落的孩子也能接受良好的教育。目前，针对弱智儿童的教育虽然已采取了相应的措施，但仍需进一步完善。

我们还应该注意到，如果孩子受到与其自身能力不相符的教育，他们小小年纪就会感受到人际关系的冷漠，造成人格的扭曲。比如，在教室里常常被人鄙视的孩子，他们的眼神往往黯淡无光，自卑感极强，行为动作萎靡不振。我们不应该让这些孩子陷入如此境地，不能对此置之不理。

对于弱智儿童，我们可以分为两类来考虑：一类是单纯的智力迟缓。他们很少有让老师和父母头疼的行为；另一类是问题行为较明显的儿童。他们常常坐立不安，说一些让人摸不着边际的话语，有时会把纸张撕碎，做出一些莫名其妙的行为，或者经常不明原因地逃学。对于后一类孩子，我们有必要考虑他们是否是自闭症儿童。

弱智儿童还可以划分为原因明确的弱智和原因不明的弱智两种类型。下面，我们就弱智儿童产生的原因加以分析。

1）遗传

曾经有学者就弱智儿的遗传因素，对各种家族遗传问题进行了大量的研究。研究认为，造成弱智的因素潜伏于遗传因子，即染色体当中，并以卡利卡克家族为例，强调了遗传的观点。所谓卡利卡克家族，是指其族系的男子最初与弱智的女子结合，生育的后代中出现了许多弱智儿。但是，其子孙中的男性与正常女性结婚所生育的后代中很少出现弱智儿。

另据研究，在同卵双胞胎中，如果一方是弱智儿，另一方同样是弱智儿的概率高达80%。智力低下的父母所生的孩子，智力低下的可能性很大，其相关性为0.39。当然，也有报告称，智力低下的父母所生的孩子非常优秀，相反智力超群的父母，其子女智力低下的情况也时有所见。但是，近些年，对家族遗传的研究遭到诸多批评，遗传的重要性已不再被强调。人们开始更多地关注对环境条件的改善及教育方法的改进。

另有报告认为，从社会的角度来看，处于低阶层社会的孩子中弱智儿较多，而且多为单纯性的弱智儿。有人认为，这种情况需对其所处的环境条件进行全面的分析研究，关于社会阶层的定义也需要斟酌。

目前，被认为是遗传性弱智的疾病有：蛛网膜下腔出血、苯丙酮尿症、结节性脑硬化、黑内障性白痴、小头症、斯特奇韦伯综合征、劳·穆·比综合征等。

2）生殖细胞受损

精子或卵子一旦受到放射性元素（如X光线、镭射线）的伤害，它们在受精后就会产生弱智儿或畸形儿。自从广岛、长崎原子弹爆炸以来，这一问题已受到全世界的广泛关注。当时就有研究者断言，受到辐射的精子和卵子中，受损的染色体将危及子孙后代，导致人类走向灭亡。这种说法曾一时引起轰动，成为争论的焦点，但至今尚未得到明确的结论。

另外，还有一种观点认为，杀精剂（避孕药）也会使精子受到损伤，当这些受损的精子与卵子结合受孕后，也有可能导致孩子是弱智或畸形，这种说法也尚未证实。

3）对胚胎的影响

所谓胚胎期是指受精卵分裂期结束，各器官逐步分化发育，开始具备人体的雏形的时期。对胚胎的影响，比较常见的有病毒性疾病（风疹、流行性肝炎）。妊娠母体一旦被这类病毒性疾病传染，尤其是在妊娠的前3个月内，正值胎儿器官形成的重要时期，在病毒及其产生的毒素作用下，就会妨碍胎儿的眼、耳、心脏、大脑的发育。在受精后8～12周内，如果胎儿的大脑受到病毒侵蚀，则受损会更为严重。

这一发现对医学事业的发展具有极大的意义。值得注意的是，通过对病例的详细分析发现，已确诊的由病毒感染所引起的弱智儿童，在世界范围内并不多。如果是因为病毒感染引起的弱智，一般都是重症。我们必须了解弱智儿童的母亲在妊娠初期，是否有感染风疹等疾病。然而，具体到临床的每一个病例，往往并不能明确该疾病是否就是导致弱智的直接原因，最终只能从统计结果来进行分析。

另一方面，缺氧症也容易使胎儿的大脑系统受损。母体是否患有贫血，是否曾经一氧化碳中毒，都会影响胎儿的大脑发育。另外，我们不要忘记日本曾发生过因公害造成的水银中毒事件，使许多受害者出现了非常严重的脑障碍。此外，如果母亲不当服药，比如，服用含有激素的药物也可能是致病原因。

4）对胎儿的影响

受精3个月以后，器官已基本形成的胚胎称为胎儿。黏液性水肿及克汀病都是因为妊娠母体的碘代谢出现异常引起的，由此造成胎儿智力发育迟缓。如果这种情况在孩子出生后及早发现并及早治疗，就有可能恢复到正常状态。另外，苯丙酮尿症如果能在早期及时发现，并结合食疗的特殊奶粉，就能有效预防智力发育迟缓。

此外，还有李斯特菌病和弓浆虫病也会影响胎儿的发育。李斯特菌病是由细菌引发，弓浆虫病是由原虫寄生所引发的疾病。弓浆虫病是家畜中流行的一种传染病，如果成年人感染并不会有什么特别严重的症状，而如果是妊娠中的胎儿被感染，胎儿的大脑就会受到严重的损伤。

还有各种急性传染病，例如肠伤寒、斑疹伤寒乃至梅毒，一旦妊娠母体被传染上这些疾病，常常会导致流产。即使没有流产保住了胎儿，病毒及毒素也会严重侵蚀胎儿的大脑，孩子出生后就很可能是弱智儿。

5）分娩时受伤

分娩时的伤害大致包括颅内出血、缺氧症和Rh因子（重症黄疸）三种。在分娩时，如果使用了产钳，以及生产时间过长或者过短，都有可能引起胎儿颅内出血，血液如果没有被吸收而残留在颅内，就有可能导致脑部障碍。

缺氧症往往在婴儿处于昏迷状态时出现。出生后如果昏迷时间过长，由于缺氧使婴儿脆弱的脑细胞受损而导致脑部障碍。

血型呈Rh阴性的母亲与血型呈Rh阳性的孩子之间会因血型不合而产生溶血，引发重症黄疸，这种情况也会伤及脑细胞。因此，我们应对血型为Rh阴性的母亲给予特别关注，分娩前务必要进行详细检查。所幸的是这种Rh阴性血型在日本较少见。

6）出生后的疾病

孩子在患各类脑炎或髓膜炎后容易导致智力发育迟缓。此外，外伤、烧伤、煤气中毒也可能造成智力发育迟缓。

根据智商的高低，弱智儿童可划分为三个类别：愚笨（IQ70～IQ40）、痴呆（IQ40～IQ20）和白痴（IQ20以下）。对于IQ

显示的数字，各研究者的界定略有不同。1955年以前，社会普遍认为愚笨的孩子是可以在特殊学校接受教育的，痴呆的孩子也有可能具备适应社会的能力，而白痴儿童的智力年龄基本维持在2岁以内，他们的一生都等同于婴儿水平。现在，人们正通过教育方面的各种努力，试图打破上述的思维模式，寻求更切实有效的方法，以帮助这些弱智儿童。

这些儿童从外貌上很容易判断，他们行动缓慢，嘴巴总张着。有些孩子从容貌上看与正常儿童并无二致，甚至还给人以聪明伶俐的印象。但是，根据后者的情况，我们需要考虑他们是否是自闭症儿童。另外，有的儿童行为不稳定，常常具有攻击性，有时趁人不备突然咬人一口或者出手打人。他们有的很容易沾染上一些怪癖，比如，眼皮抽搐、肩膀向上耸起，还有异食癖、咬指甲现象。这些行为并不完全都是弱智的表现，可能是由于他们没有得到及时的照顾或者缺少良好的教育所造成的。如果孩子不被周围的人认可，那么，这些问题行为会趋于严重，难以改变。智商低的孩子还会出现犯罪行为，比如，盗窃、暴行、性犯罪。究其原因，都是因为缺乏良好的教育或教育方法不当所造成的。

在良好环境中接受教育长大的孩子，我们也应当重视帮助他们选择适合自己的职业。只有这样，他们才能充分发挥自己的能力，在社会生活中做出应有的贡献。

我们从医学的角度应该怎样对弱智儿童进行治疗呢？在过去的宣传中，大多以含有磷、谷氨酸、β-氨基酪酸的药物为主。但是，许多研究结果已经表明，服用这些药物的效果并不是很理想。因为这些物质虽然对大脑很重要，但通过食物或药物摄入体内后，不一定能被脑部所吸收利用。大脑机能极其复杂，目前人们对大脑机能的研究可以说还有许多未完成的领域。因此，在对弱智儿大脑组织尚不完全了解的情况下，这个问题不是仅靠药物就能简单解决的。今后，也许还会出现一些类似的宣传，标榜是“让大脑变聪明的药”，而这些药的效果还需充分论证才能得出正确的结论。另外，用智力测验的结果来判断药物效果的方法也还存在极大的疑义。因为年龄越小的孩子，常常会有惊人的变化和成长（参照第182页）。

针对患有黏液性水肿和克汀病的孩子，如果能在2～3岁前及早服用甲状腺制剂类药物，可期待获得显著的疗效。如果超过3～4岁再服药，疗效就不尽如人意。由于甲状腺功能低下的检查要使用同位素，所以，应在确诊病情后再使用。对患有苯丙酮尿症的孩子，喂食特殊的治疗专用奶粉，进行食疗是很有效果的。孩子是否患有此病，需在出生2～3个月内进行相应的检查。

孩子因出现痉挛而接受脑电波检查后，如果发现有癫痫波形，应让孩子服用抗癫痫的药物，以便减轻痉挛症状。对于躁动不安的孩子，也可以给他们服用镇静剂，以使他们能够适应周围的环境。此外，我们还需考虑调整教育方式来解决他们的问题，而不应该先靠药物解决。

现在，由于对弱智儿童使用医学疗法的范围还很有限，所以，对他们进行医疗与特殊教育结合的治疗方法是十分重要的。

在实施这种治疗方法时，首先，为了避免向孩子提出超过他们能力范围的要求，应当注意仔细观察孩子的状态，同时还应详细了解他们的生活经历，在充分掌握孩子的能力后，再给他们布置与其能力相符的功课。在此基础上，要有意识地发现孩子的潜在能力，并使这种能力充分发挥，为他们将来自食其力奠定基础。在这些孩子当中，还有的发挥出了超乎正常孩子的能力，但他们大多性格自闭。为了防止孩子的人格出现扭曲，我们应该努力钻研教育方法，力争培养出健康、活泼、开朗的儿童。

对重度弱智儿童的养育及教育问题，可以通过专门的机构来寻求解决，同时，也应重视家庭教育，由父母亲自动手抚养，对孩子的成长来说是无可替代的。为此，希望能出台相关的政策及措施。今后，为了能让这些孩子获得更佳的教育方式和方法，我们还需继续开展研究工作，也希望能推进预防方面的研究。

9．高智商儿童

从智力测验的成绩来看，IQ120以上的儿童约占5%，IQ130以上的约占1%，IQ150以上的则占0.1%。那些被称为高智商的优秀儿童的智商显示为IQ140以上，但有别于“天才儿童”。

幼儿时期即使发育指数（DQ）很高，也不一定能预言他们今后的智商就一定很高。因为3岁以前的智力测验中包括了一些运动机能的问题，6岁以前则包括有提高学习效率的问题。而DQ只是显示出了孩子当时的发育状态。因此，6岁以前的测验不应称为智力测验，而应称为精神发育检查。在大城市，有些母亲为了让孩子进入名牌小学，让孩子练习精神发育检查的相关题目。社会上类似“才能教室”的机构设施也林林总总。从结果来看，练习的效果似乎很好，孩子的发育指数都令人满意，但这并不能反映出孩子真正的智力水平。有些孩子虽然如愿以偿考入名校，但其后的发展不尽如人意，甚至掉队遭淘汰。

另外，我们还必须认识到，在孩子成长发育的过程中，每个孩子的发育系统并非按照同一速度发展。就拿抽象思维来说，由于年龄和个体不同，抽象思维在某一时期可能会迅速发展，而在某一时期可能又速度缓慢。尤其是幼儿在短时间内频繁进行智力发育检查，其结果会有很大浮动。

高智商儿童在良好的环境下，能够充分发挥自己的聪明才智，展示出卓越的能力。他们能自觉地学习，学习成绩也很好，同时，性格活泼开朗，广交朋友，魅力十足。然而，如果环境一旦发生变化，他们的表现就会截然相反，变得懒惰起来，而且做事缺乏忍耐力，上课经常说话或者做小动作，烦躁不安，导致成绩一落千丈。

不良的环境是指老师不能针对孩子的能力因材施教，孩子为了排解无聊，经常搞一些恶作剧，因而受到老师的批评。他们极其自负，反抗老师，说老师的坏话，结果就会遭到老师更严厉的批评，双方矛盾加深，陷入恶性循环的状态。有一名小学6年级的学生，由于上课时的行为不稳定，老师便把他的座位调换到了第一排，他就始终背对着老师坐，以示反抗。这个学生的智商非常高，在转学后，他的能力得到新班主任的欣赏和认可，因为环境有所变化，他的行为完全稳定下来。

如果一个班级中的学生人数比较多，老师为了照顾大多数孩子，授课通常会以学生们的平均水平为准，因为中等水平的孩子较多。在这种情况下，智商高的孩子有可能就如前面介绍过的“边缘儿童”一样被老师忽视，他们的智力得不到充分发挥。对于这些孩子，老师应给予他们与其能力相符的角色，或者可以让他们协助老师做一些力所能及的事情。另外，随着孩子自尊心的增强，也要注意防止他们产生骄傲自满、目中无人的思想。有些性格比较孤僻的孩子，虽然智商很高但性格内向，所以，我们要注意预防孩子的人格发生扭曲。

有调查结果显示，高智商儿童的身体发育也很好。与平均智力水平的孩子相比，他们的身高、体重、体力均占有一定的优势。这一调查是与同年级年龄稍大一些的孩子相比较的结果，与过去普遍认为“个子矮的孩子比较聪明”的看法是截然相反的。当然，有人认为还应该与同年同月出生的孩子进行比较。另有研究认为，这些聪明、智商高的孩子大多发育早，走路和说话都比较早，青春期也是提前到来。这些研究多数是基于统计数据得出的结果，如果涉及个案则未必妥当。此外，还有人指出，进行医学检查的结果也会发现，智商高的孩子在其他方面的表现都会优于普通孩子，不过，这个结论在很大程度上受到选取调查对象的制约。

这些孩子会根据心智年龄喜欢和年龄大的孩子一起玩耍，因为他们喜欢复杂的游戏，能够很快地掌握游戏规则。

但是，他们在与同龄的孩子玩耍时，很少能成为领头人物，领头的孩子一般智商指数在110～120之间。有些研究者认为，这是因为在普通智力的孩子眼里，智商高的孩子看起来有点另类。当然，这个结论也不一定正确。

这些智商高的孩子在学校的学习成绩都很优秀，比如，语文、算术、理科、绘画等各科目的成绩都名列前茅，智商指数越高，成绩越好。他们的家庭条件一般都比较好，父母多为老师、医生等脑力劳动者。当然，儿童智力的高低程度仅从家庭环境考虑是否妥当，还需从各个角度进行探讨。

第5章

精神对身体造成的影响

今天，人们已经明白精神紧张或精神不安会对身体造成各种影响。以前，由此产生的症状称为“器官神经症”，现在则称为“精神身体症状”或“心身疾病”。在成年人所患的疾病中，许多疾病看似内科或妇科的病症，其实有不少是心身疾病。

儿童也常会出现因精神因素而产生的很明显的身体症状，这类身体症状会出现在消化器官、泌尿器官以及身体的其他器官。另外，即使是单纯的身体疾病，也会因精神状态的不同而使病症加重或减轻。

精神紧张和不安对身体器官的影响究竟是怎样的原理？至今仍有许多不明之处，有待进一步研究。早期的研究表明，大脑中比较古老的部分（大脑边缘系统的下丘脑）中有调节自律神经平衡的中枢，这部分一旦出现紊乱，就会给各个器官的运转带来消极的影响。然而，大脑中枢发生同样的紊乱，为什么有的儿童会引起消化系统的疾病，而有的儿童的症状则会表现在皮肤或泌尿系统，原因目前也尚不明确。也许是由于精神上的负担首先会影响到身体某个较弱的器官上，或者是与曾经所患的疾病有关，还有可能是身体素质的原因。

以下介绍的儿童身心健康问题，是众多医生所需掌握的知识，而对管理孩子身心健康的父母和老师也是有必要了解的。由于篇幅有限，在此仅作简要论述。其中大多数问题都与身体虚弱的儿童密切相关。

1．头痛

儿童头痛的症状多是前额局部痛，也有少数儿童会发生在头的后部。除了头痛之外并没有其他症状，头痛会反复发作。

这类头痛被认为是由于愤怒生气，或者情绪受到压抑所致。偏头痛的症状则是感觉头的一半像要被割裂开似的，而且，这种症状每隔一周或数周复发。偏头痛有时会因轻微的兴奋或过度疲劳引起，患儿脸色苍白，畏光，伴有恶心、呕吐，这种症状出现不久便会昏昏沉沉地入睡。头痛多发于学龄期的孩子，到青春期后会逐渐消失。

儿童的头痛发作时，症状比成年人轻，但有时会出现意识障碍。在诊断这类精神性头痛时，首先必须注意检查眼睛是否有近视、远视或散光等眼部屈光异常。如果是因脑肿瘤引起的头痛，则不容忽视眼底检查或脑电波检查。另外，患有鼻窦炎、贫血、神经炎也可能会引起头痛。

在进行上述医学检查后，如果仍然找不到病因，就要考虑是否因精神紧张或不安所致，要对患儿的家庭环境进行必要的了解。

2．哮喘

哮喘是过敏性疾病的一种，属于抗原抗体反应，很容易受精神因素的影响而发病。哮喘一旦发作，常常让母亲和家人感到紧张不安，不知所措，只好对孩子更加无微不至地照顾，因此，很容易造成对孩子的过度保护。在这种环境中，很难发现引起哮喘的真正原因，从而导致病情加重。

在了解患儿的家庭环境后，我们常常发现患儿的父母关系不和睦，或者母亲对孩子过度保护。

患儿在最初出现哮喘时，如果医生能着重从精神方面给予适当的指导，哮喘症状会逐渐减轻。有些孩子甚至只要看到那个医生的面孔，症状就会立即减轻。

治疗方法虽然也有药物疗法或免疫疗法，但在治疗过程中需要对患儿进行精神指导。另外，早晚坚持用干布擦身有益于缓解哮喘发作，因为干布擦身能够增强孩子与病魔抗争的意志。我们有不少这样的病例，患儿在3～4岁时出现哮喘症状，使用这种方法后，到入学年龄阶段就基本不发作了。如果是年龄稍大的孩子患有哮喘症，就应该对其母亲进行养育方面的指导。如果没有收效，就需要让孩子暂时与自己的家庭环境隔离开来。但是，在隔离期间，如果不坚持对母亲进行养育指导，促使母亲改变一直以来的养育态度，当孩子一回到家，哮喘症状就有可能再度复发。

3．愤怒性痉挛（情感性痉挛）

有的孩子受到轻微的刺激就会极度亢奋，啼哭不止导致呼吸短暂停止，出现发绀现象。这种情况大多始于婴儿后期，到4～5岁就会消失。

这类痉挛多发生于玩具被别人抢走，或者自己的要求得不到满足时，而且，即使是一些微不足道的小事也会引发。起初的发作只是孩子为了表达自己的愿望而表现出的一种手段，随后便发展为自发性地爆发。

治疗方法：医生应让家长了解儿童愤怒性痉挛发病的原因，即使发作也不必太担心。在孩子发病时，家长不要过于迁就，更不要惊慌失措，否则以后这种痉挛症状会反复发作，甚至越来越严重。

4．呼吸性手足抽搐

当孩子自发地进行深呼吸时，如果反复地进行，有的孩子就会引起类似手足僵硬的痉挛。这种症状一般是因为血液中氧气含量过剩所造成的，只要对孩子进行适当的精神疗法就可以解除症状。

5．百日咳痉挛

该症状类似百日咳的咳嗽，咳嗽时会断断续续地发出像犬吠一样的声音。患单纯的咽喉炎时也会引发剧烈的咳嗽，病症可达月余甚至一年以上。

从精神因素来看，亲子关系不协调是该症状的重要原因之一。因此，我们应建议患儿的父母尽快改善亲子关系。

6．唾液分泌异常

唾液分泌异常有两种情况。一种是唾液分泌量异常多；另一种是唾液分泌量太少，口腔内异常干燥。这种症状在精神紧张的成年人身上较常见，儿童的这种现象较少，但孩子进入青春期后这类症状会明显增多。

为了了解精神紧张和精神不安的原因，对患儿进行必要的心理咨询会比较有效果。同时，还要实施恰当的精神疗法。

7. 食道痉挛与贲门痉挛

食道痉挛发作时胸骨背后突然感到剧烈的疼痛，少量进食也会导致呕吐，由于担心呕吐而不能正常进食。食道痉挛可以通过X光片检查来确诊。孩子1岁以后便有可能出现此症状，常常由于精神兴奋而引起。

贲门痉挛始于婴儿期，扩张后的贲门呈纺锤状。由于贲门发生痉挛，导致婴儿反复呕吐，尤其是精神处于兴奋状态时症状会更为突出。

治疗方法：建议孩子的母亲要注意改善养育态度，不要让孩子过度兴奋，比如，尽量不要持续不断地逗弄孩子，以免孩子受刺激。要多想办法让孩子保持情绪稳定，集中注意力玩耍。

8. 神经性呕吐症

儿童如果发生呕吐现象，经各种医学检查都无法查明原因，而且，实施各种治疗仍然反复呕吐，就应该考虑是否是由于精神方面的因素所致。

尤其是发生在孩子上幼儿园或上小学前的“清晨呕吐”，大多可以认为是由于精神紧张造成的。孩子在呕吐时并无特别的痛苦表现，家人只要保持冷静、不慌张，过一会儿孩子就会恢复正常。

这种情况在周日或节假日期间就不会发作。由此可见，这是因为孩子还不适应幼儿园或学校，有一定的精神负担。当他们要去幼儿园或上学时就会因为紧张而发生呕吐。产生精神负担的原因有很多，有的是孩子在幼儿园或学校被要求必须遵守纪律，行为举止要得体，有的是受欺负不敢反抗，但主要还是由于孩子的独立性发展迟缓，父母对孩子过分干涉或过度保护造成的。另外，有些孩子因为家里来客人兴奋不已而发生呕吐，有的则是在考试前或者就寝前发生。这些情况大多与父母错误的养育态度或亲子关系不协调有关，每当孩子出现呕吐现象就会请病假在家休息，很容易被当作身体虚弱的孩子对待。此外，“脐疝痛”并发的频率也较高。

还有的儿童只要看到自己讨厌的食物就会呕吐。如果孩子知道用这种方式可以令家人狼狈不堪、惊慌失措，以后一旦自己的愿望得不到满足，就会反复发作。如果家人过于担心孩子呕吐，就会对孩子的要求百依百顺，最终形成恶性循环，使孩子养成严重的偏食习惯。

治疗方法：最好的方法是指导孩子的家人改善家庭养育态度。即使孩子出现这类呕吐，也不必惊慌失措。

9．反刍症

反刍症是指将吞咽下的食物再度返回口中加以咀嚼，然后再次吞咽下去的怪癖。反刍时，孩子不仅没有不快的感觉，反而看起来很享受的样子。有些孩子甚至将手指伸入口中压住舌头，想办法把食物从胃里返回口中。

对此症状可使用镇定剂，或者在进食后用绷带把孩子的下腭固定起来。重要的是，父母要多带孩子到户外尽情地玩耍。

10．自体中毒症

自体中毒症的真实原因虽然尚不明确，一般认为这是一种缺乏碳水化合物的异常反应，稍有饥饿感就会出现酮血而引起呕吐。但是“自体中毒症”的症状多是由医生确定的。只要有不适感、呕吐、浑身无力的症状，许多医生就会诊断为“自体中毒症”。其实有些应该是“假性自体中毒症”，因此，医生在诊断时应多加注意。由于自体中毒症是比较严重的疾病，很容易使父母娇惯孩子或对孩子过度保护。

由于父母担心孩子发病，这种不安的情绪也会影响到孩子，孩子只要稍感不舒服就会发生呕吐。

治疗方法：父母应纠正对孩子的过度保护态度，积极陪孩子参加户外活动。此外，家长和孩子都应消除对自体中毒症的恐惧心理，这是十分重要的。

11. 胃溃疡

年幼的孩子患胃溃疡比较少见，进入青春期后发病率有所增加。主要症状是吐血、便血和腹痛，通过X光检查就能确诊。

精神紧张使自律神经系统受到影响，就极易引起胃部溃疡。我们要多关注那些在不良环境中长大的孩子，特别是母子关系淡薄的孩子，这些孩子较容易患胃溃疡。

12. 脐疝痛

腹部反复出现针刺一样的疼痛，且多发生在肚脐周围，这种疼痛称为脐疝痛。但是，不能轻易将脐疝痛归结为精神因素引起的，这会很危险。因为脐疝痛往往潜藏着一些较重的疾病。经过反复的医学检查，确实排除了身体异常的因素，就应考虑是否由精神因素所致。

脐疝痛时常伴有清晨呕吐，一般会在上学前发生疼痛，孩子出门时蜷曲着身体，脸色苍白，或有明显的自律神经失调症状，这种疼痛很大程度疑似由精神因素所造成的。

自律神经系统失调引起的脐疝痛，血液检查一般都正常，但是，孩子的脸色却很难看，黑眼圈严重。症状多出现在幼儿中后期，直到度过青春期后，症状会自然消退。另外，有些青春期的孩子如果长时间站立，很容易引起头晕症状（直立性调节障碍）。

如果初步确诊是由于精神因素引起的脐疝痛，就可以对孩子实施精神疗法。从治疗结果来看，如果脐疝痛确实完全消失，也可以佐证是由于精神因素所导致的。

治疗方法：首先应寻找精神方面的原因。由于患脐疝痛的儿童中，大多是独立性发展迟缓的儿童，因此，我们应建议其父母彻底改变不正确的养育态度和方法。当这种疼痛发作时可以使用暗示疗法。比如，在肚脐部位贴上医用胶布，疼痛就会立即消失。如果暗示没有效果，可以适当服用镇静剂。

此外，有的癫痫症往往以脐疝痛的形式发作，遇到这种情况需给孩子做脑电波检查。

13. 神经性腹泻

因潜在的精神不安引起的腹泻称为神经性腹泻。这种病症多在夜间发作，到了白天又恢复正常。神经性腹泻的主要原因是由于迷走神经紧张，使肠蠕动亢进，肠内物质通过肠道的时间过快，在肠内还没来得及固化就被排出。儿童多发于考试前夜，或者郊游、运动会的前一天，由于精神兴奋而引起腹泻。如果孩子反复腹泻又无明确的原因，我们就有必要与孩子进行沟通，找出原因，并实施精神疗法。同时，还要告诉家人和孩子这类腹泻无须担心。总之，孩子身边的人不要在孩子面前表现出对腹泻的不安。另外，对潜在的精神不安应尽早查明原因，以便采取措施加以消除。

14. 神经性便秘症

精神分析学派认为，排便是性欲得到满足的表现，儿童为了保护自己，在不喜欢自己的人面前拒绝排便。这种观点是否属实姑且不论，但不少顽固的便秘患者是因为自己的心态问题而造成排便困难的。

有些神经质的孩子会因为肠腔极度收缩而引起便秘。这是由于精神紧张及心绪不宁，造成自律神经系统失调，妨碍了肠内物质的通过。

此外，有的年龄小的孩子对排便训练抱有不安情绪时，也会拒绝排便。也就是说，如果让孩子长时间坐在便器上，强制孩子排便，孩子就很难排出。可是，只要一离开便器就立刻排便，这让母亲或保育人员深感烦恼。这种状况往往在孩子处于叛逆年龄时较为显著。

治疗方法：建议父母尽可能地调整环境或纠正孩子的排便习惯，但不要强制性地训练孩子，要耐心等待孩子自然排便。

15. 遗粪症

有便意却忍着不排便，时间一长，大便就会充斥在S形肠道和直肠中。由于肠壁受刺激使分泌物增多，固体便就被液体便所包围，最后导致无法自行控制大便。

遗粪症大多由不安、紧张、叛逆等精神因素的问题所引发。因此，有必要与孩子的母亲面谈，以了解究竟是什么原因造成了孩子的精神紧张不安。有人认为可能是弟弟或妹妹的出生夺走了家人对孩子的爱，由此产生嫉妒或行为退化所致。精神分析学派的观点认为，这是由于孩子在幼儿时期肛门性欲未能得到满足的结果，这种观点有失妥当。

我们应建议父母对这类有遗粪症的孩子进行游戏疗法，尽量消除孩子精神上的紧张和不安。

16．神经性食欲不振

孩子长期食欲不振，可以分为青春期前和青春期后食欲不振两种情况。后者将在下面的“青春期消瘦症”详细说明。

儿童期的食欲不振常有以下症状：养育者给孩子喂奶或其他辅食时，越想让孩子多吃，孩子的食欲越减退，有的甚至拒绝进食。多数食欲不振的孩子从3～4个月大就表现出食欲时好时坏，逐渐演变为真正的食欲不振。如果养育者不改变育儿态度和方法，孩子的食欲不振就会一直持续到幼儿期或学龄期。

容易出现这类食欲不振的孩子大多性格敏感，比较好动但身形消瘦。也有些是肥胖型，不爱运动，喜欢安静的孩子。虽然这两种类型的确存在，但多数孩子之所以食欲不振，往往是因为父母强制孩子进食。这些孩子本来饭量就不大，父母却让他们多吃，超过了他们的食量。这类父母往往掌握一定的营养学知识，总想强制孩子摄取足够量的营养，或者试图应用自己的营养学知识，焦急地期待孩子能长胖一些。

强制孩子进食的结果就是饭桌变成了母子争斗的战场。由于母亲摆出一副“吵架的态势”逼迫孩子吃饭，孩子越来越抗拒进食，腹中根本没有空闲显现出饥饿感。尤其是孩子到了叛逆期，抗拒的态度会更加显著。

这种亲子争斗的场面，比较容易出现在孩子因感冒或其他疾病而食欲减退的时候。孩子退烧后，食欲恢复还需要一定的时间，而很多母亲却急不可待，担心孩子的营养不够，急于让孩子恢复因感冒而下降的体重，结果适得其反。

对没有食欲的孩子，有些母亲在吃饭时用玩具或图画书来转移孩子的注意力，趁他们专心玩耍的间隙给孩子喂食，这将形成一种不正常的条件反射。让孩子觉得坐在饭桌前是为了玩耍而不是为了吃饭，因此，孩子会逐渐失去耐心吃饭的好习惯。如果带他们外出吃饭，食欲会有所好转，但大多是一时性的。

学龄期的食欲不振儿童或多或少都有上述的不良饮食习惯。由于这些不良习惯是在长期的生活中养成的，所以，治疗也需要较长的时间。

治疗方法：治疗婴幼儿食欲不振，关键是要让他们对食物产生食欲。平时最好不要给他们吃零食，每次进食的量尽量不要太多。在这个过程中，孩子的体重可能会有所下降，但是，等他们渐渐有食欲后体重就会恢复，父母要有耐心，不必太焦虑。如果孩子处在学龄期，比较理想的方法是让孩子暂时与家庭分离，参加夏令营等活动。如果是偏胖型的孩子，参加一段时间的集体生活，食欲也会很快恢复正常。消瘦型的神经质儿童参加集体生活，反而会因为不适应环境使食欲不振的症状恶化，所以，他们比较适合人数不多的小集体生活。

总之，要让孩子保持有规律的生活，绝对不要强迫他们进食。进食时，先给他们少量的食物，随着食欲恢复的情况逐渐增加进食量。

有的父母和老师为了能尽快恢复孩子的食欲，就会让孩子进行体育运动。许多孩子不仅没有因此改善，反而会因为严重疲劳使食欲减少。尤其到了晚饭时间，有些孩子的食欲甚至会比平时大大减退。他们大多为神经质、消瘦型的孩子，最好让他们中午睡午觉休息，即使睡不着也可以躺在床上休息放松，以缓解紧张的情绪，尽快从疲劳中恢复过来。

食欲不振的儿童往往伴有躁动不安、注意力不集中，以及脐疝痛、神经性呕吐等症状。在这类儿童中，他们的父母可能有一方是神经质，所以，食欲不振以前曾经被认为是受遗传因素或体质的影响。现在，人们开始认为养育环境的影响因素更强。

另外，如果孩子和祖父母或外祖父母一起生活，老人比较容易对孩子过度干涉或保护；或者由于孩子是独生子，父母的养育方法也容易出现类似的问题。这些问题都将导致食欲不振会持续不断。有些孩子因为弟弟或妹妹的出生也有可能产生食欲不振，这是一种嫉妒心理的反应。

还有些慢性食欲不振的原因是由某种器质性疾病造成的，但多数是精神方面的原因。

17. 青春期消瘦症

患青春期消瘦症的女孩比较多，常常表现为顽固的食欲不振。随着症状不断加重，患者的身体脂肪极度减少，皮肤变得干燥，身形日渐消瘦。有些孩子的体重甚至减少到20公斤左右。

因此，她们的皮肤像老人一样出现皱纹，骨瘦如柴，脉搏减慢，血压降低。由于心肌萎缩，X光透视可见心脏呈水滴状，内脏下垂，有时会下垂至小骨盆处。血液中的激素水平下降，肝脏功能也出现减弱，月经停止。

从心理原因分析，有学者认为青春期消瘦症的患者主要是对自我保护本能的抗拒，对性意识的觉醒抱有极强的反感情绪。她们对自己乳房的发育感到害羞，拒绝进食是不希望乳房发育。多数这些孩子的独立性发展严重迟缓，母女关系发展不顺利，对母亲尤为叛逆。

然而，她们都有较强的社会参与意识，积极去上学，乐于帮助周围的朋友或家人。医学治疗的方法主要有补充维生素，服用帮助消化的药物或脑下垂体制剂。但是，多数这类医学治疗方法只能起到暗示作用，并不能真正治愈青春期消瘦症。

如果患者极端厌食，体重迅速下降，会危及生命，需要住院治疗。在治疗时，可以像对待婴儿一样，用小汤匙给患者喂母乳，逐渐克服厌食情绪。之后，可以喂食加入葡萄糖的橙汁鸡蛋。另外，还需要对患者进行较权威性的心理指导，让她们明白人活着的价值与意义是什么，同时，耐心倾听孩子的烦恼也是十分重要的。

除此之外，最重要的是必须向其母亲建议改善以往的母女关系。如果母女之间的身体接触太少，应努力寻找机会实现母女间的身体接触，满足孩子的身心需求。

18. 神经性多食症

有的孩子食量惊人，每天吃很多东西仍然不能满足他们旺盛的食欲。有时会单独发作，不可抗拒地强迫自己多食，多数情况是青春期消瘦症的反弹。造成这种情况的原因多是母子关系的疏离，所以，他们会以大量进食来补偿母爱的缺憾。在孤儿院等环境中长大的孩子出现多食症，除了因为缺乏母爱，还可能是因为得到的食物有限，不能随便吃零食。这种多食症被视为一种拘禁反应。

19. 肥胖症

孩子在10岁左右开始肥胖，他们自己会非常在意。这些孩子大多缺少积极努力的意志，比较懒惰，运动量较少。

尽管一般认为肥胖症的原因主要是受内分泌的影响较大，然而，大多数患者经过各种检查仍不能查明病因。但是，存在体质方面的因素是肯定的。有些研究者则认为肥胖症是由精神因素导致的，他们认为父母与孩子的关系不协调，尤其是孩子如果缺乏具体的关爱，就容易陷入精神不稳定的状态。每当用餐时，为了从家人的敌意中自我保护就拼命吃，结果导致肥胖。不过，值得注意的是，日本的孩子大多受到父母的溺爱，他们缺乏自我控制的能力，遇到好吃的东西就难以控制，管不住嘴。

针对这些孩子的治疗方法，除了限制饮食量，让他们多参加体育运动外，还必须建议他们的父母要确立正确的养育态度，努力培养孩子的自我控制能力。

20．异食症

患有异食症的儿童喜欢吃普通人不能进口、无法消化的东西，比如，沙土、墙土、毛线织物。这种情况一般是因为体内有寄生虫引起的。因为有异食习惯，孩子体内也容易出现寄生虫。

有些孩子还会拔下自己的毛发吞食，或者喜欢吃一些纤维制品，导致胃里形成球状异物，最后不得不做手术。

异食症的其他原因还有孩子缺乏某种营养素，或者有些异食有促进通便的作用，但多数情况是由于亲子关系缺乏具体行为造成的，即父母欠缺对孩子的身体抚爱。

21．夜尿症

儿童在3岁以前发生夜间遗尿属于正常现象。3岁以后，随着精神的发育，当感到尿意时，如果条件不具备，不方便排尿，便能够自我控制，直到条件具备为止。即使夜间睡眠中感到有尿意时，也能醒来上厕所，夜尿情况会自然消失。孩子3岁以后，晚上该排尿时仍无尿意，或者有尿意而没有控制排尿的能力，这种状态称为夜尿症。

夜尿症的原因一直被认为有多种多样。器质性疾病的病因有脊椎破裂、尿崩症、膀胱三角区畸形等，但这些原因都不具备充分的说服力，并且不可信。此外，有研究者认为这是精神方面的原因造成的，包括弱智、缺乏良好的卫生习惯、性格懒惰、神经质以及精神压力。由于精神兴奋而导致功能失调，所以，肾脏在夜间仍然处于持续工作的状态，从而发生夜尿症。但这种观点还需进一步论证。

治疗方法：如果是器质性的疾病则有必要尽快加以治疗，但这类情况并不多见。

限制有夜尿症的儿童在睡觉前喝水，不仅效果不佳，反而从客观上让孩子觉得是在批评他夜尿。比如说“别再喝水了”就意味着“小心尿床”。

我们应努力消除这些孩子对夜尿症的自卑感。建议家人在孩子出现夜尿症后，尽量不在其他人面前张扬，如果家里有兄弟姐妹，更要注意不要让他们取笑孩子。

对患有夜尿症孩子的父母进行心理咨询也是一个重要的方法。父母需要了解是什么原因让孩子产生了精神负担，比如，弟弟或妹妹的出生导致父母对他的关心减少，或者家里来了亲戚，使平时正常的母子关系发生了一些变化。这些情况都可能引起孩子的夜尿症。所以，必须及时调整亲子关系，消除孩子精神上的负担。当孩子处于第一叛逆期时，由于在精神方面受到的压抑较多，因而较容易引发夜尿症。这种状态看起来很像是延续了3岁以前的夜尿问题，所以，父母还需要详细了解孩子在这一阶段的情况，找到夜尿的真正原因。

特别是由于母子关系的原因引起夜尿症，母亲可以在孩子睡觉时握着孩子的手，或者让孩子到母亲的被窝里睡觉，孩子的夜尿症就可以渐渐消失。在这个过程中，最好能给孩子经常换干净的被褥，让孩子感受到母亲的温暖。当发生夜尿时，切忌责骂或取笑孩子。

有不少案例可以说明隔离法有时也能达到预期的效果。日本在第二次世界大战期间，在与家人疏散分离的儿童中，曾把患有夜尿症的儿童组成了一个小组。这种与家人分离的方式使他们的夜尿症得以治愈，报告显示治愈率达100%。在我们举办的夏令营活动中，也有一半有夜尿症的孩子后来不再发生夜尿。由此可以推断，应该是他们的家庭环境中笼罩着让孩子自卑感增强的因素，这些因素在无意识中导致孩子精神紧张。所以，只要离开这种环境，就能缓解精神紧张，使夜尿症得到改善。

当然，隔离法也有失败的时候。在与家人分离期间，有的孩子也会发生夜尿症，多数是在孩子做梦时发生，据说是因为孩子梦见自己在家时的情景。不过，这种说法并未得到证实。

对患有夜尿症的孩子，我们应根据不同的类型对症加以治疗。关于这方面的研究，前人已取得了一些成果，下面就介绍几种：

①对黏液质的儿童，经常让他们做体操，锻炼身体可取得比较好的效果。尤其需要锻炼骨盆底肌肉，可以让孩子每天坚持做仰卧起坐。此外，引导孩子进行户外运动也很重要。对那些稍有刺激就容易产生精神兴奋的神经质儿童，可以在使用精神疗法的同时适当服用镇静剂（含溴素或苯巴比妥的药物）。如果是性格明显懒散且智商较低的儿童，父母有必要每天晚上叫醒孩子一次，带他去厕所解小便。但是，这种方法的效果还不是十分明显。

②对睡眠特别深的儿童，可以适当服用觉醒胺。一般可以在傍

晚6点左右服用，每隔一段时间，也就是夜里10点和凌晨3点需带孩子去厕所。只是用这种方法治好孩子夜尿症的案例少之又少。

③儿童夜尿的时间，有的是在刚入睡后不久就发生，有的是在天快亮时发生，还有的不定时发生，大多数没有时间规律。另外，还有白天排尿次数频繁、仅晚间夜尿次数多、白天排尿间隔时间长，这些情况的原因至今仍未判明。如果是白天尿频的情况，要彻底治愈还是比较困难的。

除以上几种治疗儿童夜尿症的方法以外，还有上百种民间流传下来的治疗方法。在药物疗法和医学治疗中，至今还没有发现一种比较切实有效的方法。虽然每一种治疗方法在不同程度上都有一定的疗效，其实包含了许多自然治愈的例子，或者多数治疗方法都缺乏跟踪调查或者调查不够充分。所以，时至今日，仍没有找到一种可靠的治疗儿童夜尿症的方法。

22. 尿频症

尿频症是指排尿次数偏多，有的一小时排2～3次，有的一天排10次以上。

尿频症可能由器质性疾病引发。例如，膀胱炎、糖尿病、尿崩症。这些因器质性疾病发生的尿频症状在夜间也会出现。而因精神性因素引起的尿频症状到了晚间大多就会消失。有些儿童与母亲一起外出时就不会出现尿频症状，也有些儿童恰恰相反，在与母亲分开后尿频症状就会消失。这些都表明了精神因素造成儿童尿频症的可能性很大。

因此，我们必须分析是哪些精神因素造成了儿童尿频症。与夜尿症一样，有的儿童可能是因为弟弟或妹妹的出生，导致母亲对自己的照顾减少，或者是疼爱自己的父亲因故离开了自己。此外，还有可能是母亲对排尿后的要求比较严格，孩子总是担心小便后会把内裤弄脏。所以，我们需要向这些孩子的父母建议改善家庭养育的方式方法。

在教室里出现尿频症，可能是因为师生之间或朋友之间产生矛盾，也可能是因为家庭内部出现的问题，使孩子在学校时情绪不稳定而引起尿频。总之，应该注意精神方面的原因，如果是家庭的原因就有必要及时调整家庭环境。比如，有不少孩子就是在改善与父亲之间的关系后，尿频症随之治愈。另外，和夜尿症一样，有的孩子在离开家生活的当天，尿频症就消失了。

孩子如果患尿频症，说教和责备几乎都不起作用，因为说教和责备只会增强孩子的自卑感，而自卑感只能给孩子带来巨大的精神压力。所以，我们需要理解孩子，以消除他们精神上的不安。

23. 白天遗尿症

白天遗尿症是指孩子在白天小便失禁，把内裤弄湿。大多数情况是尿液量不多但次数频繁。白天遗尿症多发生在幼儿期，青春期也会发生。

当尿液充满膀胱时，由于玩得太投入而不自觉地把尿排在裤子里，常见于3～4岁的儿童。这种情况一般不能称为遗尿症，因为此时排出的尿量比较多，而每次不自觉地排出少量的尿才能视为有问题。如果身体没有其他疾病，我们就需要考察是否是精神方面的原因。例如，由于弟弟或妹妹出生、兄弟姐妹突然生病，孩子觉得母亲对自己的关心有所减少，因而精神紧张不安，造成白天遗尿。

及时调整亲子关系一般都会收效良好。所以，只要母亲多关注孩子，这种症状就会消失。

24. 睡眠障碍

儿童睡眠障碍的种类很多，比如，不容易入睡、睡眠浅、睡不醒、多梦、夜惊症、梦游症。由于原因各异，以下逐项进行分析。

1）不容易入睡的儿童

有些儿童从小就不容易入睡，甚至换张床，或者只要环境改变就难以入眠。对于青春期前的孩子来说，他们本人对此并不在意，只是家人比较担心，会多方面照顾他们。进入青春后，孩子本人也会因睡不着而痛苦，他们常常在床上辗转反侧直到天亮。

青春期前的孩子如果处于神经质状态，一般睡眠时间都比较少，稍有轻微的声音就会醒来。他们大多身形消瘦，有些父母认为孩子消瘦的原因在于睡眠不足，于是，平时总给他们准备最舒适的睡眠条件，尽量注意不发出声响。而且，为了保证孩子充足的睡眠，晚上早早地就让孩子上床睡觉。父母越是把睡觉的环境营造得舒适安静，孩子就越拘泥于睡觉的周边环境，结果常常使他们不能立即入睡。

孩子进入青春期后常常会有一些思想上的莫名烦恼，加之从小就对睡眠环境挑剔，所以他们会更不容易入睡。虽说解决这些烦恼应该主要靠孩子自己，但父母应多给他们一些建议和指导，有针对性地采取精神治疗，效果会更好。

治疗方法：首先我们必须要明白，睡眠时间的长短是有个体差异的，每个人保持自己必要的睡眠即可，无须执着于睡多久。对幼儿和学龄儿童，要注意白天多引导他们参加体育活动。因为孩子运动量太少，到晚上该睡觉的时间就会难以入眠。不过，神经质儿童如果运动过于剧烈，会导致过度兴奋而影响睡眠，这种情况就需要让孩子中午好好休息。

对于婴幼儿来说，为了有利于睡眠，与其考虑给他们创造舒适安静的睡眠环境，不如让孩子适应睡眠环境，这样更有益于从小培养孩子的适应能力。因为日常生活中有许多噪音是正常的事情，必须习惯。

进入学龄期的儿童也是同样，为了纠正他们已经养成的挑剔睡眠环境的习惯，可以让孩子在假期暂时离开家参加集体生活，以培养他们的适应能力。有些孩子并非短时间内就能适应，所以2～3周的集体生活是比较理想的。还有一个方法是让孩子到没有神经质成员的家庭中生活一段时间，改善效果也不错。

有些儿童突然晚上变得难以入眠，我们就需要了解，是否因为父母关系不和睦，家庭环境的变化给孩子增添了精神负担。另外，也有的是因为身体出现某种异常情况，比如，缺乏维生素、过度疲劳或者其他的潜在疾病，遇到这些情况就必须到医院进行详细的身体检查。

2）睡眠浅的儿童

有些儿童从婴儿期开始睡眠就浅，稍有响动就会睁开眼睛，甚至有风吹到额头上就会惊醒。有的婴儿会在半夜醒来一个人玩，或者哭闹着要人抱。

这些孩子一般被认为是“神经质”体质，父母在意与否是解决问题的关键。如果照顾孩子的家人显现得比较神经质，该家人的担心和照顾就会加重孩子的睡眠问题。对于睡眠浅的婴幼儿，我们大可不必太在意，应该让孩子习惯日常的生活环境。

睡眠浅的儿童，从数量上来看，会随着年龄的增长而逐渐减少，但进入青春期后数量会再次增多。

对于学龄期的孩子，最好的治疗方法是让他们平时多参加体育活动，或者让他们暂时离开家过一段时间的集体生活。针对青春期的孩子，最理想的办法是给他们进行心理咨询或使用其他精神疗法。

3）有起床气的儿童

有的儿童入睡后起床很困难，如果被强行叫醒就会非常不高兴，或者尽管他们睡眠充足，但醒来后还会有一段时间感到不舒服。

幼儿期和学龄期的儿童，出现起床气的原因大多是因为晚上贪玩不睡觉。平时应该注意让孩子不要睡得太晚，要早睡早起。如果允许孩子早上赖床睡懒觉，晚上他就会玩到很晚也不想睡觉，造成恶性循环。所以，建议早上起床一定要明确一个时间，到时间后，全家人不论有什么事情都要按时起床。

有的儿童快到天亮时才睡得很熟，对于这些孩子，问题的关键在于能否改变他们的睡眠方式。根据我们举办夏令营的经验，那些父母说只有清晨才能熟睡的孩子，在夏令营集体生活期间并非如此。儿童的睡眠方式也许与家庭生活环境有关。因此，尽可能地让孩子参加集体生活有利于纠正孩子的睡眠方式。

还有的儿童应该是睡眠很充足，但起床也很困难，醒来后有起床气。这种情况应考虑孩子的身体是否出了什么问题，例如，胸部疾病、膀胱炎、缺乏维生素、风湿性关节炎早期症状，不过这类情况非常少见。

孩子的精神压力可能来自家庭内部的环境变化，或者是在学校、幼儿园遇到某些不开心的事情，这些都会影响孩子的睡眠。比如，在学校和小伙伴发生矛盾、被强壮的孩子欺负。这些孩子在成长过程中往往受到家人的过度保护，或者父母干涉太多，使孩子的独立性不能顺利发展。所以，父母应及时注意改善养育态度。

4）梦呓多的儿童

梦呓多的儿童，多数是在梦话中讲述当天发生的事情。有研究认为，这类儿童的独立性发展较迟缓，当白天受到某种压抑后，晚上就会反映到睡梦中，通过梦呓表现出来。但原因尚未明确。

5）多梦的儿童

关于梦境，人们主要用精神分析学派的理论来论述。他们认为，自己曾经遇到某些精神方面的烦恼或纠葛会无意识地再现于梦境中。因此，只要通过分析梦境，就可以解释精神上产生的烦恼。

但是，儿童做梦是否由烦恼而引起还不明确。日常生活中所经历的恐惧和不安会出现在梦中，而愉快、高兴的事情也会在梦中重现。有分析认为，这是由于孩子的感受性强，容易受到来自外界的刺激。另外，我们还需要考虑他们是否在面对日常生活中遇到的困难时，自己还不能独立解决。

6）夜惊症

有夜惊症的儿童会在睡眠中突然惊醒后坐起来，年龄较小的孩子还会大哭不止。

从身体方面的原因来看，可能是孩子患有蛲虫病或者鼻阻塞。从精神方面的原因来看，大多是因为白天可能遇到不安和恐惧的经历，晚上睡觉时又重现梦中而引起夜惊症。此时，如果母亲抱住孩子，孩子的意识就会逐渐清醒，说出梦境的内容。多数是梦见被什么东西追赶，或者从高处坠落。如果孩子频繁夜惊，就有必要了解孩子在幼儿园或学校的生活经历，以消除孩子在白天的不安和恐惧。

7）梦游症

梦游症是指晚上睡觉时不仅会惊醒后坐起来，还会在屋里来回走动，或者走到别的地方，梦游时不哭也不闹。梦游症的特征是第二天早上醒来后对自己的梦游行为并无记忆。对有些梦游症的儿童，需要对他们进行脑电波检查，而多数情况是由精神方面的原因引起的，其中，不少是因为孩子对亲子关系感到不安造成的。因此，我们有必要直接向父母了解孩子的日常生活情况，并建议父母改善养育态度。

25. 抽动症

抽动症表现为面部抽动式的痉挛，眉头或者额头紧皱，不断地眨眼睛，嘴巴歪斜，耸肩膀，摇头晃脑等症状，有的还像舞蹈病一样手舞足蹈。这些症状都像过电似的抖动。抽动症只有在白天发作，睡觉时则不易发作。发病时机大多是在患儿意识到有人看着自己，或者是他们不高兴的时候。这一病症的主要特征是患儿不能依靠自己的意志来控制发病。

眼睑的抽动表现为眼睛不由自主地眨动。这种眨动大多是由结膜炎引起的，有时，即使结膜炎完全治愈，眼睑抽动也会持续发作。另外，当衣领不舒服时也会发生脖颈来回转动的痉挛，即使这种不适感消除，脖颈痉挛一时也停不下来。出现这类局部抽动的真正原因还不明确，有研究者指出，可能是由于孩子的父母有洁癖，经常干涉、指责孩子而造成的。还有人认为，这是由于孩子的精神负担重而表现出的歇斯底里反应，而这种反应是否适用于局部抽动的现象仍有待论证。在器质性疾病中，大脑纹状体功能障碍也有可能会引起抽动症，但这种情况非常少见。

治疗方法：如果患抽动症的时间较长，可以通过自己的意志来控制发病。首先，用自己的意志让抽动症发作，当通过练习能够主动引发抽动时，接下来再练习用自己的意志让抽动症停止发作，但这种方法的实际效果如何，有待进一步证明。也有些患者用此方法后会更加在意抽动行为，反而使病症恶化。

治疗抽动症需实施精神疗法。我们应该建议父母停止所有对孩子的过度干涉或保护，要努力培养孩子的独立自主性。

26. 摇晃身体的习惯

与抽动症相反，有的儿童会不停地前后或左右摇晃身体，这是一种非常缓慢的动作，每当此时，孩子都会表现得很愉快开心的样子。有的儿童在就寝时，头和身体会大幅度地左右摆动不停，看上去同样也很高兴。

这种情况多发生于不注重儿童精神卫生的婴儿院等设施机构，接受父母身体抚爱较少的孩子也会出现这种症状。有人认为孩子在就寝时表现出这种行为，是用摇晃自己的头部和身体来代替摇篮。

我们应该建议父母尽量多给予孩子身体的抚爱。比如，可以多抱抱孩子，或者陪孩子一起睡觉，或者陪孩子一起尽情地玩耍。总之，需要让孩子的情绪尽快恢复稳定。

27. 吮手指、咬指甲

吮手指的婴幼儿较多，常见于长牙前后。婴幼儿吮手指不属于问题行为。大约有60%~70%的婴幼儿都有吮手指的现象，多数孩子在大人给使用安抚奶嘴后就不再吮手指了。孩子大多是在困乏、无聊、疲劳、不安的情况下吮手指。通过吮手指可以使他们的情绪安静下来，有益于更快地入睡。如果随着年龄的增长，吮手指的行为不但没有停止，反而愈加严重的话，就属于不正常的行为。通常大多数孩子到2~3岁时就不再吮手指了，可以此为参考。出现这种情况的原因是因为母子之间的身体抚爱太少，或者与此相反，因为身体抚爱过多而使孩子失去了自主玩耍的能力。这些孩子在幼儿园时，只是静静地看着小伙伴们玩耍，自己并不想加入。吮手指过多常常会损伤牙龈，磨损牙齿，手指的皮肤也容易被牙齿磨伤而被细菌感染，手指上还容易长硬茧。

治疗方法：切忌批评吮手指、咬指甲的孩子。针对容易疲劳的孩子，最好在午饭后让孩子睡午觉，要让他得到充分的休息。另一方面，要尽可能引导孩子将兴趣点转移至玩耍游戏方面。如果是3岁以上的孩子，父母可以鼓励他们多交朋友，还要尽量多带他们到户外自由玩耍。

吮手指被认为是一种极其不卫生的习惯，尤其是医生也严厉禁止孩子吮手指，其实并没有必要大惊小怪，给孩子一个安抚奶嘴是一个很好的办法。

咬指甲的习惯大多是孩子到了学龄期后出现的，由于精神紧张，为了缓解紧张而开始咬指甲。咬指甲发展为一种习惯，是因为咬指甲时会产生一种愉快感。在写作业和考试之前，这种行为特别明显。有些孩子不仅咬手指甲，还会咬脚指甲。

如果不尽早纠正儿童咬指甲的习惯，很容易形成顽疾。所以，在孩子一开始有此习惯时，就应该及时了解造成孩子精神紧张的原因是什么，同时，还要尽快加以纠正。咬指甲的习惯一旦形成固化，治疗就很困难了。有的即使在指甲上涂辣椒也没有什么效果。如果是小女孩，可以给她涂上漂亮的指甲油，让她感到这是一种美，从而有效转移孩子的注意力，不会总想着咬指甲。

和吮手指一样，即使孩子咬指甲也不要批评他们，否则会把孩子的注意力集中到咬指甲上。

28. 口吃

我们在接受语言障碍的咨询时，有不少是口吃的案例。主要症状表现为，在说话时第一个字的发音很困难（发声困难），频繁重复同一个发音（连发性），使对话不能顺利进行。有口吃的孩子因此羞于在人前讲话，这极易使孩子的人格在形成过程中发生扭曲。

儿童首次出现口吃大多在2～4岁，也有不少学龄儿童，特别是在低年级时容易出现口吃的问题。在口吃的儿童中，男孩远比女孩多。虽然统计数据稍有差异，但令人值得深思的是男孩口吃的数量比女孩的数量高出3～8倍。尽管不确定口吃是否与遗传有一定的关系，但有报告表明，在同一家族中，连续几代都出现过口吃患者或者有其他语言障碍的家族成员。

有人认为，模仿别人口吃自己就会真的变成结巴，这种观点还需得到进一步证实。模仿在一定程度上可能是诱因，环境因素才是导致口吃的关键所在。口吃与父母的社会地位、经济状态以及本人的智商水平无关。据说原始人是没有口吃问题的。

有研究者认为儿童口吃与母亲的性格有关。他们认为这类儿童的母亲在家庭中很强势，做事总是追求完美，常常对孩子过度干涉或过度保护，而且，总是对孩子有许多不必要的担心，尤其不放心孩子的饮食和健康。另外，她们还担心孩子的说话能力，时常提醒孩子说话时要注意的问题，结果造成孩子精神紧张，不能轻松自如地说话。

然而，造成儿童口吃的确切原因至今仍未判明。综合以往的各种研究观点，可以总结为以下三点：①语言神经末梢有缺陷，这个观点已经比较过时；②人格障碍，即口吃是精神上的纠葛和不稳定的一种表现；③语言的神经机制整体有缺陷，即与发音、语言理解、阅读、写字等有密切关系的语言神经系统发生障碍。不过，以上三种观点都不是定论。

关于口吃的原因，早在50年前就有人研究过，他们认为把左撇子矫正为右撇子后可能会导致口吃。这种观点虽然能说明一部分人口吃的原因可能确实如此，但并不能代表是所有口吃的原因。还有人指出口吃和说话语速过快有关，我们也确实接触过这样的孩子，但这种情况并不多。

另外，也有的人认为，孩子从幼儿期开始出现口吃，这与他们有想表达的欲望但词汇量不足有关。

幼儿期的孩子尽管是正常的孩子，但仍有不少孩子会反复说同一句话。有研究者调查表明，幼儿一般每说四句话就会有一句话表现出结结巴巴的口吃现象。这种现象几乎会出现在每个孩子身上，所以，幼儿期出现的口吃属于生理性的口吃，即使置之不理，有40%的孩子在上小学前也会自然治愈。

有些长期口吃的孩子，因个人状况不同，口吃的频率有很大差异。我们有不少案例表明，在对孩子的父母进行心理咨询后，孩子的口吃症状基本可以治愈。所以，越来越多的人开始重视情绪方面的原因。

多数口吃的儿童都有过某种特殊的生活经历。比如，开始说话的时间比较晚，运动协调性或者手的灵活性较弱，但其他精神方面的发展相对比较优秀。但是，这种观点不能说明所有的案例。

另外，有的孩子在口吃时还会伴有面部歪斜、手足晃动，或者跺脚的症状。

治疗方法：如果孩子在幼儿时期出现口吃症状，最好的治疗方法是坚信孩子在语言能力方面没有问题。家人发现孩子出现口吃时，可能会反复地给孩子纠正，并告诉他“慢慢说”“再说一遍”，或者让孩子一个字一个字地练习发音。其实，这种纠正只能让孩子感到自卑，孩子在众人面前更不愿意多说话，不愿意交朋友。所以，孩子出现口吃问题，父母一定不要着急，不必反复纠正孩子的发音，要保证做到完全不触及语言能力问题。我们需要向孩子的父母做好心理咨询工作，否则，当他们看到孩子口吃就会忍不住提醒孩子注意。

有时候，母亲的不安情绪也会影响到孩子，特别是家庭关系不和睦，孩子就比较容易出现口吃现象。有案例表明，母亲的不安情绪得到消解后，孩子的口吃就自然消失了。另外，还可以对孩子进行游戏疗法，效果也很好。

学龄期的儿童如果患口吃时间较长，我们应该反复对孩子进行游戏疗法，特别是一边游戏一边进行语言训练，对纠正口吃可以起到积极的作用。但是，语言训练需要由专业的医生或老师来进行指导。

总之，家人要齐心协力，尽量不要太在意孩子的口吃问题，应该注意调整孩子的情绪，让他们养成不慌不忙、有条不紊的说话习惯。日本也有一些专门矫正口吃的学校，主要采用的是精神疗法和游戏疗法，比语言训练的效果更佳。

29. 反复发烧

成年人因精神原因引起发烧的病例比较多见，儿童的这类病例并不多。但是，儿童会由于情绪兴奋使体温调节中枢失调而引起发烧。除此之外，情绪兴奋还会使皮肤血管收缩引起内热。

有一个小学1年级的女孩，在傍晚6点至7点的一个小时内，竟然发烧至42摄氏度以上。体温一旦超过42摄氏度，体温计就会破损。这种状态持续了多日，到医院做了两次全面的医学检查都没有发现身体方面有异常。于是，开始从精神方面寻找原因，结果发现发烧的时间正是练习钢琴的时间。原来是母亲和祖母因为孩子学习钢琴的事情意见不一致，而且这种不一致还不是正面冲突，而是施加到了孩子身上，双方都在孩子面前指责对方的不是。孩子认为妈妈和祖母都是爱自己的，可是她们却在自己面前互相指责对方，这对孩子而言是很沉重的精神负担。最后，家人决定让孩子停止弹钢琴，祖母和母亲也言归于好，孩子的发烧就不再出现了。

虽然这种发高烧的病例比较少见，但学龄儿童从学校放学回家后，因严重疲劳而发低烧37.8～38.2摄氏度的情况却是常见病例。医生怀疑一个孩子患了维生素B缺乏症或结核病，可是做了所有检查后并未发现异常。在与孩子的母亲进行长时间的沟通后，发现孩子在学校生活中一直处于不安定的状态。原因是孩子在进入新学年后一直得不到新班主任的认可，班主任认为孩子过于安静内向没有活力，对孩子的评价并不高。因此，孩子急于让新班主任认可自己，越焦急越陷入紧张不安的境地。由于在学校长时间处于这种状态，放学回家后自然会身心疲惫，引起发烧。后来，我们向新班主任介绍了孩子的优点和缺点，在获得班主任的理解后，孩子不久即退烧，脸色也恢复了正常，每天放学回家都显得格外有活力。

有一个5年级的女孩，连续几天都是在放学前的一个小时左右开始发烧，老师只好让她去校医室里休息。经过医学检查并没有找到发烧的原因，于是，我们从精神因素方面对孩子进行了了解。我们发现孩子的母亲在孩子放学回家前，就已经准备好了大量的学习内容。母亲认为“只要学习就能学好”，把孩子的时间安排得非常满。另外，还有一个深层次的原因，这位母亲是带着孩子再婚的，母亲与再婚丈夫之间曾因为这个孩子的问题发生过争执。当母亲停止强制孩子学习的行为后，孩子每天放学回家前出现的发烧症状便随之消失。

类似的病例还有许多。当儿童出现持续低烧，首先要去医院检查是否有慢性疾病，如果身体没有异常，则有必要从精神方面寻找原因。在了解原因后及时采取措施以消除孩子的精神负担。

30．容易疲劳

人的疲劳分为身体疲劳和精神疲劳。身体疲劳主要是在肌肉活动后出现的，导致身体疲劳的物质有乳酸等成分。为了使身体得到恢复，消除疲劳就需要适当休息，还可以补充各种维生素。

疲劳的原因还可能是因为患有潜在的慢性疾病，最好去做医学检查。

有些儿童没有进行肌肉活动却处于疲劳状态，进行各种医学检查也不能确定原因。他们有可能是在生活中遇到了令人不安或精神紧张的事情。即使是成年人，不善交际却参加聚会，不善应酬却负责接待工作，结束应酬之后一定会感到疲惫不堪。另外，如果家庭不幸或家人不和睦，越是为之烦恼则疲惫感越严重。儿童也一样，上课枯燥难懂，却不得不每天去学校，而且与老师相处也不融洽，自己不属于老师喜欢的学生，因此，每天的学校生活令人闷闷不乐、苦不堪言，回到家后十分疲倦。有的儿童可能不擅长与小伙伴交往，可是年龄越大越想和朋友建立友谊，而自己却始终做不到，常常处于精神紧张的状态。

如果孩子在幼儿园或学校常常显得无精打采、没有活力，就应该了解家庭内部是否有什么事情令孩子感到紧张不安。例如，父母关系不和睦；母亲生病，保姆对孩子不好；也有可能是母亲忙于照顾生病的弟弟或妹妹。这些情况都会引起孩子不安而显得疲倦。

因此，可以通过寻找疲劳的原因来确立解决方案，以便帮助孩子恢复情绪稳定，把孩子从容易疲劳的状态中解救出来。

31．晕车晕船

晕车晕船的现象在很大程度上受精神因素的影响。尽管这与身体平衡能力密切相关，但常常以一种不合理的方式呈现。例如，坐公交车不晕但坐火车晕，或者坐船不晕但坐公交车晕。这类情况中，我们可以推断精神因素的影响比较大。有些儿童本来并不晕车，但是看到别人晕车呕吐，自己也受影响而开始晕车。

有许多孩子因为闻到汽油味而晕车，甚至在社会课上听到关于汽油的说明就想吐。而有些孩子因为一次旅行中有医生同行，即使坐在大巴车上摇来晃去也没有呕吐，有过这样的体验后便不再晕车了。

在这些孩子的家庭成员中，总有容易晕车的成年人或者年龄稍大些的孩子。其中，约10%的家人属于晕车比较严重的类型。

容易晕车的孩子一般被认为是因自律神经失调造成的。而且，迷走神经紧张也会引起晕车晕船，男孩较常见。主要症状表现为头痛、脉搏减慢，但很少恶心、呕吐。而交感神经紧张型的孩子在晕车时恶心、呕吐比较严重，头痛症状较少，平时的脉搏偏快。女孩较常见这种类型。尽管这些研究非常有意义，但并不能很快起到治疗的作用。容易晕车晕船的孩子在旅行中往往感到痛苦，不能好好体验旅行的快乐，这种精神上的不安感又会反过来进一步加重晕车症状。此外，因其他疾病使身体不舒服时、睡眠不足时也容易晕车。有人认为这是脑部血流量变化所导致的，但这并不是绝对的原因。如果孩子曾经有过一次晕车经历，在下次乘车或乘船时，紧张不安感自然会更强烈。

经常有意识地练习乘车或乘船，可以逐渐增强自信心，晕车晕船的症状也会随之减轻，船员就是最好的例子。练习时可以先从短距离乘车开始，等对自己有信心后，再慢慢习惯远途距离。练习过程中不要操之过急，要循序渐进。

精神疗法方面，有研究者建议可以给孩子制作一辆玩具小汽车，车上载着小人偶，让孩子和玩具小汽车一起做游戏，以此从精神上提高他们抵抗晕车晕船的能力。另外，还有若干种预防晕车晕船的药物，与精神疗法并用往往效果更佳，这可能是暗示的心理作用。乘车前服用预防的药物一般都会缓解晕车症状。

32. 脸色不好

有些脸色不好的儿童是由于红细胞偏低，血色素偏少造成的。还有一种过去被称为“学校贫血”或“幼儿园贫血”的症状，一般会发生在孩子刚入园或入学的一段时间内。主要表现为孩子的脸色变差，检查红细胞和血色素却并无异常。

我们成年人遇到烦恼时，脸色也会变得很不好看，当遇到令人恐怖的事情发生时甚至会一时血色尽失，尽管这只是暂时性现象。这是由于自律神经失调使皮肤的血管处于缩小状态。如果孩子的血液检查没有发现异常而脸色却不好，就有必要寻找精神方面的原因。

孩子入学后出现贫血现象，可以认为是由于在学校精神紧张而引起的。有些孩子因为上学之前很少有机会和小朋友一起玩耍，突然进入学校的大集体中便会深感紧张。如果家人对孩子再三嘱咐“在学校一定要遵守纪律、讲礼貌”，就会让孩子在学校更加忐忑不安。

有的孩子甚至因为班级换了新的班主任，也会出现脸色变差的状况。由于新的班主任还对他不了解，没有看重他，他就感到焦虑不安，心情过度紧张。当新的班主任对孩子有所了解后，孩子的脸色就会恢复正常。

所以，对于这类没有医学方面的问题而脸色不好的孩子，我们需要从精神方面寻找原因，并努力加以消除。如果孩子是因环境变化而紧张不安，一般多是由于父母过度保护或干涉过多，使孩子的独立性发展迟缓，依赖性增强。这种情况就需要父母多思考，要改善平时在家的养育态度和方式，努力培养他们的独立性和适应环境的能力。

33. 虚弱儿

虚弱儿的定义至今仍不是十分明确。如果将经常生病的孩子称为虚弱儿，则不能忽略其中有不少孩子是因为精神原因引起反复生病的。精神原因有许多种，包括我们前面介绍的神经性呕吐、神经性腹泻、发烧、百日咳痉挛，尤其是容易引起自律神经失调的儿童常常会出现这类症状。那么，儿童容易引起自律神经失调，究竟是先天性的还是后天生活环境所造成的？关于这方面的争论，我们认为后天环境的影响会更大。这些孩子被刻上虚弱儿的印记后，由于父母总是担心孩子生病，养育态度就会变得消极，极易产生紧张不安的情绪，因而对孩子采取过度保护的态度，长此以往，孩子对自己的身体失去了信心，越发显现出虚弱的症状。结果就是孩子稍有一点点的不适症状就大惊小怪，以为孩子生了什么大病，而这种病恰恰是被“制造”出来的。

另一方面，弗洛伊德认为有些人遇到不顺心的烦闷苦恼事情，便“以生病为借口逃避现实”。心身症和神经官能症就属于这种情况。

那些被称为虚弱儿的孩子，一般都具有异常的体质特征。比如，过敏性体质、渗出性体质、胸腺淋巴体质。这些体质表现出来的症状都各有特征，可能会使孩子变得更加虚弱，但我们也能使孩子避免向虚弱儿转变，把他们从虚弱中解救出来。关键是要对他们采取适当的精神指导。也就是说，父母认为自己的孩子是“特殊体质”需要特殊照顾，还是认为这只不过是孩子的个体差异而已。父母这两种不同的认识，将促成两种不同的养育方式并影响到孩子。医生的态度也是如此，有些虚弱儿就是医生“制造”出来的。他们认为体质是一种宿命，一旦有这种想法，医生就不会做出积极的指导。如果父母坚持认为虚弱就是孩子的特殊体质造成的，那么，对这类父母进行正确的精神指导尤为重要。

34. 自律神经失调

自律神经系统包括交感神经系统和副交感神经系统（又称迷走神经系统），自律神经系统对精神的变化以及外部的影响有着敏感的反应，表现出某种身体症状。因此，自律神经系统担负着协调精神和身体的“中间人”作用。由于精神原因引发的各种身体症状，除自律神经系统的影响外，还通过内分泌系统的影响反映到身体上。交感神经系统和副交感神经系统的功能各不相同。例如，交感神经功能增强，则副交感神经功能减弱，这时，人的脸色就变得苍白发青。相反，如果副交感神经系统功能增强，则脸色就会发红。有些人遇到刺激，脸色变得苍白，有些人则脸色发红。之所以有这样的区别，原因就在于自律神经系统功能上的差异。

下面，列举出自律神经系统中两大神经系统功能的强弱对比所表现出的不同的身体症状，供大家参考。

有的孩子自律神经系统十分敏感，有的并不敏感。对普通孩子没有反应的刺激，自律神经系统敏感的孩子却会出现上述一些身体症状。当他们受到外界刺激时，交感神经或副交感神经系统就会产生反应，引起自律神经系统失调，从而影响到身体各个器官的正常运转。

自律神经系统最为敏感的年龄，是身体急速发育的青春期。有人认为，孩子在这一时期的副交感神经系统比较敏感，以后逐渐过

<table>
<tr><td colspan="2"></td><td>副交感神经功能亢进
（交感神经紧张减弱）</td><td>交感神经功能亢进
（副交感神经紧张减弱）</td></tr>
<tr><td rowspan="2">（1）皮肤</td><td>颜色</td><td>发红</td><td>苍白</td></tr>
<tr><td>汗腺分泌</td><td>出汗增多</td><td>出汗减少</td></tr>
<tr><td colspan="2" rowspan="2">（2）脉搏</td><td>减慢</td><td>加快</td></tr>
<tr><td colspan="2">（呼吸性心律不齐）</td></tr>
<tr><td colspan="2" rowspan="2">（3）血压</td><td>降低</td><td>升高</td></tr>
<tr><td colspan="2">（起立性调节障碍）
（头晕、失神）</td></tr>
<tr><td colspan="2" rowspan="2">（4）心脏</td><td>弛缓</td><td>水滴状心脏</td></tr>
<tr><td colspan="2">（起立性蛋白尿）</td></tr>
<tr><td colspan="2">（5）体温</td><td>降低</td><td>升高</td></tr>
<tr><td rowspan="2">（6）眼睛</td><td rowspan="2">瞳孔</td><td colspan="2">（易流泪）</td></tr>
<tr><td>收缩</td><td>放大</td></tr>
<tr><td colspan="2">（7）呼吸器官</td><td>哮喘性支气管炎</td><td>（手足痉挛）</td></tr>
<tr><td rowspan="4">（8）消化器官</td><td>唾液</td><td>分泌亢进</td><td>分泌减少变黏稠</td></tr>
<tr><td>胃</td><td>蠕动亢进（呕吐）
胃酸过多</td><td>蠕动迟缓
胃酸减少</td></tr>
<tr><td rowspan="2">肠</td><td>肠蠕动亢进（腹部不适）</td><td>肠蠕动变缓（便秘）</td></tr>
<tr><td colspan="2">（腹泻或便秘）</td></tr>
<tr><td colspan="2">（9）神经系统</td><td colspan="2">（腱反射亢进）
（眼睑眨动）
（指尖抖动）
（吞咽反射迟钝）
（眩晕、头疼、疲劳）</td></tr>
<tr><td colspan="2">（10）血液化学成分的变化</td><td colspan="2">（水分代谢敏感）
（身形消瘦或肥胖）
（夜间遗尿、尿频）</td></tr>
</table>

度为交感神经系统敏感，即长大成人。而这个解释并不充分。

以上我们介绍了由于精神紧张不安而引发的各种身体症状，但并不能一发现有这些身体症状就立即断定为精神紧张不安。例如，早在80年前就有医生提出了“脐疝痛”，现在看来它是由多种疾病引起的。同样是脐疝痛，既可能是由内脏畸形引起的，也可能是癫痫表现出来的腹痛症状。

现在，因精神紧张而引起各种身体症状的儿童在逐渐增加，这也许是因为我们这个时代给孩子带来的压抑在不断增多。另外，精神疗法对许多孩子有效，也充分说明了这一点。

在今后的研究中，关于精神紧张的原因与身体症状的呈现方式，如果能对这两者之间的关系做出明确的解释，那么，对于精神疾病的诊断方式也会更加明确。

附：左撇子儿童

左撇子儿童在各个国家大约占儿童总数的4%～7%。他们开始出现左撇子倾向是在出生后9～10个月表现出来的。在递给孩子玩具时，他们一般会用左手接。如果提醒孩子用右手，左撇子倾向就会愈加明显。

关于形成左撇子的原因有各种不同的学说。有的认为原因在于养育方式。在婴儿期，成年人常常把玩具放在孩子的左手，因而形成左撇子，这种说法是缺乏根据的。许多人倾向于遗传说，但具体的遗传形式仍不明确。有研究者指出，左撇子的左右脑半球与习惯使用右手的人相反，其证据就是，左撇子的左右颈部动脉的粗细程度与右撇子相反。但这种说法也没有确凿的根据。脑电波的检查结果发现，左撇子的左右脑波形并没有什么差异。

不管原因怎样，左撇子儿童很容易产生自卑感。随着年龄的增长，家人也越来越觉得自卑，于是孩子的自卑感也会增强。

如果孩子的双手都很灵巧，会给他们带来一种优越感。比如，棒球类的运动对左撇子较为有利，也容易产生优越感。一般来说，对左撇子有利的事物并不多，特别是对女孩来说，这类事物几乎没有。因此，左撇子的女孩更容易感到自卑。

能否培养左撇子的孩子灵活使用双手，取决于左撇子的严重程度、本人努力的程度以及儿童的年龄。

手的灵活度与眼睛、脚的灵活度有密切的关系。如果左右手的握力有很大差距，眼睛与脚的灵活度又都是左眼、左脚更好，这种情况纠正起来往往比较困难。检查儿童习惯使用哪只眼睛较多，可以在纸张上戳个小孔，先用单眼通过小孔看东西，然后立即让孩子模仿，注意观察孩子是先用哪只眼睛看的。判断孩子习惯使用左脚还是右脚，则可以让孩子踢球即可判断。2岁左右的孩子就可以用这种检查方法。

在儿童成长的以下三个阶段，通过有意识的教育和训练，可有效纠正左撇子。第一个阶段是3~4岁，第二个阶段是小学3年级前后，第三个阶段是青春期。在第一个阶段可以引导孩子使用右手拿东西，孩子不会主动使用右手做事，如果勉强纠正，孩子会产生逆反抗拒，甚至会出现口吃现象。当孩子对使用右手表现出抗拒时，最好立即中止训练，过1~2个月后再重新练习。家长也要思考怎样才能让孩子对使用右手感兴趣，可以先练习用右手拿筷子或蜡笔。有的孩子会很容易地纠正过来，有的孩子则完全抗拒，对使用右手一点都不感兴趣。

在第二个阶段，孩子想通过自己的努力来纠正左撇子的意愿比较强烈。他们开始感到用左手不方便，并开始产生自卑感，很想改变这种习惯，使用右手的愿望增强。利用孩子的这种心情，可以从一些受人关注、容易给孩子造成自卑感的行为开始纠正。例如，教他们使用右手拿筷子、写字。在训练时，要注意不要使用不恰当的言辞，避免加深孩子的自卑感，伤害他们的自尊心。如果没有纠正成功，孩子会变得更加自卑，所以，要注意多鼓励孩子。

在青春期可以期待他们靠自己的努力来纠正。但是，要将长年习惯使用的左手改为右手是很困难的。

那些没有纠正成功的孩子，到了青春期仍然使用左手，他们多多少少都会有些自卑。这是因为社会对他们抱有偏见，“左撇子”本就是由社会偏见所产生的词，希望能尽快消除这种偏见，把左手灵敏视为他们的“个性”。近年来，这种认识在全世界范围内有所增强，所以，人们大多会让孩子保持左撇子的习惯，已经不太关注左撇子的问题了。

因精神因素出现身体的异常症状，也就是心身症的基本思维模式是“以生病为借口逃避现实”。“逃避”是指当遇到困难时，没有挑战的勇气，而是寻找“避难所”，采取逃避现实的行为。但是，避难所并不是轻易能找到的，而且，在选择逃避方式时，还不能伤害自尊心。于是，“生病”就成为比较合理的方法，还有可能博得周围人的同情。

逃避困难的方法有“死亡”、“家庭”或者“兴趣”。选择“死亡”就是“自杀”，但是，想到还有家人（特别是母亲）便做不到；选择“家庭”作为避难所，就表现为躲在家里“拒绝上学”，但学校还是很有魅力的，不去上学会造成许多损失，因此，学校还是有必要去的，自己也愿意去上学；而选择“兴趣”，自己又没有条件。以上这些都是我个人的推断，孩子不一定会明确地意识到这些问题。最终促使孩子做出选择的还是潜意识中的烦恼，而烦恼的结果就是选择“生病”。

孩子选择“生病”的理由，可能是他以前在生病时，曾经得到过什么好处，或者得到过更多的同情。

特别是当孩子遇到难以解决的困难时，他们会倍感紧张，心烦意乱。这种紧张的情绪会引发自律神经中枢紊乱，交感神经和副交感神经失去平衡，反映到身体上的某个部位便会出现某种异常。这种身体的异常会产生“生病”的感觉，孩子就会意识到“我生病了”。这种意识再加上他们有某种“逃避”困难的潜意识，就是整个“以生病为借口逃避现实”的过程。而这个过程孩子也并不会明确地意识到。

容易患心身症的儿童（成年人也同样）缺乏克服困难的意志。这是由于孩子的独立性发展迟缓造成的。所以，我们要了解孩子的生活经历，以明确孩子在成长过程中是否有问题行为。独立性发展迟缓的儿童，1～3岁没有“淘气行为（探索行为）”，2～4岁没有“第一叛逆期”。在交友方面也有问题，或者有朋友但从来没有吵过架，是“乖顺”“孤独”的孩子。对于成年人而言，养育这样的孩子会很轻松，但是，孩子的独立自主性却受到了极大的压抑。

因此，治疗心身症的基本方法是提高孩子的独立性发展，而独立性发展最重要的教育就是对孩子完全放手。家长需要采取“既不动口，也不动手”的育儿态度，让孩子学会对自己的行为负责，自己遇到的困难自己想办法解决，这对于独立性的发展和意志力的培养是不可或缺的。当孩子的独立性和意志力有所提升时自然而然就能从心身症中解脱出来。

第6章

身体障碍或疾病对精神的影响

身体障碍或疾病会给孩子的精神带来极大的影响，孩子会因此而情绪低落，深感自卑。有时，因为发烧或腹泻，孩子也会心生不宁，这种不安感还会显现在脸上。如果患肾病或心脏病等慢性疾病，以及癫痫或自体中毒症等反复发作的疾病，他们在生活上就会失去积极性，不愿与朋友交往，甚至感到自卑，性格也变得胆小怯懦。

如果孩子的肢体有障碍，家人常常会对其过度保护，或者经常哀怨人生，诅咒命运。孩子受到家人如此的影响也会黯然神伤，而且，孩子的人格发展也容易发生扭曲。对于经常生病的孩子，家人往往会对他们百依百顺，这种溺爱的结果就是孩子容易养成以自我为中心、任性的坏习惯，造成人格的扭曲。

对于身体障碍或者有疾病的孩子，父母必须要注意他们的精神卫生。建议父母要让孩子知道即使身体有障碍或疾病，也要保持积极健康的精神状态，成为具有健全人格的人。

1．急性病

急性病除了感冒以外，还有各种传染病。发烧、腹泻、呕吐、发疹，尽管症状各不相同，但都会令家人感到极大的不安和担心。如果大人在孩子面前表现出这种不安，孩子也会陷入深深的不安之中，还会过分夸大地表现自己的症状，有时甚至令医生误诊。

所以，父母要尽量避免在孩子面前谈及孩子的病情，医生在与父母交谈病情时，也需注意不要让孩子在场，这就如同谈论孩子的性格问题一样，以免让孩子听到后造成不必要的精神负担。有的医生不注意，孩子还在场就向父母介绍病症的发展情况，让父母陷入不安，这种不安也会直接影响到孩子。

医生在向家长说明孩子的病情时，尽量不要让家长感到惊慌，重要的是让家长对病情有正确的认识。在指导家长进行适当处理的同时，还要提醒家长要以稳定的精神状态来照顾孩子，以便尽快康复。

2．慢性病

孩子患慢性病后，最重要的是父母不要在孩子面前表现出担心和焦虑的心情。否则，孩子也会被感染陷入不安，成天郁郁寡欢、闷闷不乐。

在卧床治病期间，首先，父母应该和孩子一起商量制订生活作息时间表，包括运动、玩耍、休息等内容，然后再听医生、护士的意见，对作息时间表进行调整。

孩子可以在规定的时间内读书、画画、玩橡皮泥或玩具。同时，父母也要注意培养孩子的独立性，可以把孩子需要的东西放在床边，方便孩子自己玩耍。

父母平时要多抽出时间去医院照顾孩子，并陪他们一起玩耍，这样有益于稳定孩子的情绪。但是，也没有必要时时刻刻都陪在孩子身边。另外，还要尽可能地让孩子融入家庭成员的活动，给孩子安排与其能力相符的“工作”，培养他的责任感。这样，孩子会为自己能帮助家人而感到高兴，并从中体会到达成目标的满足感。

在孩子住院治疗期间，父母还要注意如果有亲戚朋友来探病，最好不要让孩子过于兴奋，更不要给他们造成精神上的不安。对于住院的孩子，医生和护士需多关注他们的情绪变化。通常比病人年龄稍大或稍小一点的孩子来探病会比较好，实际上，很难对来探病的人进行选择。此外，可以让同一个病房的孩子们组成一个小集体，根据每个孩子的病情和能力，让他们在集体中担当一定的角色，做一些力所能及的事情。

另一方面，可以像对待健康孩子一样，要求孩子讲道理，不能事事都满足他们的要求，这种体验对孩子来说是很重要的。有时孩子可能会因为自己的要求无法得到满足而生气或大吵大闹，家人一定要坚持原则，这才是正确的处理方法。

住院治疗期间，最困难的问题是为了静养而必须遵守作息时间，限制孩子的活动。因为孩子如果稍微感觉好一些，就会无所顾忌地扩大活动范围，玩耍的时间一旦有所增加就无法保持静养。此时，可以和孩子好好沟通，尽量在条件允许的情况下扩大玩耍的范围。否则，单纯的禁止容易引起孩子的逆反。如果是学龄前儿童，必须进行一定程度的干预。但是，在自由活动时间，要注意让孩子充分感受到放松的心情，这也有益于引导孩子遵守静养时间。如果是学龄儿童，在允许的范围内让孩子适当学习，有益于培养孩子与病魔斗争的意志。关于学习时间，应听取孩子自己的意见，可以把学习时间编入作息时间表中。在时间安排上，根据年龄差异要有所不同。小学3年级以上的孩子，一般都能够自主制订作息时间表，所以，重点在于和孩子沟通如何利用静养时间并付诸实施。父母或医生往往被“静养”这个词的表面意思所误导，他们常常过多干涉孩子的自由时间，混淆了静养时间和自由时间，结果，静养时间也得不到彻底的遵守，需引起注意。

对患有慢性疾病的儿童，我们应该注意指导他们保持开朗的心情，对未来充满信心，这对孩子的人格形成至关重要。因此，不仅父母和家人，医生和护士也要注意孩子的精神卫生。

3. 肢体残疾的儿童

儿童因患小儿麻痹、结核病或者外伤，常常会造成肢体残疾。对这些患儿应进行适当的整形外科治疗，尽量减少孩子身体上的残疾。同时，还需注意对孩子进行精神上的指导，尤其是患脑性麻痹的孩子更需要精神指导。

肢体残疾有可能从以下三方面造成孩子的人格扭曲：

①由于日常活动受到妨碍，许多欲望得不到应有的满足；

②父母从最初的紧张不安转变为对孩子的过度保护，使孩子变得任性；

③孩子感受到自己有别于其他正常的孩子，自卑感油然而生。

大多数儿童喜欢与同龄的儿童过一样的生活，如果不能进行正常的活动，必然会令他们陷入不满。

父母一定要从多方面努力，教育孩子不要因肢体残疾而感到自卑。如果是将来能够治疗的残疾，就应尽早告知孩子，让孩子放心。如果是很难完全治愈的残疾，就应注意培养孩子身残志坚的精神，以及独立自主、积极乐观的生活态度，还应思考具体的指导方法，鼓励他们克服残疾带来的困难，让他们明白残疾并不是羞耻的事，每个人都有各自的长处，应努力发挥自己的长处。

在日本，有些人缺乏社会道德，常常会盯着残疾儿童看，有的甚至还取笑他们的残疾。所以，还必须教育所有儿童要关爱身体有障碍的儿童，不要做那些可耻的行为。当然，这不是一朝一夕就能改变的。因此，更要培养肢体残疾儿童克服各种困难的勇气和信心，如果能够做到这一点，残疾儿童将比普通儿童的人格形成更为积极向上。

医生和家人应尽量避免在孩子面前谈论病情不好的方面，孩子再小，也会察觉到父母的不安心情。父母也要绝对做到不在残疾儿童面前唉声叹气，感叹孩子的不幸。残疾既已造成，应将其看作一种磨炼，来促进孩子人格的发展。为此，家人自己首先要以身作则，从自卑感中解脱出来，以积极的态度和孩子一起努力战胜病魔。在此过程中，医生、保健人员和护士也要积极帮助家人，及时为他们进行心理咨询。

4. 其他疾病

1）肺结核

值得庆幸的是，现在患结核病的孩子越来越少了，回想1955年前后的情况①，恍如隔世，但还是有一些患肺结核的儿童。由于肺结核与其他慢性病有一些共通之处，在此列举出一些相关的问题。

患肺结核的儿童有一个特征，他们非常在意自己的病情，多数对死亡感到恐惧不安。这种不安常常通过孩子的说话、梦境、幻想以及绘画表现出来。更严重的还会令孩子失眠，或者突然变得抑郁消沉、行为散漫，或者脾气暴躁，显现出不配合医生治疗的态度。

---

①日本于1951年制定了《结核防治法》。日本在明治维新后，随着产业革命的发展，结核病成为死亡率最高的“国民病”“亡国病”。——译者注

儿童结核病即使比较严重，也看不出有什么表面症状。因此，孩子总觉得自己并没有得什么重病，不愿主动安静养病。相反，父母却常常吓唬孩子“病情加重的话会死”或者“听说亲戚或朋友因患肺结核而病故”，常常令孩子活在对死亡的恐惧中。

另一方面，孩子会幻想自己滑旱冰等的情景，其实他们也想瞒着父母偷偷去活动。于是，他们就会与父母闹矛盾，使病情一直拖延下去。

孤独也会给患结核病的孩子造成不安。如果因为某种理由把孩子一个人留在家里或病房里养病，他们就会一脸怨气，总想把这种怨气转化为对父母或医生等权威人士的叛逆。他们对家人和护士的照顾也很敏感，稍有不满就表现出来，还会与兄弟姐妹或病房里的其他孩子吵架。当遇到这种情况时，我们必须想办法帮助孩子从这种孤独中解脱出来。

一项研究表明，结核病患儿非常希望能与其他健康儿童一样过正常的生活，很不情愿被束缚，常有抵抗情绪。另外，他们认为患病的原因是自己不听话，例如，傍晚回家晚、不听父母的话、父母让自己不要挑食却没有做到。所以，常常抱有很强的负罪感。

一些研究者进行罗夏墨迹测验后，还指出了以下几点原因：

①病态思想占据着孩子的心灵，死亡、幽灵、黑暗的世界好像要迎面袭来；

②想逃避现实，极其恐惧不安、意志消沉；

③表现出明显的不适应、不满足、无力感；

④避免与他人交往，尤其是不愿与他人进行情感交流，似乎又在寻求某种支持和保护；

⑤出现退化现象；

⑥对陌生环境有攻击性情绪；

⑦想要和其他健康孩子过一样的生活；

⑧尽管有以上表现，但其他方面都很正常。

我们应该如何看待这类检查结果呢？从病理的角度分析，应该重视以上第⑧条。即，虽然他们有各种精神方面的问题，需要进行适当的精神卫生管理，但是，他们在其他的许多方面都很正常，一定要牢记这一点。

那么，针对这种需要长期治疗的患儿，应该进行怎样的精神卫生管理呢？

生活在孩子身边的大人们对孩子的态度是至关重要的。不论是父母还是医生或护士，都应该爱护孩子，经常与他们交流，理解他们的心情。如果医生只是因职业需求而只对患儿表现出医学方面的兴趣，孩子则会对医生有抵抗心理，采取不配合的态度或者意志消沉，反而不利于治疗。有些患儿还会趁医生和护士不注意时不好好静养，结果导致病情恶化。

医生可以把病情类似以及治疗方案基本一致的患儿组成一个小组，由主治医生带着孩子们一起聊天或游戏，这不仅有益于孩子们正确理解自己的病情，还能给孩子们一个倾诉心中不安的机会，目的就是为了稳定他们的情绪。以上方法适用于小学3年级以上的患儿。

此外，为了培养孩子的潜在创造力，适当的玩具和娱乐设施也是必需的，这对引导孩子积极参与社会生活非常有益。

对年龄较小的孩子来说，护士的态度显得更为重要。因为被隔离在病房里的孩子非常需要有能像父母一样的人来关心他们。如果护士对待孩子的态度冷淡，缺乏温情，孩子的年龄越小就越容易表现出医院病的症状。所以，护士也应该有一定的时间陪他们一起玩耍。为此，需要做好人员安排工作，必要时保姆也可以参与孩子的护理工作。

2）心脏病

患有心脏病的儿童，在运动方面受到的限制更多。特别是患风湿性心脏病的儿童，当心脏突然出现障碍，医生会更加严厉禁止他们过量运动，所以，患儿的被束缚感更强烈。那些患有先天性心脏病的儿童从小就生活在过度保护的环境中，父母总担心孩子活动太多造成心脏病发作。而过度保护往往造成孩子的独立性发展迟缓，自卑感增强，社会性发展也会受到极大的阻碍。所以，医生在谈及关于生命的话题时，应该格外谨慎，以尽量减少父母的不安。不仅如此，还应多鼓励父母，使父母对孩子的病不要过于担心，以免对孩子的人格发展造成不良的影响。

一般来说，患心脏病的儿童情绪容易不稳定，这种不稳定本身并没有什么特征，但说明他们缺乏适应周围环境的能力。据调查表明，这类儿童与同龄的正常儿童相比，大多都表现得情绪不成熟，可以说这是过度保护和干涉的结果。他们对护理自己的人，包括家人或护士都表现出非常顺从的态度，总夸大自己的虚弱，常常把自己的错误或人格倾向归咎于心脏病，找借口逃避自己应负的责任。有的孩子还非常任性，在生活中很容易放纵自己。

还有些孩子为了展现自己潜在的能力，不听护士的劝告总想擅自活动。如果被提醒注意时，他们就会大发脾气，变得十分暴力。他们很容易和朋友吵架，惹是生非。

针对这类心脏病患儿的精神卫生管理，首先，要让孩子理解只能在一定的限度下进行活动的道理。医生在制订孩子的生活作息时间表时，不要单方面强迫孩子，要和孩子进行充分的沟通，多征求孩子的意见。同时，要给孩子发泄情绪的机会，并告诉孩子在治疗的过程中会慢慢增加活动范围，鼓励孩子拿出勇气战胜病魔。针对高年级的孩子，要经常和他们交流，让他们了解心脏病并不可怕，随着医学技术的进步，心脏病是能够治愈的。

根据美国学者的研究，患心脏病的儿童最担心的是医生在说明自己的病情时说法不一，态度随意，患儿对医生不能完全信任。尤其是大多数患儿对自己的病情未来会发展到何种状况都忧心忡忡，这种忧虑的心情和父母的不安是一样的。父母由于过度担心而陷入过度保护，又因为不能按照自己的意愿养育孩子而埋怨孩子。这些都是医生没有对孩子及其父母给予正确的精神指导造成的。

另外，患心脏病的儿童和其他长时间患病的儿童一样，兄弟姐妹之间会经常吵架。父母应该经常与医生保持联系，在医生的指导下逐渐增加孩子的运动量，让孩子适应日常生活。要让孩子知道，即使在运动健将中也有心脏病患者，还有许多患有心脏病的女性，在婚后都能顺利地分娩。

3）小儿麻痹（脊髓灰质炎）

近些年来，由于预防接种疫苗的普及，小儿麻痹已基本绝迹。但是，考虑到过去的情况，我们仍有必要对小儿麻痹症患者在人格形成过程中的问题稍作分析。

患儿在发病时，由于父母极其恐惧和焦虑，孩子受此影响，人格形成会发生很大变化。特别是学龄前儿童，虽然他们不能理解病情，但从父母的表情或态度上可以深深感受到极大的不安。他们因此而失眠，脸色变差，精神上深受伤害。许多孩子不仅对父母的依赖性增强，还会越来越认生。

只要病情仍在持续，父母就会一直担心下去，并且父母与孩子之间的关系也会变得紧张起来。母亲不断地带孩子去看医生，进行各种训练，越来越不顾孩子的感受，孩子因此开始对父母产生怨恨心理。

不仅如此，孩子由于身体不能自由活动，会感觉生活百无聊赖。虽然父母会从各方面为他们考虑，但每当他们看到同龄小伙伴或兄弟姐妹玩得很开心时，自卑感就会逐渐增强。此外，由于生活范围变小，孩子缺乏幼儿期必要的生活体验，对社会的认知变得狭窄。

有的父母为了面子，担心受他人歧视，不愿带孩子外出，更加深了孩子的自卑感。与此同时，孩子开始毫无理由地对家人发脾气。

对患儿的精神卫生管理，应在患儿本人运动能力的许可范围内，尽量让孩子到户外与小伙伴一起玩耍。有的患儿在医生的指导下，尽管左脚完全麻痹，却仍能拄着拐杖召集周边的小朋友一起玩，甚至成为指挥其他小朋友的“孩子王”。虽然孩子的肢体有残疾，但也要让孩子保持精神的健康，医疗从业者在这方面的作用至关重要，至少在孩子面前要注意避免谈论病情及预后的负面信息。

如果孩子已经产生严重的自卑感，可以在医生的指导下采用游戏疗法逐渐消除孩子的自卑，同时，务必对孩子的父母及家人进行心理咨询服务。

4）盲、聋、弱视、重听

感觉器官有缺陷的儿童，他们的生活范围非常狭窄。因此，要通过教育措施来弥补这方面的缺陷，尽可能地让他们多与正常儿童玩耍、交流，努力发掘并充分发挥他们的潜在能力。由于篇幅所限，这里就不作详细介绍了。

5）患有其他身体障碍的儿童

父母的态度对这类儿童的人格发展影响最大。如果父母对孩子的身体障碍感到自卑，消极地对待孩子，会使孩子的人格发展形成扭曲。另外，还应该努力提高社会教育，把取笑患有身体障碍的儿童视为可耻行为。我们应该让正常儿童多接触患有身体障碍的儿童，并教育正常儿童不能歧视残疾儿童，要积极主动地关心爱护他们。日本首先应该面向成年人开展教育。

第7章

脑障碍

脑部障碍会引发孩子的各种问题。

1．轻微脑功能障碍（轻度脑损伤）

患有脑功能障碍的儿童，最显著的特征是行为极度不稳定，躁动不安。他们经常来回走动，总想动动这个摸摸那个，破坏物品。另外，突发性行为较多，缺乏自制能力。有学者把儿童的这种缺乏自制能力的行为称为“器官冲动”。突发性行为就是不断变化的行为，缺乏一贯性。如果儿童在1~2岁出现这类行为还不要紧，年龄再大一些就不容易教育了。

这些孩子的情绪极其不稳定，经常没有明确的原因就突然大发脾气，还常常表现出反社会的行为，比如不遵守幼儿园的纪律。随着年龄的增长会出现撒谎、偷窃、放火、打架斗殴等行为。这些行为都是冲动性的，事后可能又感到后悔，有时也表现得若无其事。

他们对自己做的事情都有清晰的记忆，所以，有别于癫痫发作时表现的冲动行为。

他们的专注能力差，会不断地被周围发生的变化所吸引。这也是孩子行为不稳定，容易躁动不安的原因之一。在学习方面，成绩极不稳定，时好时坏，学习速度快得惊人，但忘得也快，甚至完全记不住上课讲的内容。他们无法安安静静地坐在教室里，时而会跑出教室，时而在教室里走来走去。对老师而言，这些孩子让人感到非常棘手，难以管教。他们往往到小学2～3年级都很难适应集体生活。

这些孩子的另一个特征是容易出现语言障碍，例如，口吃、发音不准、阅读障碍。他们中有不少孩子还有斜视的习惯。

有脑障碍的儿童运动能力比较差。也就是人们平时所说的运动神经差、笨手笨脚的孩子。因而他们在日常生活中，很难做到自己的事情自己完成。由于孩子动作慢，家人总是忍不住动手帮忙，所以，越发显得孩子笨拙。进入学龄期后，写字写得潦草，经常写不到方格里。在体育方面，手脚的表现都不协调，向上举或向前伸展的双臂不能保持一致，脚也不灵活，骑儿童脚踏车时脚蹬踩不稳。此外，身体保持平衡比较困难，走路时手脚动作不协调。参加灵活性要求较高的运动时，表现得更加笨拙。

但是，上述这些在行为及运动方面有问题的儿童，并非都是由脑障碍引起的，有不少是孩子所处环境造成的，即父母或保育人员在养育方法上存在问题。有些孩子往往离开自己家，或换了保姆后情况就有所改变，问题行为随之消失。所以，对有上述行为异常的儿童不能轻易诊断为有脑功能障碍，即使确诊，也必须在平时的养育中努力改善他们的行为。

2. 脑性麻痹

脑性麻痹的主要原因是控制运动机能的大脑部分受损，尤其是在出生时患缺氧症、颅内出血，以及Rh血型不合而造成的脑性麻痹，大约占一半左右。此外，有肢体障碍的儿童一半以上患有脑性麻痹。

脑性麻痹的症状根据脑神经受损部位，以及受损范围的不同而不同，可分为以下五种类型：

①紧张型——手足紧张，反射亢进；

②手足徐动症型——手足无目的的运动；

③步行困难型——行走时很难保持身体平衡，步行困难；

④颤抖型——手足颤抖；

⑤强直型——手足活动时会引发肌肉强直，有时伴有颤抖。

许多报告表明，在脑性麻痹儿童中，精神发育迟缓的占30%～50%。由于测定他们的智力发育水平比较困难，所以，他们也有可能拥有某些潜在的能力。

3. 癫痫

30多年前，癫痫被认为是三大精神病之一。儿童期的癫痫发病频率最高，具有很强的遗传性。同卵双胞胎中如果其中一个孩子患有癫痫，另一个孩子也很容易出现癫痫发作，即使没有发作，其脑电波检查也容易出现异常。然而，在此之后的研究中，癫痫发病的原因在于脑部障碍的观点开始占主流。现在，癫痫已不再认为是一种精神病。并且，发病原因相比于遗传因素，人们更多关注的原因是由于分娩时的障碍或出生后头部受到的打击。科学的进步常常从根本上改变人们对疾病的看法。

根据脑电波的检查诊断，癫痫可分为以下几种类型：

①大发作；②小发作；③精神运动性发作；④点头发作；⑤局部发作；⑥自律神经性发作。

比较典型的发作是大发作。发作前大多会在几秒或几分钟内出现短暂的恍惚状态，但是，儿童往往没有这种状态，大多表现为突然发作。

大发作时，患者因失去意识而摔倒在地，手脚变得僵硬，随后手脚发抖痉挛持续数分钟，发作期间患者毫无意识。待痉挛逐渐消退后便陷入深深的昏睡中，昏睡时长大约30分钟至1个小时。

有些儿童在发作前会发出叫声，倒地后口吐白沫。由于患儿可能会在痉挛过程中咬到舌头，所以，可以把筷子或铅笔放在患儿的牙齿之间。发作时，有的儿童还会出现大小便失禁，主要是小便失禁，大便失禁比较少见。

癫痫发作刚结束时，患儿的瞳孔扩张，对光没有反应，还有可能出现病态反射（例如，巴宾斯基反射）。患儿醒来后会暂时陷入恍惚状态，对刚才的发病没有任何记忆。有时在数小时内手脚不能自由活动。

有的患儿发病严重时会反复发作数次，有时甚至一天发作十几次。

小发作表现为在极其短暂的时间内意识丧失，有时可能不会被注意到，多数情况下父母只是感觉孩子的表情有点奇怪。例如，孩子在瞬间好像做梦一样目光飘忽不定，或吮吸嘴唇或咀嚼牙齿。有的儿童仅仅是面部或手腕出现轻度痉挛（哆嗦），或者是在吃饭时把碗或筷子掉落到地上。类似这种小发作，如果一个月内发作1～2次则并不明显，次数多时一天可能发作十几次。小发作通常只在年幼时出现，成年后就会消失。

还有一种“密集性癫痫”（pyknolepsy）。这种癫痫的临床症状以及脑电波与小发作基本没有区别。一般在3～10岁期间发作，预后效果良好，进入青春期后自然消失。而且，智力和人格完全没有受到影响。针对这种密集性癫痫，小发作被认为是大发作的一种变形。

精神运动性发作是患者在无意识或精神恍惚状态下，躁动不安，来回踱步，甚至无端生气发怒。但事后患者本人并不记得自己的这些行为。有的患者在精神恍惚的状态下产生幻视、幻嗅或眩晕，有时还有梦游的现象（参照第222页）。

点头发作是指头向前方牵拉下来产生痉挛的一种症状。预后效果不佳。

局部发作是大脑局部障碍引起的发作，脑电波可以清晰地显示出大脑障碍的部分，局部发作的部位也多有相应的障碍。

此外，还有自律神经发作，常常引起胃疼、脐疝痛（参照第207页）或其他腹痛，脑电波检查可发现某种异常。

患有癫痫症的儿童往往在人格方面会发生变化，比较容易对某件事情固执己见，非常谨小慎微，或者爱挑剔、吹毛求疵。这些变化是由内在原因引发还是受外在环境影响，还需要慎重分析。如果孩子被诊断为癫痫症，父母都会非常紧张不安，在生活中很容易对孩子过度保护。所以，要特别注意孩子的精神卫生管理，多施以游戏疗法。

以前，很多人认为癫痫症的预后效果不佳。近年来，由于药物治疗收效良好，完全治愈的患者不断增加。根据癫痫症发作的类型不同，使用的药物也有所不同，而且，为了有效治疗，一般需要长期坚持服用。

在癫痫症患儿面前，应避免谈论与癫痫有关的话题。医生如果不注意言行就很容易令孩子产生自卑感。有些母亲也会认为自己的孩子很不幸，于是，对他们过度保护，反而造成孩子的人格扭曲。

我们接触过不少这样的病例。所以，我们认为癫痫确诊后的精神卫生管理很重要，母亲应教育孩子要树立远大的理想，要对未来充满希望。

癫痫症的诊断多以脑电波检查作为依据。有一种波形尽管不是癫痫特有的脑电波形，但也不属于正常，此时，我们就不能盲目诊断为癫痫症。特别是因为孩子有人格或行为问题而进行脑电波检查，在诊断时必须注意。最近，给脑电波显示不正常的孩子使用抗癫痫制剂的案例越来越多，结果造成孩子的行为反应变得迟钝，智力水平有所下降。在停止服药后，他们又会重新恢复活力，智力水平也有所提高。另一方面，也有的患儿虽然有过痉挛发作的病史，但脑电波并无异常。因此，脑电波的结果并不是绝对的，不能作为诊断癫痫病的唯一依据。

癫痫的原因可详见第4章“弱智儿童”中的内容（参照第190页）。

第8章

小儿自闭症

以前经常把小儿自闭症误诊为精神分裂症及精神发育迟缓的一种特殊症状。由于小儿自闭症的患儿很少对周围的人做出应答，常常表现出极其幼稚的行为，所以，很容易被认为是精神发育迟缓的儿童。但是，自闭症儿童在某一方面的能力属于正常，甚至会超越正常水平。

自闭症儿童的初期症状大多表现为语言发育迟缓。几乎所有的自闭症儿童开口说话都很晚，即使开口说话，他们的语言发展速度也很缓慢，许多孩子到4～5岁还无法进行正常对话。另外，即使到了3~4岁，他们对其他小朋友的事情完全不感兴趣，虽然不害怕和他们在一起玩，但总是表现得漠不关心，喜欢自己独来独往。这种情况在玩具方面也能表现出来，他们对同龄孩子喜欢玩的玩具完全不感兴趣，连碰也不碰一下。

首先，自闭症儿童的语言发育迟缓表现在以下几个方面：

①对话时眼神飘忽不定；

②对他人的问话毫无反应，很少回答“是”。不管问他什么问题，即便是母亲问话也常常默不作声，容易被误认为是聋哑儿童；

③回声式语言。别人说什么他也说什么，重复别人的话。例如，别人催促他说：“快点回答。”他也鹦鹉学舌地说：“快点回答。”；

④常常自言自语。连母亲都听不懂他在自言自语说什么；

⑤说话没有抑扬顿挫，缺少感情色彩，显得平淡无味。

其次，自闭症儿童在人际交往方面的缺陷有以下几点：

①难以建立与父母的亲密关系。正常发育的孩子会跟自己关系亲密的父母撒娇，要求父母陪自己玩耍或接受父母提出的玩耍建议。但自闭症儿童与父母的关系往往就没有那么和谐，即使父母提出与他一起玩耍，他也常常毫无反应。他们有一个最大的特征是没有眼神的交流。有的自闭症儿童与母亲的关系也很亲密，他们喜欢母亲的爱抚，一旦离开母亲就会感到紧张不安，不知所措。有研究者称这种情况为“小儿共生精神病”，是儿童发育的过程之一；

②讨厌兄弟姐妹，特别是在2～4岁期间表现突出。极端嫌弃弟弟妹妹，甚至遮住自己的双眼不愿意看他们，或者不愿意和他们一起回家；

③对朋友漠不关心，不愿意与小伙伴一起玩耍，不适应集体生活，常常独自一个人玩耍，或者走出房间独自徘徊；

④有些幼儿期的自闭症儿童会走出家门，到处走动。

再次，自闭症儿童比较突出的行为是刻板行为与怪癖行为：

①刻板行为是指在一定的场所不断重复同一个动作。比如，在房间里长时间地走来走去，在楼梯上不停地爬上爬下。一般重复做动作的时间比较长，如果有人妨碍他们的这一行为，他们就会大发脾气；

②怪癖行为包括一天好几次打开窗户向外看，查看门窗是否关

好，把橡皮类的东西放到嘴里咬，不管什么东西都要用鼻子嗅。

最后，自闭症儿童还有以下特征：

①一旦行为受到阻止就会大发脾气。他们会气得满面通红，要求凡事顺自己的意。时而在水坑里滚来滚去，时而用脚踢打东西，大哭大闹。每当此时，大人吓唬、威胁他都不管用。但是，只要满足了他的要求就会立即停止发脾气；

②不少自闭症儿童都非常胆小，恐惧心理极强。比如，有的孩子听到火车通过的声音、警笛的声音，甚至录音机的低音部分，都会用手捂住耳朵哭个不停；有的孩子讨厌楼梯，只能爬着上楼梯；有的孩子讨厌其他孩子或陌生人，看到他们就表现得紧张不安；

③运动能力笨拙，缺乏平衡能力。很擅长往高处爬，但走路却东倒西歪，有时不能很好地使用剪刀，或者很早就会自己走路，可以忍耐长时间步行，却不会骑儿童脚踏车；

④缺乏正常的生活习惯。例如，不愿意自己一个人吃饭，4～5岁还没有形成大小便的正确习惯。如果是发育正常的孩子，可以逐渐培养他们独立自主的生活习惯。但是，对自闭症儿童来说，即使进行训练也做不到，而且，当训练强度增加时，他们还会发脾气，或者表现出其他的问题行为。

从患病的情况来看，自闭症儿童的身体素质不是非常结实就是非常虚弱。他们如果患病，大多容易患与自律神经系统相关的哮喘或自体中毒症。

对自闭症儿童进行智力水平测试是非常困难的事情，可以注意以下几点：

①智力正常或者超常，记忆力好，有时甚至远远超过正常儿童。例如，2～3岁就能记住各种颜色和手指的名称，能够背书，认识字、数字和英文字母，乐曲名、地图上的车站名、日历也记得很清楚，有些孩子甚至能在几秒钟内说出明年的几月几日是星期几；

②有些孩子在日常对话中只能说出单词，但却能正确记忆歌词和歌曲旋律。

以上列举的各项问题，如果单独来看，正常儿童在发育过程中也常常会出现类似的情况，而自闭症儿童表现出的情况会更多。尤其是语言特征及回答他人问题时的特征，几乎所有的自闭症儿童都有相同的表现。此外，有些儿童的自闭症状很明显，有些儿童并不明显。自闭症的诊断不能通过一两次的观察就确诊，必须反复观察。

关于造成儿童自闭症的原因，至今仍然众说纷纭，没有定论。目前的研究倾向是不把自闭症当作一种疾病，从性格问题或者发育失衡的角度来分析，称他们为有自闭症状倾向的儿童，而不是直接称为自闭症儿童。

如果怀疑孩子有自闭症倾向，首先，应该充分增加对孩子的身体接触（拥抱、陪睡觉），以及挠痒痒、抱着孩子转圈圈的游戏，尽量多陪孩子一起玩耍。通过这样的方式，孩子逐渐开始主动要求和他一起玩耍，表情也会开朗许多，变得越来越可爱，视线不再飘忽不定。如果出现这类变化，那么孩子很可能有自闭症倾向。针对这类儿童，我们必须建议父母要实现亲子间的身体接触，随着亲子间的亲密度增加，不少孩子会逐渐开口说话。

在加强身体接触的过程中，最好暂时不要对孩子要求太严格，否则容易让孩子变得更加冷漠，自闭倾向更加严重。只有当父母与孩子之间的关系变得更亲密、更协调后，孩子才会开始对其他成年人感兴趣，进而对与其他小朋友一起玩耍开始产生兴趣。这时，再让孩子到集体中去玩耍、生活，孩子才会逐渐变得开朗。

上学问题是自闭症儿童面临的最大障碍。首先，学校的入学前审查委员会对孩子做出怎样的判断？有些孩子本来可以进入普通小学学习，并且今后还有提升空间，但审查委员会却往往以不容易管理为由，建议家长把孩子送入专门的自闭症儿童养护学校。由于自闭症儿童不愿意参加考试，相关人员不理解原因便判断孩子为弱智，进一步证实了自闭症儿童不适合在普通学校学习的结论。

即使进入普通学校，如果老师能积极接受孩子，孩子便可以逐渐适应班级生活，表现出学习的欲望。而如果老师缺乏积极性，孩子就会表现出不适应的行为，没有学习的欲望，最终还是被要求转到专门的自闭症儿童养护学校。

日本的“情绪障碍儿童班级”是在普通的幼儿园、中小学校为自闭症儿童设立的特殊班级，目前，特殊班级已经超过1000个，许多孩子取得了良好的成绩，逐渐能够适应普通班级，最终顺利地进入校园生活，这些都是老师们努力的结果。但是，仍然存在许多问题，例如，入学前缺乏准备，教学方法欠缺。结果还是有不少孩子会被建议送到专门的养护学校。

对自闭症儿童的教育方针可以从两个方面来思考。一是要促进孩子适应能力的发展，二是要开发孩子的智力。前者需要老师进行一对一的教育工作，特别是要多给孩子以身体抚爱，但有时并不能实现。后者在智力开发方面，首要任务是需要研发一套自闭症儿童感兴趣的教材，在使用这类教材后，许多孩子都有正常发育的可能。但是，由于自闭症儿童感兴趣的对象范围狭窄，给老师们的工作带来一定的困难，有时尽管做出许多努力仍然看不到效果。所以，作为今后的研究课题仍需进一步努力。

目前，虽然在普通学校已经开设了许多“情绪障碍儿童班级”，多数自闭症儿童也都有可能在普通小学接受教育，但在相关的教育内容方面还需要进一步拓展。

此外，关于自闭症儿童的教育问题还存在许多不足之处。小学毕业以后的升学问题，孩子们往往还是会被送到专门的养护学校。但是，养护学校结束之后又该进行怎样的教育？将来的职业问题该如何解决？许多问题都还没有一个清晰的思路。

第9章

儿童神经症

给“儿童神经症”定义一个准确的概念是比较困难的。近年来，“神经症”一词常常被乱用，只要发现儿童在精神上或行为上出现某些问题，都会被称为有“神经症”。我们认为应该谨慎使用“神经症”这个词。以患有“强迫神经症”的儿童为例，孩子往往是受到父母的影响而感到恐惧或心神不定，自己很少意识到这是病态，也没有想要努力消除这种不安。孩子年龄越小，这个特征就越明显。有一种观点认为，神经症是孩子进入青春期以后的病症，青春期之前应称为“具有神经症倾向”以及“假性神经症”或“周围神经症”。我认为，这些名称实在没有意义。

成年人的神经症可以分为若干种类型，下面，我们在介绍的同时，说明它们与儿童神经症之间的区别。在此，我们主要介绍强迫神经症、抑郁症和歇斯底里症。

1．强迫神经症

成年人的强迫神经症症状主要表现为：违背自己的意志产生各种强迫观念，造成思考中断，行为受阻，给本人带来极大的痛苦。患者的恐惧对象有很多，包括不清洁、疾病、恐高、疏忽大意、脸红、人际关系、不完美（门窗没关好）。他们自己也明白这种恐惧心理是没有道理的，很想努力克服，但这种念头始终萦绕在心间，挥之不去，因而常常使生活陷入深深的苦恼之中。

许多孩子在进入青春期之前会对某些不清洁卫生的地方感到恐惧。他们很讨厌自己的手或衣服被弄脏，有些孩子一天总要洗好多次手，只要见到稍有不整洁干净的人就不愿意接触。他们并不认为这种行为是不合理的，因此，也并不会因自己的执着而感到烦恼。他们之所以有这种行为，可能是受到父母的影响，从父母那里模仿来的。所以，青春期前孩子的强迫症可以说是模仿性学习。我们在夏令营活动中发现，只要改变孩子所处的生活环境，在一定的时间内，那种恐惧和不安的心理就会消失。

进入青春期以后，孩子的这种强迫神经症症状会逐渐接近成年人的症状。有些孩子在课堂上了解到大肠杆菌的知识后，乘公交车不愿触碰座椅扶手；有些孩子无数次确认门窗是否关好，电灯是否关掉，煤气阀是否拧紧，不去确认几次就一直紧张不安，甚至难以入睡。对事物追根究底，爱钻牛角尖也是儿童强迫症的表现之一。如果脑海中浮现出“为什么雪是白色的”“为什么河里会有鱼”的想法，总是不能从正面进行思考，偏要不遵循常理地问“为什么”，日常行为也因此而受影响。比如，总怀疑自己写的作业或者报告有错误，一遍又一遍地检查，而真正的错误却根本检查不出来。当陷入这种状态时，他们深感烦躁焦虑，往往把自己搞得疲惫不堪。下面的两种病症，幼儿及学龄儿童几乎很少表现出来。

2. 抑郁症

成年人的抑郁症主要是指患者对自己的健康状况过度担心的一种状态。患者总是认为自己的身体患有某种疾病，到医院进行各种检查，即使证明身体没有异常，也仍然不相信检查结果。自己反复查阅家庭医疗的相关书籍，深信自己有病，经常服用各种药物。因此，他们总是把自己关在家里，不参加任何社会活动。

儿童对自己生病表现出的不安则大多是因为受到父母的影响。父母中只要有一人对疾病表现出恐惧心理，而且经常在孩子面前忧心忡忡地谈论病情，就很容易让孩子跟着焦虑不安。他们会对自己身体的一些细微变化非常敏感，对自己的健康失去信心，总是诉苦头痛、恶心，或者身体的某个部位不舒服。

这些情况可能是因为孩子看到家人生病或者邻居患了重病，或者听到有关死亡的话题后暂时出现的。还有种情况是医生把孩子当作重症患者对待后，孩子也容易出现上述症状。但是，只要给孩子改变环境，或者耐心开导他们不必太在意生病的问题，他们一般就不会再胡思乱想。在我们举办的夏令营活动中就遇到过这样的孩子。

另外，在那些经常诉说自己身体某个部位不舒服的孩子中，有的是因为母亲在家里很少亲自养育孩子造成的。只要父母能多给孩子一些关爱，多与孩子进行身体接触，他们诉说不舒服的情况就会减少，直至完全消失。

治疗儿童抑郁症可以采取游戏疗法，或者暂时让孩子与家庭隔离生活一段时间，特别是让孩子到大自然中尽情玩耍会比较有效。

3. 歇斯底里症

很久以前就有研究报告介绍过儿童歇斯底里的症状，其特征主要表现在以下三方面：

首先，是“麻痹”症状。当患者受到某种精神上的打击时，手脚的一侧或两侧都会出现麻痹现象，不能站立或行走，关节发生强直。

感觉器官障碍方面的症状则是失去知觉。主要特征为这种症状与解剖学上的神经支配不一致，或者有可能是知觉过敏，只要稍有刺激就会哭诉剧烈疼痛。孩子并没有夸大地表现病情，实际上是痛觉变得敏锐了。如果是耳朵或眼睛出现这种反应，可能导致失聪或失明，另外，也有可能出现“缄默症”。

其次，“发抖”和“痉挛发作”也是歇斯底里反应的症状之一。作为歇斯底里的特征，发抖一般只在写字或某种特定的学习时发作，肌肉群会在发作时反复出现痉挛。这些症状的原因在于精神紧张。比如，因为字写得好被老师夸奖的孩子，当自己写不好字的时候，就会出现书写痉挛。因为孩子有危机感，他担心自己如果得不到老师的认可，在班级里的地位就会降低，而且自己又没有办法改变现状，此时，就会表现出歇斯底里的反应。

最后，模仿倾向往往也是歇斯底里症的表现。在学校，如果有一个孩子患舞蹈病或失神发作，好像受感染一般，不断会有其他孩子出现同样的症状。而比较容易受感染的孩子往往就处于歇斯底里症的准备状态。他们的独立性发展迟缓，不能靠自己的能力解决困难，加之亲子关系失调，或者在班里与老师、同学相处不和谐。

歇斯底里症的痉挛发作与癫痫发作类似。即突然倒地、手脚发生痉挛，或者身体向后仰。由于没有失去意识，即使在狭窄的台子上发作也不会掉下来。另外，歇斯底里性痉挛发作往往通过身体的某个诱发部位引起。比如，压迫到上腹部或下腹部的某个诱发点就可能会引发痉挛。

歇斯底里倾向较严重的少女在发作时会出现急促呼吸的症状，并由此引发“呼吸性手足抽搐”。有的患者在发作后说：“发作时胃里好像有一个球状物。”那个球状物“感觉好像要突破喉咙冲出来似的”，这种情况是“食道痉挛”的结果。

以上是歇斯底里症儿童的症状表现，在具体做诊断时务必慎重。因为一旦被诊断为“歇斯底里症”，患者本人一生都会在意这一点，还会有自虐倾向。

如果从广义上解释歇斯底里的概念，则有必要提及“歇斯底里性格”。具有这种性格的儿童的行为举止像演员一样十分夸张，在表达情感或感谢时大多都是虚情假意。而且，他们总是在他人面前努力展示自己的优秀。另外，他们对朋友和家人表现出很强的好恶感，极其善变。这种性格的儿童很容易出现歇斯底里的症状，被称为“歇斯底里的准备状态”或“歇斯底里性能力”。这些都是自我不成熟的表现，特别是独立性发展迟缓，缺乏自我控制的能力。可以说，这类儿童是在过度保护和溺爱中养育的结果。

儿童歇斯底里往往是由于父母或其他家庭成员养育方法不当造成的，所以，只有父母确立正确的养育态度，孩子才能克服歇斯底里症状，从而形成健康的人格。医生在治疗歇斯底里症状时，不能只从医学角度对患儿治疗，还必须采用精神疗法，而且越早开始采用，治疗效果越好。医生还需培养自己的眼光，以鉴别哪些症状属于歇斯底里的症状。如果确诊过晚，症状就会逐渐固化，使治疗更加困难。

在向父母介绍歇斯底里症状的性质时，还有必要详细了解父母的育儿态度，并指出其中的错误与混乱。为此，需进行长时间的心理咨询。在进行咨询时，如果发现患儿家庭成员之间的关系不协调，就必须努力解决。如果一时难以解决，也可以考虑让孩子暂时住院治疗。

对歇斯底里症采用暗示疗法的效果也比较好，或者与催眠疗法并用。如果孩子的独立性发展迟缓，自我控制能力低下的问题得不到解决，歇斯底里症还有可能复发，有时还会引起其他症状。

第10章

儿童精神病

儿童患精神病的案例比较少，尤其是年龄越小的孩子患精神病就越少见。这里介绍的进行性麻痹和精神分裂症大部分是在青春期发病。不过，近些年来，相关报告显示“小儿精神分裂症”的病例有增加的趋势。

本章主要介绍如何区分正常儿童与异常儿童的界限，并在此基础上简要叙述麻痹性痴呆、小儿痴呆、精神分裂症和躁郁症的相关知识。

1．麻痹性痴呆

麻痹性痴呆是由母体遗传给孩子的梅毒引起的，症状会在孩子5岁后显现出来，进入青春期以后发病更多。由于症状出现得非常缓慢，最初往往不被人注意。儿童发病的过程也比成年人的情况要缓慢，预后效果一般都不理想。即使努力治疗，病情仍然会持续恶化，多数在症状出现3～5年内死亡。

儿童麻痹性痴呆的症状与成年人的症状大体相似，主要表现为语言障碍，构音困难，吐字不清，说话缓慢，结结巴巴。

医学检查可以发现患者的瞳孔与正常人不同，脑脊液有异常，华氏反应呈阳性，面部强直逐渐显著，嘴唇发抖，直至出现步行困难。

在症状恶化的过程中，人格上的变化会较早地表现出来。患者失去活力，行动变得迟缓；情感不能清晰地表达，智力下降；注意力集中能力变差，判断力减弱，对一切事物都失去兴趣。

患者渐渐变得消瘦，头晕加重的同时丧失意识，出现癫痫状痉挛。在此期间，有的孩子因感染其他传染病而死亡，有的则因脑出血而病倒。

进入青春期的孩子，如果人格方面出现很大的变化，同时，伴随语言障碍还出现运动障碍，就需要考虑是否患有麻痹性痴呆。

2．小儿痴呆

小儿痴呆症的特征主要表现为，3～4岁之前发育正常的儿童出现语言障碍，尤其是重复他人的话，发音不清楚，多用“la”的音，渐渐会失去对语言的理解力。但是，患儿对音乐的理解力却能够保留较长时间。

患儿有时容易出现各种不安状态，时而兴奋、时而愤怒。或者喜欢捉弄人搞恶作剧，对家人施暴。症状加重会出现癫痫状痉挛发作，大脑皮质下发生病变。

患儿的智力逐渐降低，不到13岁就几乎衰退殆尽。在整个发病过程中，病情既不会停止也不会好转，大多持续恶化。但是，智力降低不会在外貌上表现出来，孩子的面部表情看起来有如正常儿童，身体看似健康。

小儿痴呆与精神分裂症不同的是患儿与他人的关系保持良好。

3．精神分裂症

在40年前，人们一直认为儿童没有精神病，但在1930年前后，美国出现了有关儿童精神分裂症的报告，早期小儿自闭症也被认为属于这类范畴。

幼年期的精神分裂症只占精神分裂症病例总数的1%。但是，由于儿童精神分裂症很少表现出成年人常见的一些症状，诊断起来比较困难。孩子年龄越小就越有必要慎重观察发病的过程。有些2～3岁之前还正常发育的孩子突然对周围的人失去兴趣，不能进行语言交流。

特别需要注意的症状是人际关系方面的障碍。例如，尽管能和母亲保持关系，但却很难与其他人建立正常的关系。正常的儿童随着年龄的增长就不再认生，精神分裂症的儿童年龄越大越害怕见生人。

青春期以前的孩子很少出现明显的幻觉，很难把握孩子是否有思维障碍，理解孩子的情绪内在体验的方法也比较少。

一般来说，这类儿童都有智力发育迟缓的倾向，或者智力发展呈现出停止状态，很容易被视为弱智儿童（参照第182页），他们都不愿意去上学。

如果儿童急性发作精神分裂症时，甚至会出现类似髓膜炎一样的症状，往往很难确诊。所以，前面所说的精神分裂症患者中儿童占1%的比率是值得怀疑的。

治疗方法可采用冲击疗法，但大多无明显效果。各种医学疗法和精神疗法对儿童精神分裂症的治疗效果都很不理想，很难痊愈，但有益于改善自闭倾向和神智恍惚的状态。

4．躁郁症

躁郁症是情绪和行为躁动不安的狂躁症状，与情绪低落、厌世绝望、少言寡语的抑郁症状交替出现或者其中一种症状周期性出现的精神病。

这种精神病多见于成年人，遗传色彩浓厚，儿童患此病实属少见。一般来说，进入青春期后患该病的患者有所增加。儿童患者的症状也表现为狂躁状态和抑郁状态交替出现，但同样状态在精神发育正常的孩子身上也时有表现，很难区分病态和正常状态。所以，需要在长期观察的基础上做出诊断，特别是躁郁症出现的抑郁症状与周围环境的影响无关，患儿只是绝望地哭泣。这一点与神经症患儿不同，神经症儿童与环境因素有直接的关系。

第 11 章

问题行为的诊断

有些儿童的行为总是让老师和父母感到头疼，还有些儿童因为精神紧张不安引起身体疾患，为了了解其背后的精神原因，我们应该采用哪些方法呢?

首先，我们必须鉴别孩子的行为到底是基于精神紧张不安造成的，还是基于身体的器质性疾病引起的。其次，我们要了解造成孩子精神负担的原因何在，是家庭成员之间的关系问题，还是在学校与老师、同学的关系不好而造成的。最后，还需详细了解孩子的成长经历，孩子从出生到现在是在怎样的养育环境中成长的。这些都是造成孩子当前行为的重要因素。在诊断过程中，特别要重视运用游戏观察法，如果忽略游戏观察法，很容易造成误诊。下面我们就来简要介绍这种诊断方法。

1．分析儿童的生活经历

可以从儿童的生活经历中详细分析他们的人格形成过程。为了便于了解儿童人格扭曲的原因，可以把他们从出生到目前的状态分为几个阶段逐一了解。当然，也没有必要一定按年龄顺序了解，可以根据父母的讲述来推进。

1）出生时的状态

孩子出生时的状态是否正常，对于父母以后的养育态度有很大的影响。比如，孩子是早产儿（出生时体重在2500克以下），在刚出生的一个月之内就必须非常谨慎，父母也会在养育过程中处于神经质的状态。如果孩子后续发育顺利，父母的不安便会逐渐缓和；如果有异常状态遗留，父母的不安感便增强，这将对孩子今后的人格形成造成直接的影响。此外，如果在新生儿期患病，也会使父母在养育过程中小心翼翼、提心吊胆。

出生时发生的异常，会直接影响孩子的脑细胞。其中，出生时的假死状态，阻碍了大脑供氧，缺氧状态使抵抗力弱的脑细胞受损，很容易导致精神发育迟缓和运动机能发育迟缓，必须引起注意。出生时颅内出血也会给今后的发育留下各种后遗症。根据出血部位的不同，后遗症的症状有所差异，有可能是四肢残疾，也有可能是精神发育迟缓。因此，了解孩子的出生情况时，必须询问出生时是否有颅内出血？分娩时体重是否过重或过轻？是否使用产钳等器械？新生儿期是否有呕吐、发烧或痉挛症状？

此外，还要询问分娩过程中是否使用麻醉药物。Rh因子（新生儿期重症黄疸）对孩子以后的精神发育也有极大的影响。

必须明白的是，婴儿出生时或新生儿期发生异常情况，并非肯定会对儿童的行为或智力造成直接影响，有不少病例表明，后天的养育方式会在很大程度上影响儿童的行为和智力。

另外，在调查中还需要了解孩子的出生是不是父母所愿。例如，有的孩子是在父母无可奈何的情况下生的，或者有的父母本来希望生男孩，结果生下来的却是女孩。当然这些问题都是在与父母建立良好关系后才能了解到的信息，否则，一开始就调查这些问题会招致父母的反感，不利于今后的深入调查。

2）新生儿期

在养育孩子的过程中是否有困难，会直接影响父母的育儿态度，特别是存在生命危险的新生儿期。如果在养育方面有困难，或者是孩子突然生病，不少父母的育儿态度会变得紧张不安。

母亲在哺乳时婴儿的吮吸力是否够大，如果是吮吸力较小的婴儿，可能今后的生活能力会比较弱，发育也会迟缓。婴儿的手脚运动是否正常？哭泣是否过多？这些症状都与脑部障碍有关。

3）婴儿期

孩子身体正常发育，吃得香睡得好，养育者就会感到轻松愉快，可以安心抚养孩子。有安定感的养育环境，也可以给孩子带来一个轻松愉悦的环境。

给孩子用母乳喂养还是人工喂养，这本身并没有问题。从弗洛伊德精神分析学的角度来看，口唇期性欲是否得到满足会影响孩子将来的人格形成。与此相比，更为重要的问题是母亲是否用全身心的爱来喂养孩子。美国的母亲不愿用母乳喂养孩子的原因之一是为了保持年轻的容貌，这其实就是母亲有“以自我为中心”的倾向，而这种倾向会对孩子的人格造成极大的影响。如果只是因为母乳分泌不好，不得已使用人工喂养，则不必担心。只是人工喂养容易造成强制性喂养，导致“食欲不振”，即“厌奶”的问题。

一般来说，按时给孩子喂奶是比较理想的，但是，如果母亲只考虑自己的情况而忽视孩子的需求，就会使哺乳成为机械式的行为，造成极其严重的问题。母亲应该通过哺乳给孩子传达具体的爱，在这种氛围中母亲可以享受这种状态，孩子也能从中获得满足感。

欧美国家在20多年前，日本则在近些年，有不少父母对孩子采取机械式的养育方法，他们无视孩子的情绪和要求，强制孩子服从大人的时间安排和育儿行为。这是以方便高效为目标的近代文明的产物，同时也是机械文明飞速发展的结果。年轻的母亲们越来越以自我为中心，对孩子的养育采取放任不管的态度，与孩子的具体接触日益减少。因此，孩子们对周围的人和事漠不关心，语言发育能力迟缓，情绪不稳定，从而出现各种问题行为。例如，安静不下来、行为怪异、过于乖顺。对此，30年前，美国就有学者针对按时哺乳提出了“按需哺乳”的概念，并且提倡“母子同室制”，延长母亲的哺乳时间。在美国，母乳喂养的孩子很少，6个月以后的孩子，除极少部分黑人用母乳喂养外全部都是人工喂养。日本曾经有一段时间母乳喂养减少，所幸随着母乳运动的推进，母乳喂养又有了增加的趋势。

日本在20年前仍施行无规律的哺乳，这对孩子的人格形成造成了一定的影响。孩子缺乏忍耐力，非常任性，可以说是源于孩子一哭就给其哺乳的育儿方式。因此，我们需要确立指导方针，制订正确的哺乳时间。

另外，在母子间的接触关系中，如果身体接触过多，即哺乳、陪睡、抱、背的行为过多，会使孩子缺乏独立性，造成社会性发展迟缓。为了纠正这方面的问题，日本社会大力提倡欧美国家的育儿方法。

欧美国家的儿童一出生就被隔离到“床”的环境中，1～2岁的孩子就已经有自己的房间，原则上是从父母的生活空间中隔离开来的。因此，孩子的独立性和社会性相互促进、共同发展。但是，亲子间的接触关系，具体的母子关系也因此减少。我们不能忽略的是欧美国家的母亲通过频繁的拥抱和亲吻弥补了这方面的问题。

日本的育儿法基本上是从欧美国家引入的，虽然我们应该学习先进国家的育儿方法，但是日本的社会文化背景与欧美国家存在差异，我们必须持谨慎态度，不能草率地把欧美国家的育儿方法或者方针拿来立即用于日本的儿童。也就是说，如果我们让孩子睡在他们自己的床上，给他们单独的房间，随着这种生活方式被越来越多地采用，母子关系将会变得淡薄，情绪不稳定的儿童或者对周围的人不感兴趣的儿童会有所增加，语言能力的发育也会受到影响。这是因为日本对亲吻等行为习惯还没有那么普及。

除哺乳问题以外，断奶期的喂养方式以及穿衣、排便方面的教养都会对孩子的人格形成造成影响。因为通过这些养育方式，母亲的情绪会直接传达给孩子。母亲充满柔情的眼神和声音对孩子的发育极为重要。所以，我们必须注意母亲的养育态度中透露出的是怎样的情绪，对孩子造成了怎样的影响。

以前曾认为断奶时间的早晚会影响孩子的人格形成。然而，不只是断奶时间的早晚问题，母亲是否带着不安情绪抚养孩子也是问题的关键所在。因此，注意母亲的育儿态度也是非常重要的。

关于排便的教育，以前认为应该尽早培养孩子自己大小便的习惯，以预防孩子晚上的夜尿症，但这种观点并不一定正确。因为孩子自主排便并不是简单的运动机能的发育，强制进行排便训练，反而会引起漏尿症、尿频症、遗粪症的发生。

欧美国家关于医院病的研究表明，孩子离开母亲进入婴儿院时的年龄越小，对人格的影响就越大，会引发诸如体重增加、脸色苍白、各种怪癖、情绪不稳定、待人冷漠的问题。即使是在婴儿院养育，如果出生后1年左右回归到家庭中，并且家庭健全，就不会遗留任何问题。在婴儿院养育过程中，问题的关键在于养育人员的行为，养育人员是否具备代替母亲的素质，以及他们是否有足够的时间和孩子保持充分的身体接触。近20年来，日本的婴儿院为预防医院病尝试了许多改善方法，颇有成效。然而，由于在家庭中母亲对孩子放任不管的风气盛行，家庭中也出现了医院病，这是很严重的问题。

另一方面，我们有必要针对被认为是神经质的儿童进行分析讨论。有些孩子从婴儿期开始就在睡眠、饮食方面存在各种问题。例如，睡眠时间短、换个地方就睡不着、吃不胖、食欲不振、神经性呕吐、对辅食极端挑剔、对食物的温度及舌头触感敏感、认生，这些都让父母十分烦恼，特别是母亲会感到不安，有些母亲也因此形成了缺乏一贯性的育儿态度。于是，在生活的各个方面，母亲和孩子之间开始产生摩擦，使症状进一步恶化。特别是在日本，不少家庭与祖父母一起生活，问题更加复杂，围绕育儿问题的婆媳之争至今仍然没有绝迹。

但是，神经质的状态，正如我们前面所述（参照第52页），是由于母亲的生活节奏与孩子的生活节奏不合引起的，大多反映了母亲的不安。特别是母亲如果与丈夫或老人的关系失调，母亲的不安就愈加显著。因此，不可过早地认为“神经质”是天生的体质问题。

尤其是如果与祖父母一起生活，就要考虑双方在育儿方法的问题上是否意见不一致？当遇到意见不一致时如何处理？母亲在抚养孩子时是否要“顾及”老人？这些问题都会影响到孩子。

此外，还要记得询问生病的情况。如果孩子曾患有消化不良、肺炎等危及生命的重病，父母在育儿态度中往往会小心翼翼，生怕孩子病情加重，总是对孩子百般呵护。例如，那个东西不能吃，会吃坏肚子，对孩子的干涉也有所增加，让孩子多穿衣服，限制孩子出门。这种消极的育儿态度必然使孩子的独立性发展受到阻碍，孩子自身也会对日常生活不安起来。

经常生病的孩子也一样，即使只是感冒一类的小病，特别是对于第一个孩子，父母也会非常担心，强制孩子过消极的生活，孩子自然会对生活充满不安。

有的医生轻率地判断孩子“体质弱”，孩子父母的脑海里总是萦绕着孩子体质差的印象，他们就会总是迁就娇惯孩子，要让他们改变观念会极其困难。目前，还没有确切的方法判断孩子体质的强弱，仅仅一两次诊断就下结论是太轻率了，对这种结论父母不可轻信。

如果孩子有身体障碍，父母有必要帮助孩子克服困难。例如，有心脏瓣膜症或肢体残疾的孩子对生活必然失去信心，变得消极低沉。为此，我们应该寻找机会，帮助他们树立积极的生活态度。否则，孩子会产生种种自卑感，人格容易被扭曲。

4）幼儿期

幼儿期是指孩子从1岁至学龄前的这一时期，它是儿童人格形成的重要时期。在这一时期，儿童开始学会人类特有的语言行为和行走能力，他们的社会生活范围也日益扩大。

儿童到6岁时，语言能力基本上达到了能够进行日常会话的水平，情绪发展方面也接近于成年人身上可见的各种情绪，运动机能发展到可以打棒球、滑冰，智力的发展更是非常显著。

与儿童精神卫生密切相关的人士必须对幼儿期的发展过程有清晰的认识。首先，我们要详细了解幼儿的情绪发展过程以及独立性发展过程，以判断他们是否存在发展迟缓的问题。在独立性发展方面，我们可以了解孩子在1～3岁期间是否淘气，是否出现过第一叛逆期。如果孩子很“乖顺”，既不淘气也没有第一叛逆期，就说明孩子的独立性受到了某种程度的压抑。在情绪发展方面，我们要了解孩子在2岁左右是否有在母亲面前撒娇的行为，母亲是否接受孩子的撒娇，并和孩子进行充分的身体接触。对那些看似很独立的孩子，务必关注他们的情绪发展是否缓慢。

儿童的发育速度有明显的个人差异。这一点从婴儿期的运动机能就可以了解，当然，身高、体重的发育，也是同样可以说明发育速度是有个人差异的。但是，人们一直习惯于与儿童发育的平均值进行比较，如果发现孩子在某一方面低于平均值就被认为“不正常”。母亲听到这个结论会很焦急，导致在养育方式及态度上出现混乱。为了让孩子赶上平均值，父母会想尽办法强制孩子进行各种训练，还在孩子面前哀叹孩子的落后。结果往往会给孩子的人格发展带来消极的影响。所以，针对幼儿期各方面发育较慢的孩子，要认真了解他们在幼儿期的具体情况，分析真正的原因。

幼儿期是儿童问题行为多发的时期。在这一时期，如果不及时纠正孩子出现的问题行为，就会逐渐固定下来并带入学龄期。也有的孩子因遭到大人的训斥及压制，以其他方式表现出来。

在3岁前，即幼儿期的前半期，作为情绪发展的一种表现，儿童会经常啼哭。特别是在2岁左右，他们常常不是跺脚就是在地上打滚，又哭又闹。父母很容易批评他们是“坏孩子”或者“不听话的孩子”，结果使孩子的行为越来越具有攻击性，脾气极其暴躁，即使在父母面前表现得乖顺，在背后也可能会欺负其他小朋友。如果父母向孩子的哭闹屈服，满足了他们的无理要求，他们以后就会故技重演，还会不断以这种方式提出要求。

在语言能力的发育方面，这个阶段的儿童特别容易出现口吃现象。父母如果发现孩子有口吃的习惯，就会大惊小怪，急着给孩子纠正，不断地提醒孩子，并进行训练。但是，这种处理方式会使口吃症状变得固化，反而加重了后期治疗的困难程度。因此，在了解孩子出现问题行为的原因时，一定要了解孩子在刚出现问题行为时，父母是如何对待、如何处置的。由于语言是日常生活中人际关系的重要工具，同样，在了解孩子口吃的原因时，也应注意了解父母对待孩子的方式。

儿童在2岁半以后逐渐会产生想交朋友的愿望。这时，是让他与同龄的小朋友一起玩耍，还是成天在家由大人陪着玩，对他们以后的“社会性”发展有完全不同的影响。有些孩子进入幼儿园后害怕与其他小朋友一起玩，无法融入集体活动，这大多是因为在这一时期没有机会与小朋友一起玩耍造成的。

另一方面，儿童运动机能的发展也与他们有无机会到户外尽情玩耍密切相关。那些经常与祖母、母亲在一起的孩子，腿脚的运动机能常常得不到应有的锻炼。由于担心孩子摔倒，家人更是寸步不离地保护他们。那些腿部功能较差的孩子，尽管有的是因为患有轻度脑性麻痹，但多数是由于训练不足而造成腿部功能发育较差。

在生活习惯方面，幼儿期的前半阶段可以学会自己吃饭，1～2岁的孩子在吃饭时尤其想自己动手。这个时期的孩子独立性发展很快，是训练他们独立生活习惯的最好时机。只是，由于孩子自身“技术”不过关，失败较多，家人往往因为看不过去而主动帮忙。这时，有些孩子会反抗，要求“我自己来”，有些孩子则顶不住家人的压力而放弃自主行动的念头。总之，这个时期如果不让孩子自己动手，孩子将失去独立自主的信心，造成自立能力的发展受阻。

这个时期的孩子很容易养成偏食的习惯。偏食问题最初出现于“断奶期”，到2～3岁进入“叛逆期”后，偏食现象更为严重。偏食是日本儿童的一大特征，这是由于食品种类和烹饪方法的多样性，以及家庭对孩子的管教方式存在问题，不少家庭随意给孩子零食，对孩子的偏食习惯放任不管。

幼儿期的前半阶段，培养大小便习惯也是最容易造成混乱的时期。有些孩子能够按照母亲的希望学会自己大小便，有些孩子总也学不会，还产生了一些偏执的习惯。比如，不是在自己家的厕所便无法排便，觉得厕所不干净就不愿意进去。对学不会自主大小便并经常拉尿在裤子里的孩子，母亲便会非常生气。

此外，有些孩子会突然婴儿化。这多是因为在2～3岁时，弟弟或妹妹的出生使排便问题更复杂化。

到3岁左右，孩子会出现人格发展过程中的第一叛逆期，这对于儿童独立性的发展非常重要。即使那些能正确理解儿童精神发展的母亲，有时也很困惑，不知该如何处理孩子出现的逆反行为。因此，能否合理解决孩子的叛逆行为是决定孩子以后是否会出现问题行为的关键。孩子在叛逆期的表现常常是无论父母说什么，他都回答："不！"他们先故意反抗，试探父母的反应，或者经常说"我自己来"，对做不到的事情也要去挑战，结果经常把事情弄糟或者导致自己受伤。如果大人要给他们帮忙，他们又会很生气。所有这些都表明孩子对独立性发展的要求极其强烈，与为了某些食物或玩具而又哭又闹有本质的区别，他们是在向大人和新事物进行挑战。如果没有这些叛逆行为的表现，就说明孩子的独立性发展缓慢，这些孩子在1～3岁期间也不曾有过探索行为期（恶作剧时期）或者即使有也比较弱。对孩子的叛逆行为如果采取压制的态度，会使有些孩子变得乖顺听话，但独立性的发展会因此而受阻。有些孩子则相反，变得更加叛逆不听话，与父母的矛盾越来越突出，出现各种问题行为。

在幼儿期的后半阶段，即3～6岁这一时期，儿童的精神状态会稳定许多。他们多多少少希望能帮助父母做家务，也开始懂得要疼爱弟弟妹妹，这些都是人格发展中的表现。在这一时期，孩子的智力发育和运动机能的发育也非常显著。到5岁左右，就基本能养成自立的生活习惯。

欧美国家的儿童大多能按照儿童心理学书籍所记录的发展过程那样顺利发展，但在日本，“社会性”和“生活习惯”发展缓慢的儿童比较多，相反，“任性”的儿童却不少。这主要是由于日本的“家庭关系”及“房屋构造”的不同使家庭教育方式存在差异。相关内容我们会在之后介绍（参照第305页）。

在这一时期，孩子的许多行为看似问题行为，其实这是发展的正常表现。即使父母认为很难处理，也不应立即将孩子的行为当作问题行为而归入需要治疗的问题。如果确实是问题行为，在这个时期进行及时纠正也相对比较容易。因此，在了解孩子的生活经历时，我们要弄清楚是什么原因引发了孩子的问题行为，出现这类行为后父母又是如何处理的。

身体方面的问题也会给孩子的人格造成很大的影响。这个时期有一些独特的身体症状，包括自体中毒症、愤怒痉挛，虽然不能否认体质的因素，但精神因素的影响比较大。如果孩子延续婴儿时期所患有的消化器官或呼吸器官等方面的疾病，父母会感到紧张不安，在照顾孩子时就很容易过分小心谨慎，形成过度保护的养育态度。

另外，在这个时期，儿童因事故造成的死亡率比较高，受伤也比较多。那些容易受伤的孩子被称为是“事故性格”，其原因还有待进一步研究。

5）学龄期

学龄期儿童的问题，有些是幼儿期问题的延续，有些则是因学校相关的问题而产生的。随着学校生活的开始，有的孩子会出现学习困难、讨厌上学或者放学后到处闲逛等问题。而具有社会性质的“偷窃”问题也是从学龄期开始的。

从幼儿期延续下来的，形成固化的问题除夜尿症、尿频症、口吃以外，还有任性。新出现的问题有缄默症、咬指甲、抽搐，并且，因精神因素引起的身体症状，如脐疝痛、清晨呕吐也有所增多，脾气粗暴的孩子上学后会更加放肆。躁动不安也是学龄期儿童常见的问题。

对学龄期儿童出现的这些问题行为，父母们长期以来大多采取批评、说教的方法，而很少分析问题行为产生的原因。虽然批评可以暂时压制孩子的行为，但随着孩子年龄的增长，到青春期孩子的体力增强后，如果问题再度爆发，父母和老师就无从应对了。所以，了解儿童在幼儿期存在哪些问题行为，大人对此是如何应对的，他们与家人、老师、朋友的关系如何，对于分析学龄期儿童产生问题行为的原因都是极为重要的。

6）青春期

青春期相当于第二叛逆期，这是孩子自我觉醒、性觉醒的时期，问题比较复杂。但是，如果他们能顺利度过这个时期，他们将成为一个完整的成年人，所以，这是一个非常重要的时期。另外，在青春期前形成的人格发展缓慢或人格扭曲，在这个时期也会彻底地显现出来。

身体的发育成熟可以通过毛发、乳房发育、初潮以及射精等明显的第二性征反映出来，但是，精神的成熟却没有具体的指标可以衡量。因此，青春期的孩子往往很难教育，父母有时还是继续把他们当成儿童看待，有时又突然把他们当作大人。父母与孩子之间总是发生各种矛盾，调解起来也比较困难，于是就演变为引发种种问题行为的契机。

在这一时期，如果学习成绩不好，孩子会感到压力巨大，不少孩子会深感自卑，引发各种问题。

在朋友中不受欢迎的孩子会有许多问题，这些问题还会引发其他问题，形成恶性循环。有的孩子会陷入孤独；有的孩子变得具有攻击性，还有可能会厌烦上学；有的孩子会寻求认可自己的集体，如果该集体是由不良青少年组成，孩子就很容易走上违法犯罪的道路。

另一方面，由于性意识的觉醒，孩子对生殖和性的兴趣渐增，对异性也越来越好奇。他们对异性的倾心总得不到父母和老师的理解，因而感到苦恼，无法专心学习，有的甚至会引起各种身体疾病。他们还会因为身体出现任何一点障碍或者容貌的问题而深感苦闷。

在青春期阶段，还特别容易出现自律神经失调，引起胃肠障碍、便秘、低烧以及头痛的问题。自杀也是这一时期容易出现的问题，同时也是精神分裂症等精神疾病的发病期。

所以，父母和老师必须充分理解青春期孩子的精神状态。

2．当前症状的问诊方法与面谈法、观察法

只有详细了解当前的问题行为，并详细了解孩子的生活经历，才能系统地解释孩子的问题行为状况，并且开始确立治疗教育的方针。特别是需要询问父母、保育人员以及老师，以便从孩子的生活经历中选出一系列与问题行为直接相关的事实。

直接观察孩子的行为是一个必不可少的方法。这是因为在观察中可以确认父母、保育人员以及老师所说的问题行为是如何表现的。这就需要充足的时间，让孩子在游戏室或户外与治疗人员玩耍并加以观察，可以考虑利用夏令营或林间学校。

与此同时，我们需要用一种关爱的眼光去观察孩子的整体表现，包括孩子的行为模式、态度、表情、声调等。

在观察过程中，治疗人员务必注意对待孩子的态度要亲切和蔼，当孩子感受到治疗人员的亲切态度时，就会放心地表现出自己最真实的一面。这是医生与病人之间的一种合作与信任的关系。下面就针对上述内容作进一步的介绍。

1）当前症状的问诊方法

根据问题行为的种类，当前症状的问诊方法也各不相同。首先，有必要了解问题行为的发生时间。要了解问题行为是在1～2年前发生还是最近才发生的，即要判断急性还是慢性。根据判断的结果，寻找问题原因的方法也有所不同。

如果是慢性，就要做好心理准备，这类情况很难了解问题的原因，并且难以迅速解决。首先，特别要了解问题行为发生时的状态，当时家庭内部的情况。例如，是否与祖母或亲戚一起生活，是否有弟弟妹妹出生，母亲是否在生病中，是否搬家以及有其他异常情况。可以据此推断给孩子造成影响的精神负担的种类。

如果能够推断精神负担的种类，就可以探讨该精神负担与问题行为发生前的生活经历是否有关联。例如，有的孩子因为弟弟或妹妹的出生而出现婴儿化；如果突然变得爱哭，是不是因为父母过度保护而造成孩子缺乏忍耐力；有些孩子在祖母去世后出现偷窃行为，这就需要考察此前祖母和母亲的关系，以及祖母曾经抱有怎样的养育态度。

其次，需要了解问题行为的变化过程，该行为是否反复发作，是否时而消失时而又有所增强，如果消失是在何时。例如，尿频症、夜尿症、口吃就经常会有一段时间消失，令人觉得“这回应该好了吧”。如果知道这种情况是在什么状态下发生的，在推断造成孩子精神负担的原因时，可作为参考资料之一。

另一方面，问题行为发生或复发时是如何处理的？对懦弱的孩子，父亲或家人是否说过“为了治好胆小鬼”的话而故意将孩子引向黑暗中；对撒谎的孩子，是否对孩子“谆谆教诲”；对患夜尿症的孩子，是否进行过各种医学和药物疗法，特别是有无限制喝水，令孩子感到自卑；对口吃的孩子，是否曾努力矫正。如果是因为进行了许多不恰当的治疗，导致问题行为延续至今，那么，接下来的治疗往往会更加困难。所以，必须在了解症状过程的同时，还要了解曾经实施过怎样的治疗方法。

如果想了解孩子现在的状态，务必询问孩子一天的行为：早上几点起床，起床时的情况，何时用餐及用餐时的情况，玩耍和学习时的状态，上学前和放学后的情况，与附近孩子的玩耍方式，就寝时的情况以及睡眠时的状态。通过详细询问，孩子一天的行为好像就在眼前浮现出来似的，对所有行为都要了如指掌。由此，还可以了解母亲和孩子之间有多少接触时间，是多还是少。

在这个过程中，还要询问孩子在家里与家人的关系。例如，有一个小学女孩诉说放学前“脐疝痛”，问题的原因在于孩子不喜欢她的父亲，父亲总是让孩子先吃晚饭，自己随后慢慢吃，这种情况令孩子感到不安。

就寝时铺床的方式也是参考之一。有一个男孩是家里的次子，上有一个哥哥，下有一个妹妹，这个男孩患有“夜尿症”。后来查明原因，原来是他睡觉的地方被安排在了房间的角落里，当让这个男孩睡到母亲身边后，“夜尿症”就自然治愈了。

孩子对自己的未来抱有怎样的期待，有何理想，父母对孩子的理想是否提出了要求，询问这方面的问题也很重要。

关于孩子对玩耍和学习的兴趣以及交友情况如何，也有必要了解。了解这些情况需要相当长的时间，我们在第一次面谈时往往要花1～2个小时。

我们需要观察母亲对待孩子的态度。尽管基本上没有母亲会说讨厌自己的孩子，但是，有的母亲会抱有近似的想法，而有的母亲对孩子又爱又恨，有的则如果孩子不在自己的视线范围内就会担心。一般来说，观察母亲和孩子一起回家时的情况就可以大致判断母亲对待孩子的态度。

以上介绍了询问孩子情况时需要注意的事项，重要的是，与孩子父母谈话时要保持和蔼亲切的态度，这是了解孩子情况的前提条件。切忌采取事务性及权威性的态度。

2）面谈法

与孩子面谈的目的是了解孩子问题行为背后的心理（烦恼或痛苦），同时也能了解孩子的性格、智力程度以及身体情况。因此，我们需要创造一种轻松的氛围，让孩子愿意将自己最真实的一面毫无保留地吐露出来。我们还需要和孩子建立一种亲近感，并随着谈话的推进而加深这种亲近感。

为此，我们有必要多次与孩子进行面谈。

有不少孩子只要一来到咨询机构就会深感紧张和不安，特别是有些孩子受到过母亲的训斥，或者对咨询机构本来就有成见，他们担心会受到惩罚或者被拘禁。

谈话首先应从解除这类紧张感开始。如果是幼儿或学龄儿童，可以先问问他们："喜欢吃哪种点心呢？"以此为谈话的开始，有的孩子会立即想起自己喜欢的零食，不知不觉地聊了起来，也有的孩子会做出"这个问题真意外"的表情，却仍然沉默不语。这时，可以试探性地问："喜欢吃巧克力或者饼干吗？"

除非是患食欲不振的孩子，基本上所有孩子都对食物感兴趣。用食物做引导，如果孩子表现出主动谈话的态度，接下来的谈话就会比较顺利。

除食物以外，询问孩子喜欢的玩具或游戏、擅长的科目，也能够消除孩子的紧张感。特别是孩子喜欢某种游戏，却得不到母亲的认可，当孩子向我们诉说时，如果我们对该游戏的乐趣表示出肯定的态度，有些孩子会立即变得愿意主动说话。

有些专家认为应该问孩子：“为什么会来咨询机构呢？”但是，日本的怯懦胆小儿童比较多，本来和母亲一起来咨询机构就很紧张，所以，我们认为这个问题是不恰当的。特别是那些知道自己为什么被带到咨询机构的孩子，这个问题反而会触及孩子的痛处，造成孩子沉默不语，谈话大多变成走形式或很随意。

如果孩子在第一次谈话中没有说出自己的心事，在孩子离开时要与孩子握手，或者摸摸孩子的头，通过身体接触给孩子留下友好的印象。

如果孩子主动说话，可以就家人的话题进一步深入谈话。如果问“家里都有谁呢？”，有些孩子会按自己喜欢的家人的顺序列举出来，这些孩子多数年龄比较小。有些孩子讲到父亲或母亲时会吞吞吐吐。如果问他：“你最喜欢谁啊？”有些孩子会按顺序列出喜欢的家人，还有不少孩子会形式化地回答：“都喜欢。”

如果孩子没有意愿回答问题，就需要从孩子的表情中读取信息。孩子是不愿意回答吗？是对问题不感兴趣吗？还是想好好思考后再回答？如果孩子是想思考后再回答，那么，在孩子思考期间，一旦转换问题，孩子就有可能不再想说话；如果是孩子不愿意回答，我们却在等待孩子张口，孩子会觉得自己受到了逼问，接下来的问题就会完全不回答。由于没有确切和客观的方法鉴别孩子的想法，只能凭经验从孩子的“表情”中作出主观判断。不论是哪种情况，重复同样的问题并不断追问，都不是理想的提问方式。

询问孩子有关家人的问题时，有些美国专家提倡询问孩子：“妈妈是个好妈妈吗？”这种提问法不适合日本的孩子。欧美国家的孩子独立性比较强，语言表达清晰明了，特别习惯明确地表达好恶，而日本的孩子并不习惯这种方式。

我们可以询问一些比如“和妈妈玩什么游戏啊？”“和爸爸玩什么游戏啊？”之类的问题，可以成为一个了解母子关系及父子关系的契机。

“爸爸都不和我玩。”

“为什么呀？”

“爸爸很晚才回家。”

“为什么很晚才回家呢？”

“喝酒。”

“那爸爸什么时候会陪你玩呢？”

“从来没有……”

可以用这种节奏来逐渐深入谈话的内容。了解与母亲的具体关系时也是如此，如果家里有老人，也有必要具体地询问老人与孩子之间的关系。

还要了解孩子在家附近有没有朋友，和班里什么样的孩子玩什么样的游戏。有的孩子可能会说：“我没有朋友。”有的孩子却颇为高兴地诉说自己和朋友玩耍时的情景。另外，询问孩子是否适应班级生活，是否喜欢上学也很重要。最后，不要忘记询问师生关系，比如，“老师有趣吗？”“老师厉害吗？”

如果孩子有某方面的兴趣爱好，比如，绘画、手工制作，也要加以询问。针对上小学的孩子，还可以询问孩子将来的理想，“你将来希望成为怎样的人？”

通过以上这些问题来洞察孩子在家人、同学和老师面前是否有自卑感，自己的能力是否得到了认可，希望自己怎样成长，都是很重要的环节。

在询问过程中，要注意孩子对提问人员的态度。他们是否觉得不好意思？是否胆怯或内向？是否用词过于客气？

当与孩子之间的关系更加融洽后，可以抱抱孩子，进一步增进亲密关系。面谈过程中，可以观察孩子的脸色，看孩子手心出汗的程度，了解孩子手腕脉搏的速度。从这些身体症状上可以推测孩子是否处于自律神经不稳定的状态。

对于感到强烈恐惧和不安的孩子，我们需要询问："是不是有过什么令人害怕的经历？""你在担心什么？""是不是做了什么可怕的梦？"如果孩子与提问人员还没有产生亲近感，孩子是不会回答这些问题的。在询问孩子有关做梦的问题时，也可能会引出"噩梦"或"夜惊"等相关内容。当然，不仅要询问噩梦的情况，还要询问美梦的情况。

此外，还可以让孩子说出"三个愿望"，例如，"如果你的任何愿望都能成真，你会许下什么愿望？说出其中三个最大的愿望。"令人意外的是，每个孩子都会很认真地思考并回答这个问题。有些孩子会说出自己心中的愿望，甚至是那些说出来会被父母笑话的愿望。如果孩子说不出口，可以写在纸上。

有些青春期的孩子非常怯懦胆小，也没有什么朋友，对于这些孩子，可以把话题转向孩子想象的内容。有些孩子会非常感兴趣，像打开了话匣子说好多话题。这时，有必要问孩子："大脑中有没有听到什么声音？"有些孩子的回答仿佛是空想和幻觉，就像3～4岁的孩子说话时常常把幻觉和现实世界混淆的状态一样，这种情况并不罕见。所以，这种情况应考虑为情绪发展缓慢，而不应立即诊断为精神病。

以上介绍了面谈的方法以及注意事项。在面谈过程中，提问人员应始终表现出与孩子做朋友的态度，不应以权威的姿态对待孩子，更不能强迫孩子迅速回答。如果因为他们是孩子而小瞧他们，那么，孩子的心会立即远离提问人员。之所以提出注意事项，是因为从事儿童咨询的工作人员中，有些人不愿意去了解儿童的情绪。

3）观察法

在咨询机构进行观察，不论是观察孩子还是观察父母，都要尽量做到细致。从父母和孩子进入咨询机构到离开，从接待人员到咨询人员、检查人员都要有一双观察的眼睛。在咨询结束后，可以就观察情况进行会议讨论。

①个人观察的要点

孩子在进入咨询机构时的态度，我们要注意观察孩子是与母亲分开的，还是握着母亲的手，还是紧紧靠着母亲。由此可以推测孩子对咨询的态度是不安还是具有抵触情绪。

在接待室里，特别要注意母子关系，务必观察两人分开时的谈话和态度。对于那些送来进行游戏观察的孩子，有的母亲会给孩子以鼓励，有的母亲则用半轻视的眼神看着孩子进入游戏室。从孩子的角度来看，有的孩子为了不辜负母亲的期待而表现得很积极，有的孩子则是在母亲的催促下不情不愿地进入游戏室。年龄小的孩子中，有的不愿离开母亲，有的则母子发生争执。这时，要注意观察母亲采取了怎样的态度，是责备还是恐吓，还是用玩具或零食哄孩子？由此，在家的母子关系可见一斑。

在观察过程中，最好记录下孩子的态度。回答是否干脆？是积极还是消极？是经过一番思考后回答的，还是随便回答的？说话是否清晰明了？是否容易跑题？是否话太多？是否处于很放心的状态？是否不断改换游戏？行为是否稳定？

此外，还要注意孩子手的动作以及走路姿势，游戏结束后的态度也可作为参考。

如果有用于观察孩子的“观察室”会非常方便。要在孩子不注意的情况下进行观察，也可用录音机记录整个过程。

②集体观察

让几个孩子一起进入房间，可在观察室里观察每个孩子的反应和行为。有的孩子由于在意其他孩子而无法自主行动；有的孩子则旁若无人地行动；有的孩子专注于看书或玩玩具；有的孩子试图和其他孩子交流；有的孩子则没多久就吵起架来；有的甚至出言不逊、行为粗暴，孩子们的所有行为都会清晰地表现出来。此类行为，在刚上幼儿园或小学的孩子中，或者调换班级及新班主任后都有可能出现，需要注意仔细观察。这将有助于推测孩子出现问题行为的原因。

③观察宿舍

能够与孩子共同生活并观察孩子行为的宿舍，称为“观察宿舍”。欧美国家比较盛行在大学的精神科或小儿科建立附属的观察机构。

通过和孩子共同生活，可以观察孩子的一系列细微行为。那些在刚来诊断时很难发现的行为，往往在这个过程中会表现出来。我们还可以通过夏令营进行观察，夏令营对于了解儿童和儿童临床都有十分重要的作用。

3．各种精神检查以及医学检查

现在，为了探寻问题行为的原因，专业人员都是从精神和医学两方面对患者进行各种检查。

行为异常可能是由身体异常引发，即使怀疑是精神因素，也不能忽略身体检查。因为行为异常有时看似是由人格形成中出现的问题引发，实际上可能是脑部障碍或其他障碍的症状之一。

有时，问题行为可能会被认为是由脑部障碍造成的，脑电波检查也发现有异常，但立刻就将其判断是问题行为的原因，并让孩子服用药物是很危险的。因为问题行为的原因往往并不在于脑部障碍，许多时候，经过调整家庭环境，指导父母纠正错误或混乱的养育态度后，问题行为大多可以消失。

虽然每个孩子都应该进行智力测验，但智力测验往往会歪曲对孩子的理解。智力测验分为若干种，每种都具特色。我曾经同时使用过2~3种智力测验，每种显示的IQ指数都不同，可见智力测验的不完备性。另外，有些孩子虽然在接受智力测验后会显示出一定的结果，但当我们隔一段时间再次对他进行测验后，发现得出了不同的IQ指数，特别是在采用精神疗法取得效果时，孩子的IQ指数会有所提高。

可以说智力测验的结果并不完全可靠，不能轻易据此做出诊断，在进行人格检查时特别要强调这一点。因此，我们在对孩子进行仔细观察的同时，还需了解孩子的智力状态。可以对他们进行单独观察，也可以集体观察，观察时间至少在1～2小时以上。有时尽管使用观察法，但只用数小时还是无法把握孩子的状态，这时就必须对孩子进行长期观察。为此，相应的机构设施很重要。此外，还需要积极了解孩子的生活经历，以及他们在幼儿园或学校时的状态。

如果孩子处于青春期，可以在多次面谈过程中与他们建立良好的合作及信任关系，等到孩子愿意倾诉心声时，问题的原因就自然清楚了。

下面，针对各类检查作进一步介绍。

1）身体检查

只在需要时进行身体检查。测量身高、体重和胸围是为了掌握孩子的体力或体质情况而进行的必要检查。人们常常把身体瘦长型的孩子与“神经质”性格相关联，但这并不一定正确。

另一方面，个子矮或消瘦的孩子会被认为容易自卑，其实这是受父母价值观的影响。可能是母亲因为孩子长不高或太消瘦，常常带孩子去看医生，或者接受一些医学治疗。尤其是当母亲在孩子面前为此而吐露烦恼时，孩子便会越发在意，自卑感因此而增强。

肥胖的孩子在进入青春期后，可能会因为“肥胖症”而苦恼，或者因为被取笑是“胖猪”而深感自卑。

如果在外形上有某些异常，也需要注意。青春期的孩子会在意眼睛、耳朵甚至牙齿的形状。哪怕是身体上隐藏着不外露的痣也有可能成为精神负担，法国作家儒勒·列那尔的作品《胡萝卜须》中就生动地描写了有关主人公因雀斑而烦恼的情景。肢体有残疾的孩子也很容易自卑。

我们还要注意观察孩子的手脚运动机能。有时，运动机能发育缓慢是由轻度“脑性麻痹”引起的。如果发现病态反射，可以推测是与脑脊髓相关的各种疾病。此外，由于缺乏维生素B群，很容易出现疲劳状态。医学检查的结果必须与生活经历相对应，在检查过程中，还要了解孩子所处环境的影响。

在探寻“弱智”的原因时，需要了解特殊弱智儿童的相关知识。如果是代谢异常，可进行血液检查，如果怀疑有脑部障碍，除脑电波检查外还要进行X光检查、气脑造影、CT扫描检查。

特别是对癫痫的诊断，脑电波检查是必不可少的。棘波和棘慢波是癫痫特有的波形。不过，有些孩子痉挛发作的症状和癫痫一样，脑电波却没有异常。而在那些既没有痉挛又没有行为异常的孩子当中，大约15%的孩子脑电波有异常，所以，仅仅依据脑电波检查就做出诊断是非常危险的。

此外，对表现出行为异常的孩子也会进行脑电波检查。行为异常的原因较多，而且大部分是由于环境影响造成的，即使发现脑电波有异常，也不能断定行为异常就是由脑部障碍引起的。我们必须详细了解孩子的生活经历，同时，还不能忽视医学治疗与特殊教育相结合的疗法。现今，脑电波经常被滥用，不少孩子被误诊为脑部障碍或轻度脑损伤，并给他们服用各种药物，这给孩子带来了太多的不幸。我们的治疗方法是以医学治疗与特殊教育相结合为基本方针，治愈了许多被认为是由脑部障碍引起的问题行为。

进行医学检查时，要注意孩子身上穿的衣服是否干净，是否太厚。如果衣服不干净，可以推断母亲或养育者对孩子不够关心和疼爱；如果穿得过厚，说明孩子受到了过度保护。

2）智力测验

智力测验的结果被认为是解决种种问题的手段之一。如果怀疑孩子是弱智儿童，就会使用智力测验。对于不喜欢学习的孩子进行智力测验，有时却发现测验的结果非常好，这就需要对造成孩子学业不振的环境进行了解。

阿尔弗雷德·比奈①是智力测验的发明者。根据日本儿童的情况，日本的研究者对他的智力测验内容进行调整后，“铃木—比奈量表”和“田中—比奈量表”被广泛使用，此外，还有其他许多种智力测验的方式。韦氏儿童智力量表②将语言性和动作性区别开来，能够检查智力倾向，并且能够对精神不稳定及性格倾向做出大致推定。还有一些无需使用语言的智力测验。

日本爱育研究所有专门针对婴幼儿的“精神发育检查”，这是根据格塞尔、比尤拉、雪莱的检查项目制定的适用于日本儿童的检查项目，是日本唯一的适用于婴儿以及3岁以下幼儿的检查方式。值得注意的是，我们并不称之为“智力测验”，而称之为“精神发

---

①阿尔弗雷德·比奈（Alfred Binet，1857～1911），法国心理学家。1905年，与泰奥多尔·西蒙（Theodore Simon）合作制订比奈—西蒙智力量表。——译者注

②韦氏儿童智力量表（WISC），是美国医学、心理学家大卫·韦克斯勒（David Wechsler，1896~1981）编制的一组采用个别施测的方法，评估6～16岁儿童智力水平的智力测验工具。韦氏智力量表作为当今世界上使用最广泛的智力测验工具，对于临床心理学和学校心理学领域作出了杰出的贡献。——译者注

育检查”。这是因为即使该检查项目可以了解精神发育的状态，也不能测定智力水平。所以，用发育商DQ来表示检查的结果。

智力测验的结果通常用智商指数IQ来表示，各个年龄相应的智力测验结果的平均指数为100。

当今，日本对于智力测验的使用十分随意，有些咨询机构的第一项工作就是对孩子进行智力测验。这让人非常遗憾。智力测验是了解智力的工具之一，但并不是绝对的，它只能测试出可测量范围内的智力水平。而且，进行智力测验需要由熟练的工作人员进行操作，实施人员需在测验过程中判断孩子的状态。由于以上这些条件还得不到满足，常常得出错误的结果，给孩子们带来了巨大的不幸。

我们在进行智力测验前会进行充分的游戏观察，通过观察能够发现孩子在智力方面所具有的优点。另外，通过积极实施医学治疗与特殊教育相结合的治疗方法，不少孩子的智力都能得到提高。

基于目前智力测验被滥用的现状，我们建议暂时不要给孩子进行智力测验，这是比较安全的做法。

3）性格诊断法

为了切实有效地治疗孩子的问题行为，就必须了解孩子为什么会出现那样的问题行为，以及孩子行为背后的精神动机是什么。该动机往往具有隐蔽性，即使向孩子询问，孩子也不会回答，而且大部分孩子自己并没有意识到动机问题。即使无法了解到较早前的精神原因，孩子当前的问题行为肯定也有其相应的精神性的行为所支撑。

人格诊断法就是通过某种方法找出上述这些精神性的行为，也包括为了解孩子的先天性格倾向及病态精神状态的检查。

人格投射测验法有罗夏墨迹测验[①]、主题统觉测验[②]以及人格诊断法。

罗夏墨迹测验是先将纸张对折，在对折处滴墨水并用力压下，使墨渍流到四面八方，形成形状不定但两边对称的墨渍图，然后，让被测验者描述墨渍看起来像什么，并对回答的内容进行分析，从而了解被测验者的精神状态。主题统觉测验是给被测验者看图片，让其描述自己联想到的内容，并对答案进行分析。CAT[③]最初是由美国学者发明，用于测试儿童心理状态，由于美国和日本的生活环境不同，修改后的日本版有两种。

欧洲使用的是沃特戈填图测验[④]，在10个方格里画有一些点和线，让被测验者运用这些点和线画出新的图形，根据新画的图形可以分析被测验者的精神状态。

日本过去曾广泛使用埃米尔·克雷佩林测验[⑤]，还有图画式挫折测验（PFT）[⑥]以及格塞尔发展量表[⑦]、班德视觉完形测验[⑧]、绘

①罗夏墨迹测验由瑞士精神科医生、精神病学家赫曼·罗夏（Hermann Rorschach，1884～1922）创立。——译者注

②主题统觉测验（Thematic Apperception Test，简称TAT），属于投射法个人测验，由美国心理学家亨利·默瑞于1935年发明。——译者注

③CAT是儿童主题统觉测验的简称，美国心理学家Bellak在著名的主题统觉测验基础上发展出来的适合儿童使用的版本。——译者注

④沃特戈填图测验由德国心理学家艾瑞格·沃特戈（Ehrig Wartegg，1897~1983）于1939年设计。——译者注

⑤埃米尔·克雷佩林（Emil Kraepelin，1856～1926），德国精神病学家，现代精神病学的创始人。他是人格测验的先驱，最早用自由联想测验来诊断精神病人。——译者注

⑥图画式挫折测验（PFT是Picture Frustration Test 的缩写），1948年由美国华盛顿大学心理学教授罗森茨威格博士创立。——译者注

⑦格塞尔发展量表（Gesell Developmental Schedules），1940年美国心理学家格塞尔及其同事制订。——译者注

⑧班德视觉完形测验（Bender Visual Gestalt Test），美国精神病学家班德于1938年制订。——译者注

人测验[①]、古德纳芙测验法[②]，日本还有对儿童画进行分析的测验方法。

不管哪种方法，只用一种方法很难说明造成儿童问题行为的原因，可见儿童的人格构造有许多不明之处。

因此，有些研究人员提倡不单独采用某一种测验，而是将几种测验方法组合在一起进行成套测验[③]，如何选择组合则要根据研究人员的设计来确定。然而，目前得出的结论是，即使采用这种成套测验的方式，人格的诊断依然很难。

智力测验的方式曾经一直被过度信赖，许多人格诊断的结果让母亲和孩子陷入不幸的境地。不仅是日本，其他国家也同样。在对孩子实施智力测验时，要充分了解测验的有效范围，并认识到其结果的不确定性，必须在此基础上进行。这类测验充其量是一种运用工具的方式，或许工具可以给人一种客观感，但用于考量复杂的人类精神则是未完成的工具。如果把结果看成绝对依据，那么，智力测验和医学检查一样具有极大的危险性，因为人类的精神构造极其复杂。

关于儿童的人格构造及问题行为发生的原因，至今仍有许多不明之处。所以，希望今后能够制订出更好的人格诊断方法，进一步加深对儿童精神构造的理解。这也意味着不能过分信任现有的诊断方法。

---

①绘人测验又称画人测验，是一种简便易行的智力诊断工具，用于儿童性格和心理健康状况的诊断。1885年，英国学者库克（E.Cooke）首先描述了儿童画人的年龄特点。——译者注

②古德纳芙测验法是1926年美国明尼苏达大学教授、发展心理学家弗洛伦斯·古德纳夫（Florence Laura Goodenough，1886~1959）首次提出画人测验可作为一种智力测验，并将这一方法标准化。是适于4～12岁儿童的智力测验工具。——译者注

③成套测验（Test Battery）是由多个性质不同的测验或分测验组成的测验。——译者注

第12章

产生问题行为的原因

1. 家庭中的精神卫生

家庭是孩子人格形成的重要场所。一个家庭的氛围是由每个家庭成员的行为和家庭成员之间的关系形成的，因此，家庭成员的人格以及家庭成员之间和睦与否，时时刻刻都影响着孩子的人格形成。

20世纪50年代，随着“核家族”[①]化进程的不断推进，日本出现了许多只有父母和孩子的小家庭。现在，虽然仍有与祖父母以及父亲的兄弟一起居住的“复合家族”[②]，但这种家庭大约只占日本家庭总数的20%。在家庭成员较多的家庭里，人际关系自然比较复

---

①核家族是指两代人组成的家庭，核心家庭的成员为夫妻两人及其未婚子女。——译者注

②复合家族又称联合式家庭，指由两代以上的夫妇及其子女、亲属所组成的家庭，包括已婚的同胞兄弟在内。——译者注

杂，而这种复杂的人际关系也必然会影响到孩子的人格，这是日本儿童人格形成的特征之一。

孩子从出生起就在一定的家庭氛围中生活成长。而有些家庭的氛围，在孩子出生前就已经形成了它的基调，例如，婆媳关系不和、夫妻间有意见分歧。每个家庭成员对即将出生的孩子怀有不同的情感，所以，在不同的家庭中出生的孩子，各个家庭成员对他们的期望和要求也是不一样的，这就给孩子出生后的抚养及教育制造出不少难题。

另一方面，随着孩子的出生，有时各个家庭成员的态度也会随之改变。看着可爱的小宝宝降生，老人的眼里充满了疼爱，媳妇的心也变得柔软了许多。而刚出生的小宝宝如果有残疾，其结果就是互相推卸责任，造成婆媳之间、夫妻之间的不和睦。即使家里没有出现这种极端的情况，婴儿在夜晚啼哭，或者不喜欢喝奶粉，家庭成员也会有不同的反应，有的可能会焦虑不安，有的则为了婴儿能够健康茁壮地成长，表现得格外平和。

孩子在婴幼儿期如何成长，接受怎样的教育，特别是孩子能否在稳定的情绪状态下成长，对其人格的形成会产生直接的影响。而影响孩子情绪的人主要是直接担负养育职责较多的母亲或祖母，所以，详细了解母亲或祖母的养育态度，对于了解孩子人格形成的过程十分重要。

要了解母亲情绪变化的过程，心理咨询是最有效的方法。虽然只用心理咨询的方式很难把握事实的真相，但在孩子小的时候，母子关系以及孩子与其他家庭成员的关系都是通过具体的接触关系建立的，那么，我们也需要了解具体的接触情况是怎样的。是否母乳喂养？有无抱孩子或者逗弄孩子？家人是如何陪孩子玩耍的？虽然看似细枝末节，但了解这些具体的接触关系，对分析孩子的人格形成过程非常重要。

在抚养和教育方式方面，我们需要了解父母以及其他家庭成员想把孩子培养成为怎样的人，对孩子抱有怎样的期望，希望采用怎样的养育方式。有些父母名誉感很强，有些父母则对此并不在意。越是想按照自己的期望培养孩子，孩子的压力就越大。

对孩子采用怎样的养育方法，实际上取决于父母的年龄、社会地位以及家庭背景。另外，由于父母的人格受到养育他们的家庭以及他们所生活的那个时代的影响，所以，还必须考虑父母的家庭环境和时代背景。一个出生于不幸的家庭、不受疼爱的母亲和一个生长在充满爱的家庭中的母亲，两者对待孩子的养育态度也必然大相径庭。

如果在一个家庭中，曾经有过孩子早逝的经历，母亲和其他家庭成员的态度会受到极大的影响。或者，如果孩子曾经生过大病，母亲就会一改之前不拘小节的养育态度，总是小心翼翼地保护，唯恐孩子的身体再出什么状况。我们接触过一位母亲，她在遭遇长子从树上坠落不幸身亡的悲痛事件后，对其他子女的养育态度骤然改变。

另外，如果孩子患有难以治愈的疾病，例如，对于脑性麻痹或四肢残疾的孩子，父母一方面心怀怜惜、哀其不幸，另一方面又担心是否会影响到其他孩子，是否会波及家庭声誉，内心五味杂陈。所以，对孩子的态度时而过度保护，时而又不得不严厉。

随着孩子不断长大，孩子的容貌是美还是丑、聪明还是愚钝，以及性格如何，都会对父母的养育态度造成影响，而这种态度又会通过父母的言行反过来影响孩子。

父母的健康情况也不容忽视。如果父母身体不好，经常疲惫不堪、病病歪歪，他们往往自顾不暇，没有多余的精力来照顾孩子。当父母身体不适时，即使是孩子的正常行为，父母也会感到心烦意乱，结果孩子就会遭到无端的责备。其他家庭成员生病也同样会给家庭蒙上阴影。

如果母亲每天很忙，不管是忙于家务还是工作，在对待孩子的问题上就没有那么冷静，有时态度粗暴，有时甚至责骂。有的母亲事业心极强，与养育孩子相比，她们对家庭以外的事业或社交更感兴趣，与孩子接触的时间必然随之减少，导致孩子的情绪不稳定。

父母有无养育孩子的经验也会在很大程度上影响他们的育儿态度。养育第一个孩子时往往过于谨慎，甚至有些神经质，尤其是非常在意孩子的身体发育，担心孩子生病。从第二个孩子开始，因为有了一定的经验，育儿态度也更为大胆。例如，在养育第一个孩子时，孩子稍微有些腹泻就会大惊小怪地去看医生，到第二个孩子时，如果身体只是发生一些小的变化就不愿去医院了。通常，母亲带孩子去做健康咨询的，往往是第一个孩子比较多，从这个事实也可以说明母亲的养育态度。玩具、衣服以及其他所有方面也是如此。出生在同一家庭的两个孩子的人格截然不同，原因就在于父母养育第一个孩子和第二个孩子时的态度和方法有所不同。

在一个家庭中，父母的人格并非一成不变，就像孩子会不断成长，父母的人格也会有所变化。曾经非常认真刻板的父亲可能突然开始喜欢与孩子嬉闹，曾经勤勤恳恳地操持家务、照顾孩子的母亲可能会什么都不管，一天到晚在看电视。30多岁的父亲很容易冲动，而到40多岁则变得性格沉稳。因此，父母30多岁时养育大的孩子与父母40多岁时养育大的孩子，在人格形成过程中所受父母以及家庭氛围的影响也有所不同。

同样，家庭的经济状况和社会地位也是如此。随着父母的收入增加，先出生的孩子和后出生的孩子，给他们买玩具的情况也就有所不同。

家庭内部的变化往往会给孩子造成极大的影响，影响的大小与孩子当时的年龄也有关系。祖父母或者父亲、母亲去世等大事件，或者家庭内部有其他成员加入，例如婴儿出生，有时会给孩子带来不小的精神打击。保姆也会给孩子带来一定的影响。所以，要特别注意家庭内部人员环境的变化。对孩子而言，父母是最重要的存在，家庭内部人员的变动会改变父母对孩子的态度，使孩子的情绪变得不安定。

总之，父母对待孩子的态度影响深远。父母对孩子的育儿态度如果能一直保持稳定状态，那么，孩子也不会因太离谱的行为而让父母感到头疼。而当父母对孩子的育儿态度中有不安定的因素时，孩子的情绪也会随之焦躁不安。尤其是当父母对孩子表现出排斥或拒绝的态度时，孩子的情绪将深受影响，根据情绪不稳定的程度而出现各种问题行为。

此外，父亲、母亲或其他家庭成员如果是极端的神经质、强迫症，或者人格不成熟，都会对孩子的人格形成造成消极的影响。

以上，对构成家庭氛围的一些要素进行了分析，下面就每个家庭成员的问题进行深入剖析，同时，对家庭成员之间的关系也作一些分析。

1. 父母与孩子的关系

亲子关系中最为核心的内容是爱的关系。如果孩子能从父母那里感受到爱，那么这种爱的关系就愈加牢固。

1）对孩子过度保护的父母

父母对孩子的爱没有什么客观的标准可以衡量。在与孩子接触时，父母是否从内心感觉孩子可爱，这一点是最重要的指标，不过，这个指标可能带有一些主观色彩。“喜欢孩子”也应纳入考虑范围，“喜欢孩子”和“爱孩子”并没有必然联系。即使是在那些具体养育孩子的母亲中，有的也会把养育孩子仅仅当成义务，或者只是按世俗的观点认为养儿育女就是母亲的本分。

父母对孩子的感情主要是通过实际行为表现出来的。对孩子的过度保护其实是父母内心不安的一种表现，是父母出于完美主义的心理产生的，这对孩子的人格形成将产生极其不良的影响。过度保护主要是指孩子在他那个年龄可以自己做的事情，父母却要去包办代劳，或者对孩子的行为总是唠唠叨叨、横加干涉，其结果必然是使孩子的自主能力得不到锻炼与发展。自主能力是自己思考问题、自己解决问题、自己行动的能力。

有的研究者将非常爱孩子的母亲分为两种类型，一种是“纯粹母爱型”，另一种是“补偿母爱型”。“纯粹母爱型”的母亲具有很强的母性，可以说是先天的。她们小时候玩过家家就喜欢扮演母亲的角色，对待玩具娃娃也表现得像母亲一样；对待比自己小的孩子会积极关心照顾，并且看起来乐在其中，家里即使有了弟弟妹妹也不会出现行为退化的现象，会主动帮助大人照顾弟弟妹妹，将来长大还想要生好多孩子。她们在进入学龄期、青春期以后也一直延续了这种特点，对待班级里的男同学也表现出十足的母性。在成为母亲后，对孩子表现出的母爱与其他母亲相比更是达到了极致，充分显示出女性的精明能干、自强独立，与对孩子要求很多的母亲形成了鲜明的对比。

但是，上述研究也存在一定的问题。因为在那些喜欢照顾弟弟妹妹的孩子当中，有的是因为想得到大人的表扬，为了成为大人眼里的“好孩子”才这样做。当他们进入青春期后，由于对人格的评价发生变化，有的孩子一反常态，对弟弟妹妹不像过去那样照顾有加，态度变得极其粗暴。

还有研究者认为母性本能的强弱与内分泌有关。他们通过动物实验，给雌性动物注射垂体后叶素（Pituitrin）后，其母性行为表现的时间会相对延长。因此，得出结论，月经持续天数长（6~7天）的女性母性强，月经持续天数短（2~3天）的女性则相反。但是，动物的母性行为完全受荷尔蒙的支配，它们的大脑结构还不足以孕育人类的爱的情感，所以将动物实验的结果简单类推于人类是不恰当的。

有时，过度保护也是母亲对孩子期盼已久的表现。那些结婚较晚的母亲和结婚后过了较长时间才要孩子的母亲，都比较容易过度保护孩子。此外，还有那些因为某种原因今后不太可能再生孩子的母亲，也容易发生过度保护孩子的情况。

在这种情况下，母亲不一定都会对孩子充满深深的爱。她们的潜意识中会认为，作为女性、作为妻子如果没有孩子是不合格的，或者认为有了孩子就能摆脱寂寞。

另一种“补偿母爱型”的母亲，她们大多是在自己年幼时没有从父母那里得到足够的爱，因此不希望孩子重复自己小时候的不幸，于是，便自然而然地表现出过度保护孩子的行为。

此外，还有的母亲因为与丈夫的关系不和睦，也会表现为“补偿母爱型”。她们为了补偿心中的不满，努力想维持好与孩子之间的关系，于是产生过度保护。特别是那些期待今后孩子结婚后还能与孩子一起生活的母亲，她们把自己未来的幸福都寄托在了孩子身上。

“纯父爱型”的父亲，在家庭中一般都会是个沉稳的丈夫。他们会努力与妻子交换有关孩子教育方面的意见，不会滥用权威，会注意考虑妻子作为母亲的立场，而在最后需要做决定的时刻也能给出足够可靠的意见。他们还喜欢陪孩子玩耍，从不嫌烦，不仅是自己的孩子，也喜欢带着邻近的孩子一起玩耍。这类父亲从小就表现出喜欢孩子的特点，擅长逗弄小婴儿，愿意与比自己年龄小的孩子玩耍。不过，不是所有喜欢与比自己小的孩子玩耍的孩子，长大后就一定能成为一个好父亲。因为，他们有的是小时候独立性较差，有的是比较任性，所以，他们都不能与同龄的孩子融洽相处，只好找比自己小的孩子玩。

“补偿父爱型”的父亲与“补偿母爱型”的母亲类似，也是因为在小时候没有得到父母足够的爱而感到悲伤，所以，他们不愿让孩子重蹈覆辙，会对孩子加倍宠爱。这类父亲与有野心、自以为是的父亲是截然不同的。

对孩子过度保护的父母会无视孩子的身心发展，总是把他们当成小孩子一样照顾。即使孩子希望自己的事情自己独立完成，但父母却总是提前帮他们安排好一切。比如，婴儿一哭，母亲就觉得他可怜，习惯性地给他哺乳，或者立刻把他抱起来哄。有的父亲也一样，孩子想要零食或玩具就立即给他买。结果，孩子对大人的依赖性增强，生活习惯的自立性迟迟得不到锻炼提高，到4～5岁还没有与其他孩子一起玩耍的能力，社会性的发展严重迟缓。溺爱使孩子变得任性，在父母面前我行我素，但一出家门就不知如何是好。所谓的“窝里横”就具有这些特点。这类父母寸步不离孩子，孩子去哪里就跟到哪里，从不让他们单独行动。

2）对孩子干涉、支配过多的父母

经常干涉、支配孩子的父母，总希望孩子按照自己的想法行动。为了表现家教良好，他们对孩子的行为举止、待人接物要求严格，强制孩子要老实听话，使孩子的个性受到极大的压抑。他们即使让孩子与小伙伴一起玩耍，但只要小伙伴说话粗鲁，行为不礼貌，就不愿意孩子和对方玩。

被父母经常干涉或支配的孩子，如果让他们独自待在房间里，他们往往安静不下来，既不认真看书也不专心玩玩具，等到家人一出现就提各种要求或乱发脾气，让父母头疼。由于他们的独立性没有得到正常的发展，到4～5岁时，一旦有弟弟妹妹出生，就会出现“婴儿化”的行为退化现象，或者总想欺负弟弟妹妹，完全不愿意照顾他们。此外，由于这些孩子不习惯与其他孩子玩耍，有亲戚朋友的孩子来家里玩，他们会随意命令对方，如果对方不服从，就会表现出攻击性，这种行为让父母感到十分难堪。而且，母亲尽管担心不已，却又无从插手，完全没有做母亲的权威。

父母干涉过多的孩子在上小学后会表现出怎样的行为呢？我们认为大致可以分为两种类型。一种是消极或胆小怯懦；另一种则表现得与在家截然不同，可以说是班级里的模范学生，如果不是父母向老师诉苦，老师甚至完全不相信孩子在家里是另外一种表现。

被父母干涉过多的孩子在交友方面往往比较困难。他们不会交朋友，因为他们十分任性，总想让对方按自己的想法做，想当“领头人”指挥别人，结果反而会失去朋友，只能带领一群更小的孩子或女孩子一起玩耍。随着年龄的增长，这种情况会更为严重。有些孩子因为交不到朋友而更愿意读书，休息时间也不与其他孩子玩，自己独自留在教室里，显得非常孤独。他们进入青春期后常常会出现某种精神危机，导致行为异常。

对这些孩子的父母，特别是母亲，我们应该建议他们尽量减少对孩子的照顾，学会放手，让孩子自己的事情自己做，真正树立父母在孩子心目中的权威。同时，还应该让孩子多参加集体生活，夏令营活动非常有益。随着孩子渐渐长大，他们会越来越不容易改变不合群的习惯，所以，越早让孩子参加集体生活越好，小学1～2年级是比较理想的时期。在适应集体生活之前，孩子可能会不那么愉快，因为离开家后，所有的事情不得不自己动手，而且，为了顺利完成集体行动，又不得不遵守各种规定，他们在得不到帮助时便会深感不安。但是，在集体中，随着独立自主能力的锻炼，当他们能够为服从各种规定而控制自己的任性行为时，就能与其他小朋友一起玩耍，并逐渐感受到集体生活的乐趣。

另外，为了促进孩子的独立性发展，还可以把孩子暂时寄养在有同龄孩子的家庭中。理想的寄养家庭状态是：该家庭有着良好的家庭秩序，所有家庭成员都能为遵守家庭的规章制度齐心协力付出努力。

如果在家不是特别任性的孩子，上学后，学校生活会起到治疗的效果，任性行为可以逐步得到纠正。因为他们在学校会渐渐习惯有规律的集体生活，学会遵守学校的各项规章制度，并且学会与同学交朋友。在学校的成长过程中，其任性行为逐渐减少，回到家里也会主动帮助父母做家务，让家人感到欣慰的行为不断增多。

对这种不是特别任性的孩子，父亲的作用尤为重要。如果父亲能多亲近他们，多陪他们好好玩耍，在玩耍的过程中严格遵守约定，就可以培养孩子的忍耐力，减少任性行为。

另外，可以带孩子一起去旅行。在旅行途中，要尽量不使用私家车，多利用公共交通工具，这种经历非常重要。这不仅能让孩子感受到生活中有许多艰辛，还能更好地享受沉浸在大自然中的乐趣。不过，这些孩子的父亲往往不能配合母亲，时常我行我素，这也会对母亲的情绪造成一定的影响。

3）溺爱

所谓溺爱，就是只要孩子想要什么就给什么，只要想做什么就让他做什么，是一种对孩子百依百顺的养育态度。

过度保护孩子的父母常常会溺爱孩子。只要家庭经济条件允许，哪怕超出经济条件允许的范围，都愿意花钱满足孩子的要求。他们不仅在物质和金钱上满足孩子的欲望，对孩子的行为也是听之任之。就寝时间、用餐时间等家庭内部的基本作息规律，从来不想办法让孩子遵守，生活全然没有规律可言。而在家庭之外，乘公共交通工具时默许孩子我行我素的行为，全然不顾及其他乘客，吵吵闹闹。父母即使知道这是极其不礼貌的行为，也不去阻止。不培养孩子遵守社会公德的意识，其实是对孩子的放任。当孩子习惯这种家庭教育后，就会认为父母应该对自己百依百顺，一旦要求得不到满足就大叫大嚷，哭闹不停，犹如一个“小暴君”，不达目的誓不罢休。

在与祖父母一起生活的家庭中，老人们一般对养育孩子的方式方法有极大的发言权。当孩子向父母要什么东西而被父母拒绝时，他们会在祖父母那里得到满足。

有的父母由于小时候家庭经济条件不宽裕，想要的东西从大人那里总是得不到满足，所以，他们不希望再让自己的孩子体验这种拮据的生活，对孩子总是有求必应。在一个家庭中，一般父亲比母亲更想要从物质与金钱方面疼爱孩子，因为父亲与孩子在一起的时间比较少，作为感情上的一种补偿，愿意更多地满足孩子提出的各种要求。

被溺爱的孩子在自己的欲望受阻时，表现出的不满态度总是停留在婴儿的水平。比如，他们会一直大声哭喊，满地打滚，或者不停地跺脚，胡搅蛮缠，直到欲望得到满足为止。他们梦寐以求的东西如果不能立即到手，就会反复不断地表现出上述状态。随着年龄的增长，他们追求的物质的价格也越高。当父母无法满足时，也只能拒绝。而孩子明知会被拒绝，仍然坚持自己的无理要求，给父母出难题。

为了培养孩子控制物质欲望的能力，在满足孩子的要求时，最好限制在规定的零用钱范围之内，价格较高的物品可以答应只在生日或过年时送给他们，让他们耐心等到那一天。父母应该始终坚持这样的方针，不管孩子怎么闹，都要坚持到底，以此培养孩子的自我控制力。当孩子初步具备与其年龄相符的忍耐力时，应及时给予表扬，以增强他们的自信心。对孩子采取这种规范的态度，仅仅母亲一人遵守是无法成功的，所有家庭成员必须齐心协力坚持原则。如果有一个人对孩子表示出妥协的态度，或者意见不一致，孩子就会趁机执拗地提出要求，哭闹不休。所以，家庭成员之间必须要充分沟通，保持统一的态度。

4）对孩子不放心的父母

对于一些日常生活中的琐事，母亲或老人们总是对孩子过于不放心。这种情况在父亲身上较少见。

父母对孩子的担心往往是因为曾有孩子生病夭折，或者有孩子患重病，或者是孩子的好友因故身亡。因为发生在身边的某些事件，导致他们担心自己的孩子也会遭遇不幸，所以就会加倍地关心保护孩子。特别是在独生子女的家庭中，父母的这种不安尤为突出，因为对父母来说独生子女是无可替代的宝贝。也有的母亲因为与丈夫关系不和，常常担心孩子会离开自己，甚至担心孩子长大有了独立生活的能力后会抛下自己不管。她们抱着这种心情，独自一人肩负着养育孩子的责任，因而更加溺爱孩子。

对孩子不放心的母亲特别担心孩子生病，总想限制孩子的活动。她们担心孩子出汗后着凉感冒，不允许孩子激烈地跑动；认为孩子肠胃弱，担心患自体中毒症，严格限制孩子的饮食；担心孩子发生意外，不允许孩子到户外玩耍；孩子的身体稍有不适就大惊小怪，立刻向幼儿园或学校请假，让孩子卧床休息。

在这种环境中长大的孩子，独立性发展就会受到阻碍。有的孩子还特别胆小懦弱，害怕生病，不愿意与其他小伙伴一起玩耍，常常身形孤单，生活中形成许多怪异的习惯，而且常常沉湎于白日梦中。他们的社会性发展严重落后于一般儿童。

针对这类孩子的父母，医生的正确引导是非常重要的，为了缓解父母的紧张情绪，应建议他们多让孩子到户外与小伙伴们一起玩耍。然而，有不少医生夸大孩子的病情，列举出其他重症病例，让父母陷入深深的焦虑不安中。

5）不爱孩子的父母

有些父母对孩子漠不关心，不喜欢孩子甚至讨厌孩子。从孩子刚一出生时，就认为他不是自己所希望的孩子。特别是在欧美国家，有的父母没有养育孩子的愿望，孩子出生后就把他们寄放到婴儿院或保育机构。这些孩子很不幸，他们在成长过程中注定会出现人格的缺陷。这也是精神卫生学需要更加关注的一个重要问题。

有的母亲事业心很强，愿意把更多的时间用于工作和事业，与孩子在一起生活的时间就变得很少。特别是近些年，由于经济方面的原因，走出家庭外出工作的母亲增多。所以，父母应该认真思考如何建立亲子关系，并制订出详细的对策。然而，这个问题却往往被忽视，造成在家庭中养育的孩子也越来越多地出现医院病现象。

许多父亲对家庭事务，特别是对有关孩子的事情不感兴趣。他们具有很强的社会野心，把精力都用在了工作上，只希望在社会上出人头地，下班回到家很少陪孩子。他们有的并不是因为工作太忙而不得不减少与孩子的交流，而是认为与孩子在一起是件麻烦事。这类父亲为了工作还要求母亲来协助，这样就使孩子与父母的接触时间更有限。特别是在日本，许多父亲下班后经常继续加班工作，有时还要参加宴会等应酬活动，孩子一两周都见不到父亲。

与父母接触过少的孩子，通常会寻找能替代父母爱自己的人。比如，他们在幼儿园或托儿所总喜欢跟在保育员身后央求抱，或者想一个人独占保育员。不管是亲戚还是熟人，只要向孩子伸出手，孩子就会欢快地扑过去，很想得到身体的抚爱，有时那种渴望非常强烈。如果孩子找不到合适的依托对象，或被寄放在机械式养育较多的婴儿院或保育机构，他们将无从体验爱的温暖，从而导致情绪发展迟缓，逐渐失去与他人亲近的能力。他们不懂得撒娇，也不懂得如何爱他人、关心他人。他们的表情冷漠，有许多怪癖行为，比如摇晃身体、吮吸手指的习惯。有的孩子还折磨欺负其他孩子，对小动物、昆虫极其残暴。

随着年龄的增长，这些孩子在家时对父母表现出的叛逆情绪也会随之增强。他们偶尔有时间与父母在一起，也会事事与父母唱反调，如果父母为此批评他们，他们就更加叛逆，故意做令父母不愉快的事。这些孩子进入青春期后，会讨厌待在家里，有的甚至会离家出走，自愿加入能认可自己的不良少年团伙中。

有些医院病的研究者用“冰封的心”来形容这类没有从父母那里得到疼爱的孩子。

我们应该多给这些孩子被人爱的机会。比如，可以把他们寄养到喜欢孩子的亲戚家，但近些年这种情况比较少。还可以考虑让他们到精神卫生管理良好的保育机构中生活。不过，有的孩子不喜欢大集体的生活，因为在大集体中很难建立一对一的亲密关系，而一对一的这种亲密对孩子的精神健康是极其重要的。

总之，父母应该尽量寻找机会陪孩子尽情地玩耍，特别是对年幼的孩子，更有必要给他们增加这种机会。对感情冷漠的孩子，应该给予他们更加亲密的身体接触，用爱去融化、抚慰他们冰封已久的心。

6）不尊重孩子的父母

父母不爱孩子可以分为两种情况。一种是尽管父母觉得自己爱孩子，而孩子却并未感受到父母的爱，这种情况是由于父母爱孩子的方式不当造成的；另一种是父母本身确实不喜欢孩子，生活中与孩子接触少，对待孩子的方式也很拙劣。

父母很爱孩子而孩子却认为父母不爱自己，这些孩子大多是受到过度保护。当家里添了弟弟妹妹，父母以前对他们的过度保护突然减少，孩子就会感觉自己不再被父母疼爱了。

虽然父母认为自己对待孩子的态度从未改变，但在具体的行为表现中仍然有孩子容易被忽视，比如夹在兄弟姐妹之间的那个孩子。因为自己独享父母爱的时间减少，所以，孩子往往会极其不满意。而如果父母与孩子的具体接触很少，孩子还会出现医院病的症状。

在欧美国家，许多母亲因为外出工作，母子间的接触时间相对减少。疲惫不堪的母亲下班回到家后便没有更多的精力去照顾孩子，而且，生活中有许多方便的食品，养育孩子的工作也日趋简易化。然而，养育孩子其实是一件烦琐的工作，对于培养亲子关系具有重要的意义，现在却被这种近代文明的产物所替代，父母不再尽心尽力。其结果就是，父母的形象没有深深印刻在孩子的心中，这将对他们的人格形成产生消极的影响。他们可能因为感受不到家庭的温暖而离家出走甚至自杀。

日本的职业女性往往比没有工作的母亲更关心孩子，她们只要有时间在家便会陪伴孩子，所以孩子的情绪可以得到稳定的发展，同时，独立性的发展也比较顺利。但是，近年来，对孩子放任不管的母亲有所增多。有的母亲会把孩子交给祖母抚养，有的母亲则担心祖母会溺爱孩子而使孩子变得任性，在与孩子接触时非常严厉，还有的母亲担心孩子会更亲近照顾他的祖母而不亲近自己，便格外地溺爱孩子。

如果有保姆或其他人替代母亲照顾孩子，孩子受到母亲以外的人的影响会更多，尤其是这些人如果讨厌孩子或者过度照顾孩子，孩子便会出现各种问题行为（详见“与其他同居人的问题”）。从这一点来考虑，保育院或者托儿所对孩子来说是一个环境更好的地方。但是，如果保育人员对待孩子的方式很拙劣，孩子就可能会出现医院病的症状。

对于学龄期儿童而言，家庭就是他们身心休憩的场所，他们每天放学回家时，在家门口说一声“我回来啦”，这是期待听到家人热情迎接自己的声音。可是，当孩子回到一个无声无息的家中时，那种孤独寂寞之感便会油然而生。也许这种状况习惯后会觉得没那么严重，但在孩子的内心深处仍然会留有一丝寂寞。

在德国，很久以前就为放学早的孩子们设立了专门的放学后的学校，由专业的老师陪孩子们玩耍，或辅导他们学习。在日本，学校也为孩子们设置了可以进行学童保育的儿童馆，但设施还不够完备。如果父母对孩子放学以后的课外生活放任不管，不少孩子就有可能走上违法犯罪的道路。

除了职业女性以外，忙于社交和社会工作的母亲也会出现同样的情况。如果家里有自己的生意，母亲即使在家也会忙得团团转，她们只是给孩子一些零用钱，而无暇顾及孩子。还有的父亲要求母亲照顾自己的生活起居，或者要求母亲协助自己的工作，母亲也同样会无暇照顾孩子。这类父亲通常对自己的事业和其他活动比对孩子和家人更感兴趣，他们不愿意抽时间陪孩子玩耍。在经济富裕的家庭，虽然可以给孩子买很多玩具和图画书，但这些东西与父母的爱心并没有关系，只会更加刺激孩子的物质欲望。所以，对孩子而言，最重要的是父母的陪伴，陪伴孩子一起快乐地生活和玩耍，即使物质条件不宽裕也不会影响孩子在父母身边享受到的爱。

我们常常听到“良家子弟”一词，这里所说的“良家”大多是指父亲的社会地位比较高，并且家里的物质生活条件也比较富足。但是，这些东西在孩子眼里，并不是真正的“良家”。孩子希望得到的并非是经济上的富裕，更不是社会地位有多高，他们只希望父母给予他们具体的关爱，这种爱对孩子的人格形成尤为重要。有不少从“良家”走出的不良青少年就是因为亲子接触不足造成的。

盛行于美国的儿童及青少年俱乐部，周日也建议孩子们去参加俱乐部的活动，孩子们耗费许多时间在那里与朋友们一起度过，却减少了在家与父母交流的时间。而在日本，许多孩子在家的时间比较长，所以，日本的孩子应该多走出去参加家庭以外的活动，但同时也不要忘记与家人的团聚。

在欧美国家，有的父母不喜欢孩子，他们所生的孩子被称为“不受欢迎的孩子”。这些孩子中的大多数往往由于母亲不想自己抚养，而被寄养到婴儿院或养父母家里。这样的母亲大多比较年轻，没有正式办理结婚登记，被称为“未婚妈妈”。她们在生孩子时出现的异常情况较多，婴儿死亡率很高。

不喜欢孩子的母亲在养育孩子时，对孩子总是放任不管或者排斥孩子。由于孩子很少接触到温暖的爱，他们的性格变得冷漠，常常为了寻找温暖而离家出走。特别是智商低的孩子，或者即使智商高却成绩不好的孩子，因为他们在学校得不到老师的认可，所以，不是表现出具有攻击性的暴力行为，就是因为自卑而变得孤独。

在不喜欢孩子的母亲中，有的是因为婚姻不幸，为了弥补婚姻的裂痕而勉强生下孩子，可是，她们最终却没有达成目的。于是，孩子便成为了不幸婚姻的牺牲品，母亲认为孩子是累赘，是多余的。

在排斥孩子的母亲中，有的是因为在孩子出生之前就对孩子抱有极高的期望。然而，孩子却常常做出辜负父母期望的行为，母亲认为孩子背叛了自己，对孩子极其失望。孩子得不到母爱，很容易产生问题行为，又会使母亲更加厌烦，形成了恶性循环。另外，还有很多孩子因为不是父母所期望的性别，比如，想要男孩却生了女孩，因而遭到排斥。有一份报告显示，在美国，这些孩子占不受父母喜欢的孩子总数的20%。在日本，希望生男孩的父母比较多，许多女孩因此遭到父母的反感。总之，女性的地位至今仍然比较低，她们的自卑感也比较强。

弗洛伊德学派提出的“俄狄浦斯情结”指出了亲子关系中关于性别的问题。他们认为母亲喜欢男孩而嫉妒与父亲关系亲密的女孩；父亲喜欢女孩，嫉妒与母亲关系亲密的男孩，因此对男孩十分严厉。从孩子的角度来看，男孩更喜欢母亲，为了独占母爱而与父亲处于竞争状态。孩子认为父亲妨碍了自己对母亲的爱，总对父亲采取排斥的态度。所以，男孩把父亲视为属于自己的同一类，常常模仿父亲，由此而逐渐形成了男性的性格，女孩则恰恰相反，逐渐形成了女性的性格。这便是“俄狄浦斯复合体”。但是，日本的社会文化背景比较特殊，与欧美文化存在差异，因而这种观点并不完全正确，不能全盘接受。

如果父母小时候的生长环境很恶劣，为人父母后就会对孩子非常凶狠，他们把打骂孩子当成家常便饭，对孩子几乎完全不感兴趣。孩子在家完全感受不到愉快，感到的只是冷漠和压抑。他们在家百无聊赖，所以经常到处游荡，或者与坏人交朋友。

总之，被父母排斥或者不被父母疼爱的孩子是不幸的。如果通过心理咨询建议父母改变对孩子的态度，无疑对孩子的人格发展是极其有益的，但这往往非常困难。所以，可以让一些充满爱心、喜欢孩子的家庭来收养这些不幸的孩子。尤其是当孩子出现问题行为遭到父母体罚时，必须尽早送孩子去养护机构生活。

7）权威主义的父母

在日本，权威意识强的父母特别多，即使在欧美国家，这样的父母也大有人在。由于日本的封建传统残留至今，父亲在家拥有绝对的权威，即使在现代家庭中，也仍可见这种风气。孩子从小接受的教育就是要听父母的话，特别要遵从父亲的命令，如果对父亲的话充耳不闻或直接顶撞，都会被刻上“不孝”的印记，而不孝顺父母在日本意味着大逆不道。抱有权威主义思想的父母，特别是父亲，事事都要训诫、斥责孩子，会使孩子每天生活在恐惧之中，对男人没有好感。进入学龄期后，他们就会喜欢打架斗殴，性格极其暴力，或者极度怯懦胆小。这些孩子对父亲总是处于防备状态，不愿意说真话，经常撒谎且态度冷漠。

另一方面，在权威主义的父亲身边长大的孩子，往往很懂礼貌，乖顺听话，看上去很有气质，做事谨小慎微。大人们常常夸奖他们是“好孩子”，其实，他们的独立性发展极度受限。他们很在意年长者的评价，表达自己的观点时总会紧张不安，自卑感也十分严重。

现在的父亲中，有的就是由权威主义的父亲养育大的，他们在进入社会后获得了一定的地位。所以，他们认为过去自己父辈的教育方式是正确的，也会用权威主义思想来对待自己的孩子。直至今天，仍然有许多父亲提倡“应该对孩子严加管教”。但是，培养孩子健全人格的目的不全部是为了今后的出人头地。从古至今，不少的父母认为如果要在社会上出人头地，取得成功，就必须以读书为上，人格的培养并不重要。对此，我们认为，在育儿过程中必须要注重如何培养孩子的健全人格，从根本上改变这种陈腐的教育观。

8）对孩子期望过高的父母

那些热心于养育和教育孩子的父母，总是对孩子的期望过高。他们不了解儿童心理发展的过程，对孩子提出各种超过其能力范围的要求，并强迫孩子必须做到。有的孩子虽然暂时可以不辜负父母的期望，被称赞为“头脑聪明的孩子”，但是，许多孩子进入青春期后很容易遭遇挫折。由于他们不得不逞强，常常处于紧张压抑的状态，久而久之便会情绪焦躁，产生抵触心理。如果父母再批评斥责他们，他们就会变得躁动不安，做出一些奇怪的行为。

另外，这类父母比较追求完美主义，总希望孩子说话做事有条不紊，行为举止得体。殊不知，这种要求对不到七八岁的孩子来说是极其不合理的，是他们根本做不到的事情，真正做到这一点还需等到进入青春期以后。如果孩子按照母亲的要求能做到整齐有序，并被称赞为“好孩子”，进入青春期后他们很容易引发神经症。这是因为他们过分追求完美，从而陷入精神紧张、局促不安的状态难以自拔。

与欧美国家的母亲相比，日本的母亲一般对孩子的期望都比较高。这是由于日本的母亲不太懂得享受生活的乐趣，总想把自己的一生都寄托在孩子身上。欧美国家也存在一些问题，有的母亲是为了满足自己的虚荣心对孩子寄予厚望。此外，日本的父母对孩子寄予期望，仍然是建立在“老有所依”的心理基础之上。特别是一个家庭中的长子会备受父母期待，期待他将来能继承家业。当然，父母的这种期望不会直接表现出来，表面上仍然希望孩子自己做选择，只是当孩子真正自主选择是否继承家业时，父母的真实愿望就会立刻显现出来。

那些总是遵从父母的指示或命令的“好孩子”，一般看起来比实际年龄要老成持重。他们总是安安静静、态度谦和，但缺少孩子的天真活泼。有的孩子容易出现吮手指、咬指甲、睡眠障碍、抽搐等症状，有的孩子因不堪忍受父母对自己的过高期望，而突然变得脾气暴躁，或者产生逆反心理，选择逃避。特别是，如果父母在学业方面对孩子要求过高，孩子就会在放学后不愿意回家，彻底抵触学习。有些孩子甚至常常做噩梦，还有些孩子因为紧张过度罹患心身症，反复发低烧或者脐疝痛发作。

有的父母总要求孩子完美，希望孩子在性格、智力、身体等各方面都能按照自己的期望全面发展，他们常常对孩子采取强制性的态度，因此，孩子从婴儿时期起就不断地出现各种问题行为。“厌奶症”和“食欲不振”就是很好的例子。他们希望孩子的身体发育比其他孩子好，强迫孩子喝牛奶，给孩子嘴里强行送入各种食物，结果使孩子产生抗拒心理。有的母亲担心孩子瘦弱，希望他们能长结实，便想方设法地让他们多吃饭，如果看到有剩饭就会斥责孩子。为了让孩子尽快养成自己大小便的习惯，有的母亲会强迫孩子自己上厕所。许多孩子因此而拒绝大小便，或者出现尿频症、遗粪症。

类似的问题还会发生在给孩子买图画书或玩具时，有的父母总给孩子买超出他们发育阶段的东西，孩子对此并不感兴趣。于是，父母就会千方百计地强迫孩子读书或者玩超出自己能力的玩具，结果导致孩子完全失去了兴趣。

在孩子的小学阶段，父母的完美主义表现得最为明显。他们为了让孩子门门功课取得好成绩，每天反复叮嘱孩子“好好学习”，恨不得把孩子绑在书桌前。有的孩子不堪重负，产生了严重的厌学情绪。在业余兴趣爱好方面也是如此。他们不顾孩子是否感兴趣，让孩子学习音乐和绘画。有的孩子经常是哭着练习小提琴或者钢琴，完全没有愉悦轻松的氛围。一个有经验的辅导者应该懂得寓教于乐，让孩子们在玩耍中学习，首先要培养他们对音乐、绘画的兴趣，在孩子不感兴趣的时候不要勉强让他们学习。许多父母为了如自己所愿，总是唠唠叨叨，使孩子产生逆反心理，完全失去了学习的兴趣。

所以，在教育孩子时，切不可急于求成、操之过急。应该根据孩子的年龄，特别是精神发育的状况以及每个孩子的个体差异，因人施教，多采取轻松、有趣的方法，寓教于乐，让孩子觉得自己是真正喜欢、感兴趣才学习。

2. 兄弟姐妹关系

1）独生子女、第一个孩子

独生子女对于父母而言犹如掌上明珠一般。一旦孩子生病，父母就会担心出什么意外，总叮嘱孩子多穿衣服；由于担心孩子磕磕碰碰、受伤，就不让孩子到户外玩耍。他们在养育态度方面很容易变得消极，经常包办代劳孩子的事情，形成过度保护，使孩子的独立性和忍耐力得不到培养。结果，就会造成孩子对父母的依赖性极强，一出家门就无所适从。

独生子女的父母多数是人到中年或老年才喜得贵子，在经历艰难的分娩后，一般都无望再生孩子，因此，他们对唯一的宝贝更是疼爱有加。这种无可取代的心情也使父母极其紧张，过度保护和溺爱自然成为他们的育儿态度。在这种家庭环境中长大的孩子，由于缺少克服困难和失败的体验，其人格发展势必变得消极。

一般来说，独生子女的语言能力发展比较好，因为他们与大人说话的机会较多，只是由于父母总是把他们当成小宝宝对待，他们的语言中常常夹杂着婴幼儿用语。他们很少有机会与小伙伴们一起玩耍，连吵架都不会，上小学后独处的时间居多。据说，这种孤僻的性格常常使他们把精力用到文学、宗教、音乐方面的学习上。历史上曾有相当多的天才都是独生子女，当然，这在很大程度上是偶然的结果，因为也有不少独生子女会沦为人生的落伍者。

来我们这里进行健康及教育咨询的孩子中，第一个孩子非常多。这是因为父母生第一个孩子时没有养育经验，常常不知所措。他们大多是年轻的父母，有些人甚至还没有做好为人父母的准备。

由于第一个孩子在一段时间内可以独占父母的爱，所以，当后面的孩子出生时，他们的嫉妒心会比第二个孩子对弟弟妹妹出生时的嫉妒心强。不过，美国研究者的报告表明，如果第一个孩子是男孩，在妹妹出生后，他作为兄长会非常喜欢妹妹，还会表现出愿意帮助妈妈一起照顾妹妹的态度。报告中还指出，第一个孩子一般会喜欢与年龄比自己小的孩子玩，或者教他们学东西，或者照顾他们。此外，第一个孩子做事比较认真，但缺乏幽默感，看起来比实际年龄成熟。

在日本，时至今日，如果第一个孩子是男孩就会被视为“继承人”，父母、祖父母都会对他溺爱有加。过去，有的家庭还会为长子专门开小灶，受重视的程度仅次于父亲。长子就这样集家人的期望与宠溺于一身。与此同时，父母追求完美的态度在他们身上也体现得淋漓尽致，最终使他们的精神负担加重，独立性发展受到严重阻碍。

2）第二个孩子的出生

由于第二个孩子的出生，第一个孩子往往会出现一些新的问题行为。这是父母们经常会遇到的情况。体格好的大孩子会攻击、欺负比自己小的孩子。有的孩子还有可能在行为上出现婴儿化的现象。比如，要求用奶瓶喝奶，出现夜尿和尿频，或者突然哭闹不休，说话时喜欢用婴幼儿词语。

年龄越小的孩子表现出来的嫉妒心越强。父母如果对此不理解，对他们进行批评或训斥，他们的情绪就会更加不稳定。即使教育孩子说“你已经当姐姐了”或者“你已经当哥哥了”，但4岁以下的孩子往往不能理解其含义，因为4岁以下的孩子根本没有意识自己是哥哥或姐姐，到4～5岁时才会慢慢明白。所以，如果母亲在给婴儿哺乳时，这个“哥哥”或“姐姐”也凑过来缠着母亲，此时，母亲就应该暂时放下怀里的婴儿去抱抱大孩子以示安慰。另外，还可以给他们分配一些照顾婴儿的任务，比如，给婴儿洗澡时让他帮助打沐浴露，也可以让他一起和母亲为婴儿穿衣服。如果以靠近婴儿危险为由禁止他接近或抚摸，母亲的心思看起来似乎都在婴儿身上，就会造成大孩子的嫉妒心越来越强。当然，不能期待他熟练地照顾婴儿，但如果能很好地分配给他任务，经过练习，他就会慢慢熟练起来，此时，大人再给予表扬，孩子就能萌发当哥哥、姐姐的意识了。

3）第二个孩子以及排行中间的孩子

美国的研究者认为，拥有同性哥哥或姐姐的第二个孩子比较容易表现出一些问题行为。有些1～3岁的孩子表现出语言发展缓慢，食欲不振，就寝时伴有某些怪癖；他们会抵触大小便的训练，或者大哭大闹，或者非常安静。这些问题行为使父母极其困惑。其他不稳定的行为还包括破坏性行为，自慰或摇头晃脑的现象也比较严重。但是，在日本一般都是第二个孩子比第一个孩子能更加健康快乐地成长。这是因为父母在育儿方面已有更充沛的精力，也不会对他们寄予过高的期望。许多家庭中，哥哥的性格比较严谨认真，而弟弟则顽皮淘气。

如果家里有第三个孩子出生，又是异性，第二个孩子就成了“排行中间的孩子”。家人的关心往往多会集中在刚出生的异性孩子身上，很容易造成中间的孩子嫉妒心增强，出现行为退化现象，情绪也变得极其不稳定。他们在幼儿园也会总缠着老师不放。

所以，对待排行中间的孩子要特别注意。他们穿的衣服或者玩的玩具可能多数是第一个孩子用旧的，而且，由于父母有了育儿经验，常常对他们采取将就、凑合的态度。父母应该在经济能力允许的条件下，尽量避免这类情况发生，尽可能给他们买新的物品或玩具，努力不要让孩子觉得自己受到了疏忽和怠慢。

4）兄弟姐妹之间的争吵

在日常生活中，兄弟姐妹之间的争吵、打架肯定是经常发生的事情。他们一聚到一起就吵架，一旦分开就感觉寂寞，会想念彼此。特别是当第一个孩子在1岁半～3岁有了弟弟妹妹时，他们对弟弟妹妹会产生很强的嫉妒心，因为此时他们还不懂哥哥姐姐的含义。

哥哥姐姐如果认为父母更爱自己的弟弟妹妹，就会产生嫉妒心理，而弟弟妹妹如果认为哥哥姐姐更被父母疼爱、更受重视，他们也会产生嫉妒心理。另外，兄弟姐妹之间在容貌、智力、性格以及其他方面的发展，或者学习成绩、兴趣爱好方面都会进行比较。在比较过程中感到自卑的孩子就会对其他兄弟姐妹怀有敌意，不愿与他们一起玩耍，或者会与他们争吵打架。如果4～5岁以上的第一个孩子嫉妒心很强，有可能是因为父母对他保护太多，造成孩子的独立性差，缺少忍耐力，总想独占父母的爱。另外，不受父母疼爱的孩子也会产生嫉妒心理，他们常常会做出一些残酷的行为。

只要父母不偏心任何一个孩子，兄弟姐妹们都能从内心感受到父母的疼爱，即使他们之间偶有争抢东西、吵闹打架的行为，随着他们的成长，这些行为便会有所减少。

有时候，父母的一些言行可能会助长孩子们的争吵。比如，袒护年龄小的孩子，让年龄大的孩子忍让，或者对先动手的孩子进行惩罚批评。其实，许多情况下，孩子们吵嘴打架并没有什么明确的原因，尽管亲眼看到哥哥先出手打了弟弟，但可能在此之前是弟弟先用脚绊了哥哥一下。父母如果草率地做出评判，批评其中任何一方不对，被批评的孩子都会感到不合理，或者埋怨父母不公平，或者从中学会利用这种不公平。父母的这种行为很容易造成兄弟姐妹间相互敌视的局面。

孩子之间的吵嘴打架是儿童成长发育过程中的自然现象。随着身心健康的发展，吵嘴打架也会减少，取而代之的是相互关心和爱护，兄弟姐妹之间的亲情会更加浓厚。所以，父母在处理孩子们的纠纷时，既不要简单地做裁判，也不要一本正经地批评任何一方，而应该反复告诉孩子们："你们打架是爸爸妈妈最不愿意看到的事情，很让爸爸妈妈难过。"要认可每个孩子的优点，并让孩子感到父母对他们的信任。如果父母以前与孩子的身体接触不够，即使孩子已经进入学龄期，也可以让他坐在自己腿上或者身边，安静地给他讲童话故事。

或者，当孩子们打架时，可以把打架当作有趣的摔跤游戏来处理，父母可以加入他们的打闹中，这也算是一种幽默的处理方式。这样，孩子们就会很快停止打架，全家人一起投入"摔跤大战"之中。

如果兄弟姐妹之间没有吵架打闹的现象，就要分析他们中是否有人受到某种压抑，这种情况反而更令人担心。

3．父母关系

1）父母关系不和睦

毫无疑问，父母关系不和睦是孩子们不愿意看到的事情。它对孩子的人格造成的影响，要看孩子的年龄、性别、父母各自对待孩子的态度，以及父母的人格与其他家人对这一问题的看法。不同性格的孩子对所受影响的接受方式也不同。

一般来说，父母关系不和睦会使孩子的情绪不安。他们在幼儿园或学校就会表现出各种状态，走神发呆，心事重重，甚至还会发展到"白日做梦"的情形。他们会因为长时间精神紧张而疲惫不堪，上课时不能保持正确的姿势，随意地趴在课桌上昏昏欲睡。老师发现这种情况后，应考虑孩子的家庭环境是否发生了什么变化，在持续观察孩子行为的同时，需要和孩子的父母尽快沟通。

父母关系不和睦会使母亲对年幼的孩子更加关心保护。这是因为母亲深刻地意识到“再不能让孩子离开自己”，并以此来补偿内心的不安。结果就是母亲更加宠溺孩子，不断给孩子买各种零食和玩具，使孩子缺乏对物质欲望的控制能力，变得越发任性。

有的母亲也会因为与丈夫关系紧张而感到孩子的存在是多余的，有时会因为一时的感情冲动而毫无道理地训斥孩子，在教育方面也缺乏一贯性，极易使孩子的情绪不稳定。由于他们经常缺乏正常稳定的感情环境，很容易变得胆小怯懦。近些年来，越来越多的母亲在离婚时不愿意抚养孩子，这已成为一个常见的社会现象。

如果父母关系不和睦，父亲对孩子的态度往往表现得极其冷淡，使父子关系得不到正常发展。孩子对父亲不仅没有亲近感，而且因为惶恐不安，父子关系会更加疏远。这些孩子在学校对男老师也会无所适从，适应男老师需要花很长时间。因为他们害怕男老师，不敢接近，当他们终于习惯男老师后，有时会突然莫名其妙地对老师发脾气。

当孩子认为父亲和母亲都爱自己，而又不得不直接面对父母吵架时，孩子会左右为难，不知站在哪一边。如果孩子想要得到父母双方的好感，就会采取迎合的态度，变得善于“察言观色”。特别是在父母把孩子卷入争吵或者争吵时利用孩子的情况下，孩子不得不察言观色，紧张应对。当孩子听到父母互相讲对方的坏话，而孩子有自己的看法时，孩子就会夹在父母中间不知所措，越发紧张不安。此外，由于父母的教育方针有所不同，孩子会更加困惑甚至因此而离家出走。

当孩子被问及“你更喜欢爸爸还是妈妈”时，年龄小的孩子多半会回答平时与自己接触较多的一方。4～5岁以上的孩子一般都会产生爱父母双方以及希望得到双方的爱的需求，所以，孩子会给出“都喜欢”这个加入了自身需求的答案。如果孩子已经到了不愿把对养育者的不满告诉第三方的年龄，他们就会因父母关系不和而陷入更严重的不安和精神混乱中。特别是当身边没有和蔼可亲的人来抚慰孩子的情绪时，孩子就会变得愈加孤独，给人一种冷漠的印象。另外，在他们身上还很容易表现出某些问题行为。比如，有的孩子在4～5岁时出现一些婴儿式的行为，有的学龄期的孩子出现尿床、吮吸手指的现象。

如果父母双方都不喜欢孩子，孩子幼小的心灵将会受到极大的伤害。在欧美国家，亲子间保持具体关系的时期较短，多数孩子在进入青春期后比较独立，而此时，他们也常常被父母双方所疏忽、排斥。最近，日本也开始呈现出这种趋势。在父母离婚后，有的孩子不得不被送到保育机构。

孩子如果不被父母中的任何一方疼爱，他们的心灵会背负着极大的创伤，性格变得冷漠，对人也会失去热情。他们总想逃避令人不愉快的家庭氛围，不愿意回家，时常逃学，极易陷入不良的交友关系中。处于这种状态的孩子，尤其是在学龄期，只要老师或者他人对孩子热情相待，就像用雨水滋润干涸的大地一般给予他们足够的关心和爱护，他们就能恢复原本活泼开朗的性格。特别是1～3岁的孩子，只要得到父母任何一方的疼爱就会迅速恢复。

父母在孩子面前应尽量避免表现出关系不和睦。从孩子的角度来看，他们不愿意看到父母之间吵吵闹闹，更不希望他们离婚。虽说离婚可以使父母双方从婚姻的不幸中解脱出来，但也希望父母能冷静地为孩子的幸福考虑。而且，不要只是从形式上或法律上来考虑问题，应着重思考该如何给予孩子以父爱和母爱。如果父母之间的纷争不断，孩子的心灵创伤无法得到抚慰，因此而情绪不稳定，引发各种问题行为，甚至是身心方面的疾病，父母就必须尽早结束不幸的婚姻。

小学3年级以上，特别是进入青春期的孩子，在教育他们时一定要谨慎对待。其实，孩子就是需要有那么一个人能支撑起他们的心灵，帮助他们从对家庭的困惑和失望中走出来，重新点燃对未来的梦想和希望。

2）与祖父母同住（婆媳之争）

在日本，孩子与祖父母一起生活总会产生许多矛盾，可以说这是日本特有的现象。在欧美国家，与祖父母同住的家庭很少，即使生活在一起，因为有独立的房间，所以各有各的生活空间。而且，老人们很少干涉年轻人的生活。

与此相比，由于日本的房屋结构不能将各自的生活独立分开，老年夫妇与年轻夫妇的生活没有明确的界限，在日常生活中就很容易发生意见分歧，或者互相干涉指责。而且，不必要的客气和顾虑也很容易让人精神不安。直至第二次世界大战结束，日本的年轻人在家受到压制的情况都十分严重，特别是儿媳妇。作为“我家的媳妇”比作为“妻子”的角色更为突出，一切行为都必须符合家风，不要说个人的创意和努力，哪怕是稍作主张都会以“不合家风”为由遭到否决。在育儿或教育子女问题上，媳妇也不能随便表达自己的意见，甚至被孩子打，在婆婆面前也只能忍气吞声。

不过，这种情况在城市中已经很少见，许多家庭即使大家生活在一起，也会把生活空间明确地划分开来。而在远离城市的乡村，这种根深蒂固的家庭观念依然存在，而且，夫妻离婚的一个重要原因是婆媳关系不和，而不是夫妻感情不好。这种情况很容易使孩子失去母亲，给孩子带来了极大的不幸。在过去，媳妇不论遭到怎样的不公平待遇，都不能和婆婆顶嘴，所以，不难理解这样的媳妇熬成婆婆后也同样会要求年轻的媳妇这样做。随着时代的进步，在一个大家庭中，最重要的应该是同住一个屋檐下的老人、年轻夫妻、孩子们都能毫无顾虑，开诚布公地阐述自己的意见，两代人之间相互尊重、和睦相处，互不干涉指责。

许多家庭都认为婆媳关系不和睦会造成对孩子的教育方法不一致、不彻底的问题。虽然父母认为孩子啼哭可以无须干涉太多，让他哭一会儿自己就不哭了，但是，有老人的家庭就很难做到这一点。父母认为孩子就应该多与小朋友们一起玩耍，但如果老人认为“孩子会学坏”，就只好放弃。另一方面，老人经常会给孩子买各种零食和玩具，在这种环境下成长的孩子必然会缺乏社会性，并且往往比较任性。

被祖父母过度保护的孩子，其独立性发展会受到很大的阻碍。在“假性弱智儿”中，有的孩子就是总与老人为伴的，可见孩子的独立性发展迟缓已很严重。儿童日常生活习惯的形成一般从2岁开始，到5岁左右就会基本形成自己管理自己的能力。如果大人对孩子的保护过多，孩子便不能养成自立的生活习惯，更不能培养他们独立自主的思考能力和行动能力。特别是家中的长子比较容易出现这种情况，当他们进入青春期后，很容易出现不愿意上学的问题，或者罹患神经症。成年后，他们往往把自己的妻子当作保姆使唤，很难改变轻视女性的陈腐观念。

老人对孩子的过度保护表现为对孩子的行为事无巨细地干涉。孩子不得不听老人不断在其身后喊：“很危险，不能去那边！”“不能这样做啊！”比较活跃的孩子可以不理会这种干涉，成功逃避开这种干涉的声音，而对于听话的孩子，老人的干涉起到了暗示的作用，导致孩子逐渐变得胆小怯懦、缺乏积极性。也有些老人会出于面子对孩子进行管教，但多数仅限于唠叨，没有魄力用行动限制孩子，孩子更容易变得放纵。

治疗夜尿症、口吃、食欲不振、神经性呕吐等精神身体症状时，如果家里有老人，常常会使孩子达不到彻底治疗的目的，治愈率较低。而且，老人很容易被邻居的谣言所左右，导致治疗更加混乱。

婆媳之间一旦发生意见分歧，很容易使母亲的情绪不稳定。有的母亲会带孩子回娘家，有的母亲则会刻薄地对待与婆婆关系亲密的孩子。孩子看到母亲因祖母的态度而焦躁，不知该如何面对，只能声嘶力竭地大喊“你们不要这样”，孩子始终处于坐立不安的状态中。这种不安正是产生怪癖行为的契机，有的孩子还会反复发高烧，还有的孩子因此罹患某种心身疾病。

有的孩子即使平时受到老人的精心抚养，但到小学2～3年级后，他们就不再像从前那样尊重经常娇惯自己的祖父母了，他们不喜欢老人总是像对待婴幼儿似的照顾自己。此时，祖父母会感到孩子“背叛”了他们，或者把孩子不听话的原因归咎于“媳妇没有教育好孩子”，从而总是责备媳妇。当孩子在小学3～4年级进入中间叛逆期时，对祖父母的不当干涉会更加抵触。这种情况其实是孩子独立性发展的正常表现，如果孩子总是一味地顺从老人，那么，在孩子的人格形成过程中可能会受到某种扭曲。

对孩子而言，母亲由于老人的缘故而离开家，是孩子最大的不幸。孩子只能由老人或继母代为抚养，而老人依然会进一步插手干涉孩子的教育问题。

另一方面，如果没有条件与老人分开居住，最好是对住房结构进行一些改造。把老人的生活空间与年轻人、孩子的生活空间适当分开，日常生活互不干涉，这样有利于家庭成员的精神卫生健康。现在，日本的老人与年轻人分开居住的生活方式已经被越来越多的人所接受。此外，年轻人也应尽早构想自己晚年独立生活的蓝图，有意识地培养自己将来受年轻人欢迎的人格，开创一种全新的趋势。

3）与其他同居人的问题

有的家庭除了祖父母之外，还有父亲的兄弟姐妹，或者是保姆，这些同居人在很大程度上对孩子的人格形成也会带来影响。

在这样的大家族中，由于没有独立的空间，家族成员之间相互干涉、相互顾虑之处非常多。在一起生活的家族成员中，父亲未婚的姐妹被称为“姑姑”，如果她的气量比较小，就成为缩小版的“婆婆”，和婆婆一样刻薄地对待媳妇。母亲作为儿媳和嫂子常常受到不公平的待遇，由此产生的情绪不安会直接影响到年幼的孩子。婆媳关系不和还会引发各种矛盾。

在一起生活的叔叔婶婶会认为孩子比较吵闹。母亲为了避免与他们发生矛盾，尽量迁就孩子，时常给他们零食或玩具以防止他们哭闹。这样一来，孩子学会了不停地纠缠，直到自己提出的要求得到满足为止。有些叔叔婶婶还经常偏爱某个孩子，这种情况也会激化兄弟姐妹之间的矛盾纠纷。

另外，当家里雇有保姆时，保姆总是抱有主仆的老观念，以仆人的身份对孩子百般照顾，对孩子唯命是从。即使孩子的要求并不合理，保姆也会对孩子百依百顺，使孩子更加任性。为了让孩子的人格健康发展，父母在雇用保姆时，应该向保姆强调如果孩子有无理要求需配合父母一起坚决拒绝。同时，父母也应该教育孩子，让孩子知道保姆是家庭成员之一，是为了帮助家里做家务，在与保姆相处时要像家人一样平等相待。这就如同在职场中，由于命令、指挥系统等职责的需要，会有不同的分工，但是，职场外的交往理所应当要建立在人格对等的基础上。一直以来，由于没有明确这种界限，很容易让孩子也产生“上下级关系”的意识。

有时，孩子会不喜欢保姆，如果全权委托保姆养育孩子就会产生极大的弊端。比如，保姆溺爱迁就孩子会使孩子任性；而如果保姆只是例行公事，毫无热情，事务性地对待孩子，孩子无人疼爱，性格就会变得冷漠。如果母亲为职业女性，或者因离婚、亡故等原因离开孩子，家里有专职的保姆来养育孩子，很容易出现上述问题。有的家庭频繁更换保姆，每次更换的保姆由于性格或者习惯的不同，对待孩子的态度也不同，这种情况也很容易影响孩子的人格形成。

4）继父继母

继父或继母与孩子之间的问题主要存在于和孩子接触较多的继母。从古至今都流传着有关继母虐待孩子的故事。在日本，这类故事还被编成话剧上演。所以，继母这一角色一般都被认为是坏人。在许多国家，子女受继母虐待的故事与日本并无二致。但是，由于其他国家的家庭中母子关系不像日本那样紧密，各个国家对继母的看法与日本存在很大的差异。

日本的家庭关系格外复杂，孩子往往被视为“家族的孩子”。与欧美国家认为家庭应该是由夫妇共同构建的观念不同，在日本的家庭中，继母的意见或者教育孩子的方式方法甚至可能遭到否定或忽视。所以，继母很难在家庭中确立自己作为母亲的角色，继母与孩子的关系极其缺乏稳定性。

在日本的这种家庭关系中，下决心充当继母这一角色的女性应该是经过深思熟虑的。也正因为如此，继母在生活中常常是处于紧张焦虑之中，她们与孩子的关系始终难以融洽，孩子也由于不习惯与继母在一起的生活，而与继母逐渐疏离。有的继母为了尽快建立母子关系，经常迁就或溺爱孩子，该责备批评的地方也睁一只眼闭一只眼，含糊过去了。

人与人之间的关系，尤其是亲子关系，主要是通过日常的接触交流才能建立起来。继母一开始就想与孩子建立起母子感情是勉为其难的事情。“养育之恩重于生育之恩”这句谚语如实地表明了亲子关系是通过养育关系逐渐形成的。所以，为人继母之初，先努力做好孩子生活中的“玩伴”或“好阿姨”，这对继母而言更为轻松一些。而对孩子而言，也不必在意继母不自然的行为和焦急的情绪，重要的是顺其自然地接受继母。

即将进入青春期的孩子有时对自己的亲生母亲也会产生怀疑，认为自己的生母就是继母。所以，对于要成为自己继母的人，无论她的人品性格如何，他们都始终会怀有敌意。尤其是有些孩子正在阅读有关继母虐待子女的故事，他们会因多愁善感而幻想自己的不幸。如果继母一开始就面对这些孩子，必然会发生一些令人不愉快的事情，使继母深感困惑不安。在这种状况下，如果丈夫的亲属和家人对继母的态度也比较冷淡，继母将会更加不安。此时，如果得不到丈夫的理解和帮助，特别是有的丈夫选择再婚娶妻的目的只是为了方便生活，继母便处于一种孤立无助的境地。于是，她们对待孩子的态度不是草率应付，就是流于形式，完全失去了对生活及育儿的热情，甚至后悔“早知如此真不该结婚”。其实，如果家里有即将进入青春期的孩子，继母在与孩子父亲结婚前应该先与孩子进行交流。通过多番努力，如果能让孩子感受到将要成为自己母亲的这个人的人格魅力，孩子就会喜爱并主动欢迎新妈妈。

对新来的母亲而言，最大的障碍莫过于孩子的祖父母或其他亲属。无论新来的母亲人格魅力如何，他们都会以怀疑的目光来看待。因此，他们对孩子也更加同情关心，有些老人宁愿自己抚养孩子也不让继母接近孩子。有些父亲的兄弟姐妹，比如，伯母或婶母还会监视继母是如何养育孩子的，时常为了打探情况而找理由上门，说一些毫无意义的话，甚至在孩子放学回家的路上检查孩子带的东西是否有问题。这些行为会给新来的母亲造成新的不愉快，并且是一种无视人权的行为。

有的亲戚或邻居也会捕风捉影，怀疑继母对孩子不好。如果继母批评孩子，他们就指责继母心狠；如果娇惯孩子，他们就在背地里说“孩子的亲生母亲就不会这样做”的闲话。这些背后的指责、议论对继母与孩子建立正常的母子关系会造成极大的障碍。所以，亲戚邻居们应该对母子二人给予最温暖的守护，理解并体谅新母亲的苦心，祝福他们的母子关系尽快确立并顺利发展。然而，如果新的母子关系发展不顺利，就会向恶性循环方面发展。孩子不喜欢继母，继母即使是表面上照顾孩子而内心却心灰意冷，最终导致孩子厌恨家庭，与不良少年交友，逐渐走上犯罪道路。

也有极少数的继母的确不喜欢孩子。尤其是那些到一定年龄仍独身生活的人，有的曾在过去遭遇不幸，或者是因为与丈夫恋爱结婚后成为继母，她们本来就对孩子不感兴趣。还有的是因为喜欢上了有妻室的男人，最后使原配夫妇离婚，在成为继母后，她们也不会对前妻留下的孩子有什么感情。可以想象，孩子会备受冷落。如果自己的孩子出生，就会把全部的精力和爱放在自己的孩子身上，“继子女受虐待”似乎成为不可避免的事情。另外，如果再卷入遗产继承权的问题，继母和继子之间的关系就会更紧张了。

其实，在过去，继母遭受了太多的不公正待遇，我们应该用更加同情的眼光来重新审视继母这一角色。

5）养父母

由于许多家庭领养孩子都没有经过正常的法律程序，因此，无法确切统计养子的实际数量。据美国专家的调查报告显示，由有亲戚关系收养的孩子与毫无关系的人收养的孩子，其数量大约各占一半。另外，通过社会福利机构领养的孩子，要比由个人领养孩子的结果要好。成功的领养案例一般是，孩子身体健康、智力正常，领养家庭健全稳定并且养父母想要孩子。

养父母领养孩子的动机不同，他们以后对待孩子的态度也有所不同。多数领养孩子的家庭是因为养父母很喜欢孩子，但又因为某些原因不能生养孩子。其中的原因包括器官性障碍和功能性障碍两种，前者不可能拥有自己亲生的孩子，而后者中有些人则希望通过领养孩子，继而生出自己的孩子。据说功能性不孕的原因是潜意识中不喜欢孩子，这种说法并不恰当。因为这类养父母一般都非常疼爱领养的孩子。

在领养孩子的父母中还有的是因为社会福利观念比较强，他们爱怜孩子，想通过领养孩子为社会做贡献。也有的是为了自己的家业后继有人，或者为了给家业多培养一个劳动力才领养孩子。此外，想领养孩子的父母年龄越大，越容易过度保护和宠爱孩子。

被领养的孩子如果身份明确，在以后的养育过程中会有一定的安全感。如果不了解孩子的身份，就会担心如果孩子的亲生父母是不道德的人，孩子长大之后是否也会做出不道德的事情，或者走上犯罪之路。其实，这种担心是完全不必要的。

领养孩子的父母，即使以后自己又生养了一个孩子，只要家庭和睦，大部分孩子都能健康茁壮地成长。而且，多数养子对养父母的感情和亲生孩子没有什么区别。

但是，孩子成为养子时的年龄和生活经历，对以后的亲子关系非常重要。孩子被领养时的年龄越小，以前的经历就越少，养育关系的时间就维持较长，所以新的亲子关系也就越容易建立并发展。相反，如果孩子的生活经历中遭遇了许多不幸，其不幸的时间越长，新的养育关系就很不容易建立起来。关于美国孤儿院儿童的研究表明，孩子离开母亲进入孤儿院时的年龄越小，特别是3岁前就进入孤儿院，并在其间辗转多所孤儿院的孩子，即使以后重新回到家庭中，也很难与他人维持温暖的人际关系。

但是，这也取决于孤儿院内的氛围是否温暖，工作人员是否疼爱孩子。在充满爱心与温暖的孤儿院中生活的孩子，能够很快地适应新的家庭生活。所以，在领养孩子时，需要详细询问福利院或孤儿院，深入了解孩子的生活经历。这是成为养父母所必要的准备工作。

儿童福利法中规定有“养父母”的相关制度。养父母领养没有父母或其他监护人的孩子，需以在家庭氛围中养育为目的，通过向福利事务所提出申请，获得认可后登记入户。这个过程中，是否符合领养条件，由有决定权的委员会负责对申请者做出判断。

在家庭中养育的孩子，作为养子被其他家庭收养，同样也是年龄越小，适应情况越好。如果3~4岁以后再进入新的家庭，可能暂时无法适应新的父母。所以，如果直接从家庭中领养孩子，最好先让孩子往返于两个家庭之间，让孩子充分适应新的家庭。

总之，一般来说，无论是寄养还是领养孩子，最好在孩子出生后6个月内完成，这样，亲子关系才会更加和睦。当然，领养时还需进行全面的身体检查和精神检查，以保障孩子能健康发育，避免给今后的亲子关系留下不稳定的因素。

领养年幼的孩子后，养父母应该何时告诉孩子真实的身世呢？2~3岁时被领养的孩子，虽然在当时知道自己换了家庭环境，但不久就会记忆模糊。而年龄再大一些的孩子，对被领养到新家的事情是有清晰的记忆的。

当孩子还不知道自己是养子身份时，养父母如果要告知孩子的真实身世，务必要选择一个适当的年龄段，这个年龄段是孩子能够理解父母，并且不会因为知道自己身世而受伤的年龄段，一般在4~5岁时比较合适。因为这个年龄的孩子不会完全理解父母对他们说的话，时间一长就会把这件事情抛诸脑后，和从前一样愉快地玩耍。随着时间的推移，在他们长大后才能逐渐理解自己的处境，以及养父母的养育之恩。

在日本，多数养父母不会亲自向孩子说明领养的事实真相。但是，孩子早晚会从邻居或亲戚那里知道自己不是父母亲生的孩子。这种情况在欧美国家同样会发生，但日本人口密度高，人多嘴杂，比欧美国家更容易发生。孩子从他人那里知道自己的身世后，必然会极度悲伤难过。他们会对养父母产生疑问：为什么父母不亲自告诉自己这件事呢？特别是小学3～4年级的孩子，他们受到一些故事的刺激，往往认为自己非常不幸。所以，在孩子进入这个年龄之前，向孩子说明被领养的真相是非常重要的。如果养父母为了维持亲子关系，对孩子隐瞒事实真相，结果可能会事与愿违、适得其反。

进入青春期后，有的孩子对自己是养子这件事会感到自卑。特别是青春期的女孩，她们会将此事倾诉给好朋友，感慨自己命运坎坷。但是，这种状态会随着孩子的成长渐渐消减。所以，养父母们即使看到孩子伤心地向朋友倾诉自己的身世也不必太担心。

但是，有些处于叛逆期、情感激烈的孩子会故意抵触养父母，甚至对他们采取一些过激的行为。遇到这种情况，母亲自然会产生“亏我这样含辛茹苦地养育你……”的想法，变得感情用事。而这又会进一步增强孩子的叛逆心理，好不容易建立的养育关系便会前功尽弃。所以，在孩子进入这种情绪发展阶段（青春期）之前，养父母要做好心理准备，从容应对。只要等孩子度过这一时期，他们的叛逆态度将逐渐转化为深深的反省。

4．其他

1）单亲家庭

父母之中缺少任何一方，将会对孩子造成怎样的影响？

在只有父亲的单亲家庭中，由于父亲不得不把重心放在事业上，所以，代替母亲的角色养育孩子的那个人的人格就显得非常重要。那个人在与孩子每天的具体接触中能否真正疼爱和照顾孩子，并且还要有健康愉快的生活氛围。也就是说，孩子需要一个像亲人般疼爱他的人。有的父亲担负起工作和养育孩子的双重任务，甚至背着孩子去上班，有的父亲把孩子托付给祖父母，还有的交给保姆照顾，而他们在照顾孩子时，养育方法不当的情况并不少见。这样养育长大的孩子，有的会变得越来越任性，有的会因为缺乏足够的爱而性格冷漠，或者可能会陷于空想，出现梦游的症状。此外，他们会由于不愿意敞开心扉而交不到朋友。

养育孩子是以爱为基础的行为，对孩子的人格形成非常重要。因此，在选择充当母亲角色的养育者时还需慎重考虑。

近年来，托儿所的保育人员起到了照顾婴幼儿的作用。另外，无法在规定的时间内接送孩子，又找不到合适的人来代替母亲的情况下，日本还可以利用“养育家庭制度”[①]养育孩子。

把孩子寄放在托儿所养育时，父亲要尽量多抽出时间陪孩子。陪孩子的最佳方式就是陪他们一起玩耍，或者陪孩子睡觉，躺在床上陪孩子谈心聊天是很重要的。孩子与父亲的关系同样也需要以身体接触抚爱为基础。

在父亲因故去世的母子家庭中，母亲会时常感叹自己的不幸，“要是爸爸在就好了”的伤感情绪多多少少会投射到孩子的内心深处，让孩子也变得多愁善感。母亲在独自养育孩子的过程中还很容易溺爱、过度保护孩子，使孩子的独立性得不到正常的发展，越来越任性娇纵。

有的母亲认为自己的不幸是由丈夫造成的，希望自己能好好养育孩子以此报复孩子的父亲。因此，她们对孩子寄予很高的期望，总希望自己的孩子比别人家的孩子优秀，使得孩子很容易因为不堪承受重负而出现问题行为。特别是对男孩，有的母亲甚至把自己晚

①养育家庭制度是日本的一种福利制度。有抚养能力的家庭不以领养为目的，把由于各种原因不能与父母在一起生活的孩子接到自己家中养育的一种制度。——译者注

年的幸福寄托在孩子身上，给孩子造成极大的压力。还有极个别的母亲认为孩子的性格像其父亲，因而不喜欢孩子，把对丈夫的怨恨转移到孩子身上，使孩子的心灵深受创伤。

有的母亲下班回家后感到筋疲力尽，加之孩子的吵闹纠缠，她们会更加心烦意乱。而孩子因为一整天都没见到母亲，总想跟在母亲身边，不是缠着母亲不放，就是要这要那。如果母亲因此不耐烦，孩子以后则会逐渐疏远母亲。

由于独自一人抚养孩子的心理负担大，母亲往往会感到内心不安。如果孩子出现问题行为，母亲则越发紧张。此时，母亲就需要向专业人员进行咨询，母子福利顾问①的制度有利于单亲母亲消除在育儿生活中的焦虑。而专业的福利顾问也需要深入了解其所面对的母亲到底面临着哪些困惑。

母子家庭中的孩子往往会在人格上有这样那样的问题，但并不是因为母子家庭的孩子就一定会出现问题行为。一个健康的家庭，关键在于父母如何与孩子进行接触交流，家庭氛围是否轻松愉快，是否有益于促进孩子独立自主性的发展。即使只有母亲一个人也是可以做到的。另外，来自周围人的热心帮助也会使母亲感到不再孤立无助。

2）母亲是职业女性的家庭

在一个家庭中，如果母亲是职业女性，她一天中的大部分时间不能陪伴孩子，这将对孩子的人格形成带来怎样的影响？对此，不仅欧美国家，在日本也非常受关注。

幼儿时期的亲子关系，父母对孩子的身体抚爱是非常重要的。

---

①日本在1964年首次颁布了“母子、父子及孀妇福利法”。母子福利顾问是专门为帮助母子家庭解决各种问题而设置的。还设置有父子福利顾问和孀妇福利顾问。——译者注

如果与孩子接触的时间很少，母子关系的发展以及孩子情绪的发展就会受阻。

但是，在日本，作为职业女性的母亲由于担心孩子的情绪受到影响，回家后多会宠爱迁就孩子，给他们买零食、玩具，从各方面满足他们的物质欲望。结果，母亲越来越屈服于孩子的要求，使孩子的自我控制能力无从培养。所以，为了让孩子的情绪和亲子关系得到健康的发展，最好的方法是多陪孩子一起嬉戏玩耍。这种玩耍并不需要花钱买玩具，可以根据孩子的年龄，巧妙地利用身边的各种物品就能很开心。通常，陪孩子玩大约10分钟或20分钟的时间，孩子就会十分满足。让孩子感受与父母玩耍的乐趣，是温暖孩子心灵的最佳方法。

有的母亲在职场打拼一天，回到家后筋疲力尽，还要被孩子缠着，她们便会觉得很烦躁，但这是孩子寂寞没有人陪伴的表现，即使孩子表面上看似行为独立，其实多是伪装出来的。

在母亲白天外出工作的时候，能够替代母亲照顾孩子的人是非常重要的。日本大多家庭是由祖母来照顾孩子。虽然祖母能与孙子很好地相处，感情交流也十分正常，但祖母一般都会娇惯溺爱孙子，尽量满足他们的各种要求，这会使孩子的独立性发展受到阻碍，变得自私任性。有的母亲担心孩子被祖父母惯坏，当她们下班回来看到孩子任性不听话时，就会训斥批评孩子，导致孩子不愿意亲近母亲，而这又成为进一步激怒母亲的原因，形成恶性循环。但是，对于青春期孩子的人格影响，年幼时是否有人疼爱是一个非常重要的问题。所以，从这个角度来看，由祖母来照顾孩子是比较好的，因为祖母给予了他们足够的爱。当然，为了培养孩子的独立性和忍耐力，父母最好与包括祖父母在内的家庭成员共同商量具体的解决方法，这种沟通也能极大地促进孩子的健康成长。此外，父母在节假日应尽量多抽出时间陪孩子一起到户外玩耍。

3岁以后，可以考虑让孩子上幼儿园，因为在那里可以让孩子接受集体教育。不满3岁的孩子如果家里实在没有人照顾，也可以送入托儿所托管。即使是这种情况，也不要忘记家庭仍然是孩子人格形成的场所，应以亲子关系为核心来培养孩子的人格。所以，父母务必时刻注意在何时以何种方式与孩子进行具体的接触交流。

有的父母双方都热衷于自己的事业，经常对孩子放任自流。这些孩子的自我控制能力往往很低，缺乏对善恶的分辨能力，并且很少能感受到来自家庭和父母的温暖。在这种环境中长大的孩子在进入青春期后，很容易走上违法犯罪的道路，或者在长大成人后也同样成为“缺少爱的父母”。

身为职业女性的母亲既要兼顾工作又要照顾家庭和孩子，往往会遇到许多困难。要克服这些困难，父亲的大力协助是必不可少的。现在，令人欣喜的是，在越来越多的家庭中，为了使孩子的人格健康发展，父亲可以与母亲同心协力，努力尽到为人父母的责任。

II. 学校、幼儿园、托儿所的精神卫生

孩子们在小学、幼儿园、托儿所的生活，对他们的成长而言意义重大。这是因为，一天之中除去睡眠时间，孩子们有四五个小时甚至七八个小时都在学校或幼儿园度过，占据了他们整个生活时间的三分之一甚至一半。

因此，孩子们是否适应占据他们大部分时间的集体生活，对他们的身心健康以及人格形成尤为重要。在这个集体中，有不愿意与其他小朋友一起玩耍的孩子，有上课注意力不集中的孩子，还有总缠着老师不放的孩子。他们或者不遵守课堂纪律影响大家上课，或

者故意捉弄老师，或者喜欢耍小聪明。那些从事教育事业时间长的有经验的老师，一定会在脑海中浮现出孩子们的各种姿态。

1．教师自身的问题

在一个班级里，老师要面对众多性格迥异、各有特点的孩子，当他们出现这样那样的问题时，老师应该采取怎样的解决办法呢？或许有的老师只热衷教学，对孩子们完全置之不理；也有的老师只是随便批评孩子几句，其余的问题就交给时间来解决；有的老师认为每个孩子或多或少都会有问题行为，在他们的成长过程中，这些问题都会时隐时现；有的老师认为每个人的性格都是与生俱来的，因而放弃了对孩子的管教；还有的老师认为孩子的问题是家庭造成的；也有些老师希望孩子们都能学好，情绪激动时常常批评孩子；有的老师甚至以妨碍授课为由，罚孩子站在教室的角落里。总之，老师的这些行为均会对孩子的心理产生一定的影响。

另一方面，老师的儿童观也可能存在某些问题。有的老师喜欢活泼可爱的孩子，有的老师则更喜欢安静稳重或懂礼貌的孩子。

如果我们站在孩子的角度来思考，就会知道每个孩子都不同程度地希望得到老师的认可和喜爱。被老师喜爱和认可的孩子一般都喜欢上学，而遭冷落的孩子则对校园生活感到无趣，情绪开始不稳定。有的孩子可能会焦急地期待得到老师的关注，也可能对此彻底死心，把自己封闭起来，变得沉默寡言。有的孩子则产生逆反心理，故意与老师对着干。

作为老师，一个重要的原则就是要对班级中的每一个孩子都一视同仁，不能持有任何偏见。当然一个人肯定会有自己的喜好，这是不可避免的。但是，如果老师把这种情绪在行为中表现出来，那些未能被老师喜爱的孩子就会深受伤害。所以，我们应该反思哪些孩子不受老师喜欢。一般来说，性格内向、表情阴郁的孩子，家境贫困的孩子，或者言谈举止不大方的孩子，以及常常炫耀家里很有钱的孩子、都不会讨老师喜欢。这些孩子是因为各自的家庭背景而形成了不受老师欢迎的性格。

这些孩子为什么会有这样那样的问题行为？通过调查我们发现，答案往往可以从孩子的家庭现状或者是生活经历中找到。此外，孩子为什么会被其他小朋友所排斥？同样也可以在其家庭背景中找到原因。由于家庭的原因，这些孩子都背负着各种不幸。对这些不幸的孩子，我们应该富于同情心，多给他们一些关爱。

另外，老师会根据父母对学校、幼儿园、托儿所的态度来思考孩子的问题。有的父母把孩子完全托管后，就几乎不在学校或幼儿园露面。这其中有不少父母原本就不喜欢孩子，或者借口工作忙没有时间。与此相反，有些父母会很热心地询问学校、幼儿园的情况。他们只关心自己的孩子，经常向老师提出一些过分的要求，比如，要求给孩子调换座位，或与教学内容相关的一些要求。

有些孩子的父亲或祖父是当地有权有势的人物，他们依仗权势给老师施压。有的老师会慑于权势，告诉自己这就是现实社会，而多数老师对这种阿谀奉承、攀附权贵的做法都很厌恶。身为教师，面对复杂的社会环境以及人际关系，应重视和强调教师自身的精神卫生，提高教师自身的素质和修养，不要因个人的不公、不满而影响到教书育人。

有的老师拥有自己的家庭，如果其家庭生活不那么圆满幸福，作为家庭的一员，他们就需要处理好自己紧张不安的精神状态。为了正确地理解孩子，老师也需要了解自己的精神状态。为了孩子的精神卫生，老师绝不能忽视自己的精神卫生。

一位美国学者曾称，从精神卫生的角度来看，多数教师的素质与精神卫生的要求相去甚远。如果这是事实的话，对孩子来说将是巨大的不幸。在孩子眼里，他们敬畏、尊敬老师胜过自己的父母。而且，孩子会在相当长的一段时间里与老师一起度过大部分时间。老师的性格、行为会给孩子带来极大的影响。当然，另一方面，学校或幼儿园的环境和基础设施完备也是必不可少的。从精神卫生的角度来讲，一个孩子如果能遇到一个好老师是一个至关重要的优势，足以弥补其他所有不足。而在日本，学校的现状是令人担忧的。一个班级里的孩子人数过多，使老师没有充分的时间与每个孩子亲密交流，所以对孩子的精神卫生管理心有余而力不足。我曾在瑞士、奥地利参观过一些小学，一个班级的学生人数最多只有25人左右，老师有充分的时间照顾到每一个孩子。而日本的有些老师尽管付出大量的努力，但在精神卫生的管理方面仍然存在不少问题。希望能尽快打破这种局面。特别是在幼儿园，如果一个班里小朋友太多，老师就无暇照顾到每一个孩子，而会陷入严格的统一化保育管理模式。所以，一些孩子就会因老师照顾不到或者不被重视而掉队，甚至出现问题行为。而且，如果老师因此再批评或惩罚他们，就会进一步加深对孩子心灵的伤害，使问题行为反复出现，孩子内心充满忧郁。

我们再来对教师自身的人格问题作一些分析。据美国学者梅森的报告指出，那些不适合从事教师工作而需要入院就诊的人中，竟有37.4%患有精神分裂症。除此之外，如果再加上精神异常的人，不称职的教师竟高达50%。在这些不称职的教师中，男性教师在工作中多有内向、雄心勃勃、过度活跃、神经质、焦虑综合征、自私自利、行为怪癖的表现。而女性教师也或多或少具有与上述男性教师相似的行为表现。

当然，我们并不能因为某个老师曾有上述的某种表现，就轻易认为那位老师精神上有缺陷。我们平时总能听到一些“那个人真是精神分裂呀”之类的指责别人的话，实际上，这里的“精神分裂”

与精神分裂症是根本不同的。所以，我们有必要对日本较多的精神分裂症以及躁郁症等精神疾病进行简单的介绍，对那些难以诊断的神经症也需要有正确的认识。教师自身如果能了解这些成年人的精神疾病，也会有助于理解那些有问题行为的孩子的父母。

1950年，堀内敏夫对东京都的小学教师进行了一次调查，结果表明，有9.6%的人不适合从事教师这一职业。根据此项调查，男性教师在工作中欠缺最多的是教育方面的知识和能力，以及对孩子缺乏爱心；其次是花言巧语、说大话、背后说人坏话、造谣中伤；其他还有心胸狭窄、不听取他人意见、在与异性的关系上表现不轨。此外，还有的男性教师酗酒、具有双重人格、对不同人的态度完全不同，或者唯利是图、在生活上懒散。有的醉心于跳舞，有的沉迷于宗教，还有的有神经症、对事斤斤计较、不与人不交往、有偷盗行为。另一方面，在女教师中，除了缺乏教育方面的知识和能力，对孩子没有爱心之外，其次是傲慢任性、自以为是、不听取他人意见，往往感情用事、歇斯底里、说三道四、喜欢干涉他人、好管闲事。此外，她们有的独来独往，与异性关系暧昧，有的思想偏激、善于花言巧语、态度粗暴、喜欢时髦。当然，这个调查是在战后不久进行的，在30年后的今天，教师的素质已有明显的提高。但是，众所周知，在教师身上发生的一些负面事件从未绝迹。

那么，采用什么标准来衡量教师是否合格呢？衡量标准不同，得出的结论也会不同。此外，许多方面还会受评判人的主观态度所制约。所以，在评判过程中，应慎重行事，努力做到公正、客观地评价每一位教师。如果出现一个不合格的教师，对几十个孩子来说就是一种不幸。对此，我们呼吁要重视和加强对教师的管理，在学校或幼儿园内设立针对教师的精神卫生辅导员。教师的精神卫生问题不能再被忽视。

除上述调查外，堀内先生还对教师的不安和烦恼作了统计。其中发现对学校有不满情绪的教师比例最大，占34%。比如，他们认为学校的设施、教学用具、教材不完备。此外，还有教师之间关系不融洽、不合作，封建的教育行政管理方式，缺乏民主的情况。另一方面，尽管与家庭相关的不满和烦恼较少，但仍存在经济、住房、家庭矛盾的问题。除此之外，最重要的是与自身有关的问题，对自己缺乏自信、能力、知识、教养而烦恼。因研究学习时间不足而感到苦恼的教师也大有人在。对比上述关于不称职教师的行为表现，这一点值得令人深思。不论是教师还是普通人，这类烦恼都是很自然的。我们每个人都会经常做一些自我反省，比如，自己是否优柔寡断、消极、执行力差。当然，对自己的未来感到迷茫、不安，对教育教学工作产生一些困惑，都是属于正常的烦恼。

教师的这些烦恼和不安，与前面所说的许多不适合做教师的情况是否有联系，还有待研究。不过，在那些不适合做教师的人中，也有人意识到自己的能力、知识、教养不够，他们为了弥补这些不足很希望自己不断努力学习。但是，由于时间有限，学校的设备条件也不完善，他们不得不放弃努力。最让人担忧的是那些不合格的教师，他们完全没有自知之明，意识不到自己的不足。这种情况不仅在教师中有，在社会上也有，家长中也有，这类人常常会给周围人带来麻烦。孩子如果遇到这类人，必然会在精神上备受打击。

一般来说，不受孩子们欢迎的老师，都是以主观态度来评价孩子，给孩子贴上“坏孩子”标签。由于这样的老师总以自我为中心，武断主观，他们评判“好孩子”的基准非常狭窄，所以在这类老师的班级里，“坏孩子”自然就多。如果我们从精神卫生的角度来看这些孩子，就会发现他们并不是什么坏孩子，反而是值得我们同情的不幸的孩子。实际上，老师评价的这些所谓的“坏孩子”，都是因为这样那样的原因才使得他们的行为表现不正常。“坏孩子”这一评价的背后，隐藏着老师对那个孩子的厌恶情绪。有些老师甚至会用体罚来纠正孩子。相反，如果我们理解孩子，认识到他们都是“不幸的孩子”，那么我们必然会关心帮助他们，鼓励他们努力改正自己的缺点。能够这样做的老师大多懂得自我反省，热爱教师这一职业。

另一方面，有一些神经质倾向的老师，往往会对孩子过多地干涉，甚至连一些对孩子来说是很正常的事情也横加指责。下面，我们就对有关教师精神卫生方面存在的问题，进行分析介绍。

2．神经质

有神经质的人往往因为一点小事就感到焦虑不安，而且，一旦出现这种情绪就很难平静下来。他们一般遇事十分固执己见，缺乏独立性，对适应新环境需要相当长的时间。而且，这类人很容易疲劳，过于在意自己的健康状况，即使有一些小的变化也会非常敏感，始终对自己所做的事情没有自信，意志力薄弱。

然而，他们对自己的人格、职业的目标期待很高，常常以此为基准来要求周围的人，因此，稍有不顺心的事就极度失望，情绪一落千丈。当然，做事追求完美、要求严格对于完善自己的人格、提高自己的素质和能力非常重要。因此，这种人在情绪高昂，同时又具备一定能力的情况下，或许可以取得一鸣惊人的好成绩。但神经质的人由于缺乏实力，不论对自己还是对周围的人，都会感到不满意。他们羡慕别人，嫉妒心强，常常被这类情绪所困扰。其中有不少人会陷入深深的自卑中，产生自嘲情绪。他们难以忘记曾经历过的不安和恐惧，只要遇到类似从前曾让他们不安的事情，就会立刻陷入焦虑之中。

有神经质的人的自律神经系统一般都不稳定，容易失调。他们从小就很敏感，遇到一点小事就会引起呕吐、腹泻或便秘，容易出现睡眠障碍，入睡浅，一有响动就会惊醒。他们到了傍晚身体就开始感到不舒服，手脚容易发冷，轻微的精神刺激就会导致手心或腋下大量出汗。另外，他们容易发生抽搐症和口吃，还容易形成各种怪癖。

这类人适应性较差，如果他们长期不能适应新环境，还会导致身体的不适，这种现象被称为“心身疾病（精神身体症状）”。这种症状绝不是装病，而是不受自我控制的自律神经紧张造成的。即，情绪不安和紧张导致大脑自律神经中枢紊乱，使身体的各部分表现出异常症状，看起来像是身体得病的状态。在这种情况下，患者本人往往希望尽早痊愈，但这份焦虑使病情不断加重。特别是，如果主治医生只给患者进行药物治疗而忽略精神疗法，患者会怀疑自己得了重病或不治之症，为此而烦恼不已。

3．神经症

“神经衰弱”这一病名，很早以前就被使用，现在对这种病的称呼已由“神经症”取代。神经症还可分为焦虑症、抑郁症等四五种病症。在这里，我们着重介绍强迫神经症以及歇斯底里症。

1）强迫神经症

强迫神经症患者在情感上非常敏感，对日常微不足道的小事过分斤斤计较。因此，他们在日常生活中并不顺心，经常感到身体不适，不时会出现头痛、耳鸣、食欲不振，睡眠质量差且入睡较轻。患者时常担心自己的身体状况，成天没精打采，对工作不积极热情，经常对生活抱怨发牢骚，时常陷入忧郁状态，日常生活效率也受到很大影响。

例如，在看到尖锐物品时，他们会产生用其刺伤他人或者刺伤自己的想法，并且这种想法萦绕在脑海中挥之不去；睡觉前分明已关好门窗，但仍感觉似乎忘了关，反复多次确认后才能安心入睡；认为数字4与死相关，因此在上楼梯时会故意跳过第四个台阶。患者虽然自己也明白这种想法并没有什么道理，并努力试图摆脱这种状态，可是深陷其中而无法自拔。由于自己的行动得不到自我控制，他们往往极度恐慌不安。

每个强迫神经症患者都有不同的恐惧对象，可分为若干种类。比如，前面介绍过的，总是担心门窗没关好而产生不安的“不完美”。有的患者已经把信件投入邮筒，可脑子里总浮现出信件卡在邮筒口的情景，于是又返回邮筒处查看。洁癖患者不能接触他们认为带有细菌的物体，触摸后会反复不停地洗手。有的患者表现为爱钻牛角尖，比如只要注意到校长的头，便开始思考他的头上到底有多少根头发，尽管心里明白根本数不出来，但脑子里总被这个问题纠缠。

对人恐惧症是指患者在他人面前，会不自觉地担心自己做错事或被对方看到心中的阴暗面，因而不敢正视对方。还有一种脸红恐惧症，他们害怕在他人面前脸红而不敢在公共场合露面。除此之外，还有恐高症、封闭恐怖等各种症状。

其实，正常人有时也会表现出上述不同程度的恐惧，但强迫神经症患者的恐惧情绪会严重地影响其日常生活和工作，甚至会导致家庭生活破裂。应该引起注意的是，上述症状往往在儿童进入青春期后比较多见。

2）歇斯底里症

歇斯底里症的病名也是从很久以前就开始使用的。曾有一段时期，歇斯底里症被认为是女性特有的病症。现在，这种观点已被否定。

歇斯底里症是一种精神症状，患者的情感容易高涨或低落，可以为一点小事而异常兴奋。他们时而意识混乱，精神恍惚，在神志不清的情况下还会离家出走，有时还会出现暴力倾向。

歇斯底里症具有三个特征：第一是感觉异常，容易神经过敏、感觉缺失；第二是运动机能容易产生障碍，比如突然无法站立或行走。这些症状并不是脑神经障碍引起的，而是心理因素导致的。在病情严重时，还会出现痉挛，手脚突然不停地抖动抽搐而倒地不起；第三是患者的感觉功能容易出现异常，比如，有时会嗅到别人感觉不到的臭味，并因此而烦躁不安，大吵大嚷。此外，听觉、视觉、触觉也有类似的神经过敏现象。

性格方面，歇斯底里症患者情绪变化无常，自我表现欲强，说起话来绘声绘色，好像是在演戏。虽然他们对他人的态度非常友好，但这只是出于自我本位，为了将自己的好意强加给对方，一旦对方不接受，他们会立即翻脸不认人，甚至破口大骂。另外，歇斯底里症患者在日常生活中喜欢讲排场、追赶时髦，比如，追求流行的服饰和发型。

歇斯底里症患者的自律神经系统失调表现为手脚冰冷、心悸、异常多汗，一点小事就会引起呕吐，经常容易腹泻或便秘。偏食、异食、尿频、性欲异常在歇斯底里症患者中也较为常见。

以上症状是由两种病理造成的。一种是环境与患者的人格不能协调，另一种是内心矛盾，患者的自我要求不能被环境所接受。前者的不协调必然造成后者的不接受。由于这种外在与内在关系的失调致使患者情绪不安，心理失衡，令患者深感苦恼。

有人认为上述各种身体症状也可以解释为人体为了调整精神烦恼而产生的现象。弗洛伊德称之为“以生病为借口逃避现实”。总而言之，都是因调整烦恼的方法不当而造成了自身的苦恼。

我曾遇到过这样一件事，有位女教师在一天夜里突然发生强直性痉挛，而且其症状与破伤风痉挛很相似。我在与其家人谈话时，顺便对女教师进行了观察，发现她正用自己的左脚不停地在右脚上挠痒。由此可知，这位女教师不是患的器质性痉挛，而是歇斯底里症发作。后来，通过调查病因才发现，原因在于家庭问题。这位女教师与母亲相依为命，承担着家庭生计，后来她与一名男同事谈恋爱，但男同事正面临工作调动的问题，如果与男友结婚，女教师就不得不撇下自己的母亲，因为男友不同意与她母亲一起生活。这位女教师年龄也已不小，这次恋爱可能是她步入婚姻殿堂的最后机会。面对母亲和男友使她进退两难，很难下决心做选择，因此陷入深深的矛盾之中，以至反应在身体上，出现歇斯底里症。

还有的患者由于自己在职场上的能力不足，而上司要求又过高，因此常处于紧张不安之中，最后难以承受压力而出现剧烈头疼、失眠等症状，这也是由相同的病理所引发。

并非所有人在面对困难时都会出现以上症状。当然，如果遇到相当棘手的问题，即使是意志力坚强的人也难免会出现程度不同的身体反应。比如战争、火灾等危机情况发生时可以证明这一点。不可否认，在日常生活中，那些神经过敏的人更容易患上神经症。有的研究人员将这类神经过敏的人称为神经质，或处于患神经症的前期状态。如果我们仔细观察这类人的生活经历，就不难发现他们的独立性发展明显迟缓，自主决策能力差。究其根源，他们大多都是因为从小生活在受父母或祖父母过度保护的环境中，妨碍了独立性的发展。他们乖巧听话，缺乏主见，没有魄力，感情脆弱，经不住打击。这些都是缺乏独立性的表现。

因此，如何有针对性地培养和提高独立自主性，是治疗神经症患者的核心问题。

4. 对精神病、精神病体质的认识

在精神病中最具代表性的是精神分裂症以及躁郁症。此外，还有由脑炎或外伤造成的后遗症以及内分泌紊乱导致的精神异常，但发病率最高的仍然是精神分裂症和躁郁症。

1）精神分裂症

用一句话来概括精神分裂症的主要症状就是：对现实世界漠不关心，把自己封闭在脱离现实的一个特殊的“心灵世界”中。他们对现实世界所需的情感变得麻木，对家庭和工作毫不关心，意志薄弱，成天无精打采、懒惰，对一切事物都提不起兴趣。

患者对周围事物的认识非常主观，因而在工作中总是提出不合理的意见，而且独断专行。他们有时过度空想，有时神神秘秘，经常做出一些怪异的、不合乎常理的行为。这些行为总给周围人制造麻烦，让人难以理解。上级主管如果看到上述的状态，会认为其工作不认真，经常会对其加以责备或训诫。

另一方面，精神分裂症患者在家里经常出神、发呆、失眠。在家人的多次建议下才勉强去医院就诊。有的患者如果在发病前工作繁忙，医生很容易把他们诊断为神经症。被诊断为神经症的患者中，有的也属于是精神分裂症。神经症患者一般对自己的病情很清楚，大多愿意主动去看医生，而精神分裂症患者则对自己的病情缺乏认识，不承认自己是精神病，因而不会主动去就诊，往往在家人百般劝说下才去看医生。

随着病情加重，精神分裂症患者经常傻笑、自言自语，进而变得越发懒散，有时沉睡一两天。在与朋友交谈时，他们说话毫无条理，词不达意。而且，由于他们平时很少说话，别人很难与他们接近。

有些患者的情绪非常不稳定，有明显的被害妄想症。例如，他们会妄想校长总是在诽谤或者暗害自己，家里人都在嘲笑自己。有时，由于妄想的内容半真半假，不知道哪些是真的。也有患者表现出夸大妄想的症状，比如，炫耀自己发表了某种新的学说，吹嘘和亲戚参加过某些重大会议。也有些患者幻觉严重，比如，突然听到已逝者的声音或者看见幻影。

有的患者病情起伏变化剧烈，或者持续的亢奋不已，或者突然暴怒，周围的人当然不知道其中的原因。患者最终会经历绝食、昏迷、虚弱的过程。

精神分裂症的发病年龄大多在15～19岁之间，病情持续时间较长，时好时坏。根据病情使用一些新药虽然有一定的疗效，但在治疗时，不能忽视精神疗法的作用。另外，还必须向病人家属进行相关的心理辅导，使病人早日康复。

另外，我们还必须严格区分精神分裂症和类似精神分裂症的症状。比如，进入青春期的一些孩子，有时会产生诸如拒绝上学的行为，对这种类似精神分裂症患者的行为，切记不能盲目误诊为精神分裂症。当然，也有的患者会由神经症发展为精神病，有的却相反。

有的学者把具有精神分裂症倾向的性格称为分裂性性格。至于分裂性性格是介于精神分裂症与正常人之间的状态，还是基本上属于正常人的性格倾向，由于问题复杂，专家们众说纷纭，尚无明确的结论。

2）躁郁症

躁郁症是一种狂躁与抑郁交替发生的精神病。患者在狂躁状态时情绪高涨，表现出强烈的喜悦和兴奋。他们兴致勃勃，总是自吹自擂，常常表现出旁若无人、傲慢的态度，让周围人很不愉快。有的患者情绪不稳定，不停地在家里或办公室里来回走动，讲话时口若悬河，往往一个话题未完就跳到下一个话题，非常离谱。他们时而说一些俏皮话，让身边的人感到轻松愉快，时而又讥笑嘲讽他人，使人很不愉快。随着病情的加重，患者的不稳定行为越来越明显，有时会大喊大叫，甚至对他人采取暴力行为。

患者处于抑郁状态时，情感极度郁闷，满脸愁容，少言寡语，悲观绝望，甚至消极厌世。他们常常认为自己活着没有价值，带有一种负罪感，自暴自弃。即使劝说他们不必如此悲观，也完全没有反应。有时，他们还会怀疑自己生病，好像正在忍受病痛的折磨，感到自己前途一片黑暗，突然就会出现自杀的念头。当抑郁状态较严重时，患者常常沉默不语，时而还会陷入昏迷状态。

虽然狂躁症和抑郁症在多数情况下会交替发生，有时也会只呈现狂躁状态，有时狂躁状态反复出现两三次后继续呈现出抑郁状态。多数情况下为两者交替，循环发作。通常一次发作的时间较短，但久病不愈的情况也不少。

与精神分裂症一样，患者自己认为没有生病，因此可以根据这一点与神经症区别开来。但是，躁郁症有时会表现出类似精神病的症状，诊断时必须慎重。如果患者出现类似精神病的症状，可以在日常生活中找出患者正常的状态。他们的人格并未完全崩溃。

以上对神经症和精神病进行了概述。这些内容只是作为了解自己、审视自己在职场和家庭中的精神卫生状况的必备常识。即使可能符合其中一项的两三个特征，也不要轻易地判断自己有病。

我们一定要记住人无完人，每个人在人格方面都有偏颇。人格偏颇较大的人，则应该请专家进行慎重的检查和诊断，如果确诊就需要进行相应的治疗。

Ⅲ．婴儿院与保育机构的精神卫生

婴儿院以及保育机构的问题，主要是指孩子离开母亲和家人，在集体养育过程中出现的一些问题。孩子在家庭中可以尽情地享受到父母给予的身体爱抚和温暖的家庭氛围，而在养育机构里就缺少这种亲密接触的关系。因此，这些孩子在人格形成过程中就会产生缺陷，导致人格扭曲。而且，孩子越小，这种可能性就越大。这种人格上的缺陷将使孩子很难与他人进行感情方面的交流。

养育机构里的孩子一般具有以下四个特征：第一，孩子本应由父母关怀备至地抚养长大，但由于客观原因，不得不离开父母（尤其是母亲）过集体生活；第二，孩子在不得不接受集体养育的情况下，在养育机构里不论房间宽敞与狭小，几个保育员同时要照看很多孩子，使得孩子很少得到爱抚；第三，容易生病；第四，在成长过程中，每个孩子的生活经历中都有各自的不幸。

日本的婴儿院和养育机构中就有许多不完善的地方，尽管为了让养育机构具备浓浓的家庭氛围，也做了很多尝试和努力，但是，由于缺乏财政支持，许多设想无法付诸实施。值得庆幸的是，大部分保育人员和老师都非常热心地给予孩子们母爱般的关怀，使他们在人格形成过程中没有出现太大的扭曲。由此可见，要使养育机构的孩子在人格形成中健康发展，关键在于保育人员是否对孩子有爱心，以及以怎样的养育方式来对待他们。

关于幼儿期精神卫生的研究，欧美学者对婴儿院孩子的研究取得了较大的成果。约翰·鲍尔比[①]的研究表明，出生后不到半年就离开母亲的孩子，其个性往往容易被忽视，婴儿的表情呆滞，活动

①约翰·鲍尔比（John Bowlby，1907～1990），英国医学家，主要研究精神分析学和儿童精神医学。——译者注

减少，不停地吮吸手指，最终陷入麻木的状态，对什么都不感兴趣。在婴儿阶段的后期离开父母的孩子，虽然刚开始一直哭闹，但很快就会变得没精神，身体发育也较为缓慢，对周围的人没有反应，脸色苍白，不喜欢活动，食欲不振和睡眠时间缩短也较为明显。在1~3岁离开父母的孩子，最初也会哭闹甚至拒绝吃饭，发疯似的吵着找妈妈，虽然几天后便会安静下来，但对周围的事物无动于衷，叫他也不答应。过了这段时间后，他们似乎开始对周围的事物表现出关心和热情，但只是暂时的，很快就又回到呆滞状态。

所以，不满3岁的孩子离开母亲，可以说是对他们精神上的一大打击。因为处于这个阶段的儿童具有四个特点：第一，对欲望缺乏忍耐力；第二，任性、自我本位；第三，这个时期的孩子对母亲的依赖性最强；第四，情绪发展处于显著时期。

通过对儿童医院病的机理的研究，可以了解到孩子们无论是暂时还是永久、部分还是全部失去母爱，都不利于孩子的情绪稳定。这是孩子患医院病的根源所在。所谓母爱，自然需要母亲在精神上足够地爱孩子，但仅此还不能真正让孩子得到爱，更为重要的是如何实现母爱。只有通过具体的方法，也就是母子间的亲密接触和养育，才能把爱传递给孩子。

婴儿院和保育机构的目的在于挽救不幸的孩子们。这些孩子可能缺少关爱，家庭贫困或因家里有病人导致没有能力抚养。日本仍需进一步推进的工作是：应该更注重把婴儿院和养育机构办成充满家庭氛围的场所。始于澳大利亚的“SOS儿童村”就是为了实现上述目的所作的一种尝试。

Ⅳ．邻里关系中的精神卫生以及不同文化类型的影响

邻里关系对孩子的人格发展也会带来不小的影响。比如，家长想培养孩子少吃零食按时就餐的好习惯，但邻居家却是孩子想吃零食马上就给；家长不允许孩子看粗俗低级的漫画书，以免受到不良影响，但邻居家却让孩子随便看。因此，在这种邻里环境中，想培养自己的孩子养成好习惯显然是不那么容易的事。

另一方面，如果允许自己的孩子与邻居小朋友一起玩耍，就会担心孩子的言行受到不良影响，但把孩子关在家里，不允许他与邻居小朋友玩耍，又会使孩子缺乏社会性，在他们进入幼儿园和学校后会很难适应集体生活。我们应该明白，孩子的言行或举止与人格相比较，可以说是非常表面的问题，这是因为不同的地域其语言各不相同，不同国家的礼仪行为也各有所异。为了能让邻里之间的小朋友更好地在一起玩耍，摒弃坏习惯，家长们应该同心协力，为共同教育好孩子而经常保持沟通联系。但是，要做到这一点是很困难的，家长有时会担心造成邻里关系紧张，甚至引起纠纷。所以，有些家长考虑到大人之间人际关系的复杂性，就不愿意主动与邻居沟通，邻里之间总保持着一种若即若离的关系。

这种情况可以反映出日本社会文化方面存在的一个问题，那就是在与人交往时，人们特别敏感或在意别人对自己的态度和看法。有的人很喜欢打听别人家的事情，在邻里之间说长道短，或者羡慕、嫉妒，或者背后指责，造谣中伤。如果他们在家里毫无顾忌地闲聊这些事情，就很容易给孩子造成不好的影响。

在农村，如果某个家庭在某件事情上与别的家庭有所不同，就可能会被孤立。一旦被孤立，该家庭就会面临着各项社会生活权利被剥夺的危险。如果其中还牵涉到上下级关系，即使是对方的错，

也不敢批评，只能责备自家的孩子。例如，村长的儿子横行霸道，别的孩子看不顺眼为此而打抱不平，这个孩子不但不会受到表扬，反而他的父母要带着孩子去给村长一家赔礼道歉。这种荒谬的不平等的现象至今仍残存于日本社会。可想而知，这类行为对孩子们的人格形成会产生怎样的影响。因此，无论长辈之间关系如何，我们都应该对孩子一视同仁，让他们平等相处。

对今天的孩子们来说，最大的不幸是他们与邻居小朋友们一起玩耍的空间和时间都被剥夺了。随着日本经济的迅速发展，孩子们能够接触的天然游乐场所越来越少，而社会也没有积极建造儿童游乐设施。可以说是日本政治上的一大失误。对此，我们必须呼吁尽快还给孩子们一个属于他们的天地。

如果我们放宽视野，把日本社会通用的各种文化类型与欧美各国的文化类型进行比较，其结果更加意味深长。我曾在1953年参加了在悉尼召开的“6岁以下儿童精神卫生研讨会”，当时，在研讨会上讨论了日本的“鞠躬”问题对孩子人格的影响。在日常生活中，日本人每天都习以为常地鞠躬行礼，这已成为一种习惯。然而，鞠躬行为背后的心理值得我们深思。比如，在男女不同性别之间鞠躬的角度和次数是不同的，上级与下级之间的问候方式就更烦琐了。孩子们从小就反复学习如何鞠躬，如果父母认为孩子做得好就会加以表扬，如果孩子草率行事，就要遭到大人的批评。而且，大人们总是教育自己的孩子对上级和长辈要毕恭毕敬，不能表现出清高、傲慢的态度。所以，日本人非常注重在待人接物时的礼仪、态度。

欧美国家在人与人的交往以及待人接物上也有很多不同的方式，并且各具特色。这些特点是各国社会文化背景的产物，它对人格形成的影响并不意味着能起到绝对作用。所以，儿童教育中礼仪教育是否占有重要地位，是一个值得重新研究和思考的问题。

对人格发展有利的礼仪与习惯，我们就把它保存下来，不利的则要加以摒弃。但是，哪些东西应该发扬光大，哪些东西应该摒弃，却是值得深入探讨的问题。当然，欧美国家的礼仪也并不是十全十美，也有很多奇怪的地方。不论是哪个国家的礼仪与习惯，我们都要在人与人平等交往这一原则的基础上，从精神卫生的角度以及从国际化的角度来加以认真研究。

家庭结构和房屋结构对孩子的人格发展会造成一定的影响。与欧美国家相比，日本有许多三代人共同生活的复合家庭，在这类家庭中，如果祖父母掌握经济财政大权，在教育孩子的问题上经常插手干涉，就会造成家庭关系紧张，对孩子的人格形成也必然会带来影响。关于这一点，前文已多次阐述（参照第329页）。

日本的房屋结构也会对人际关系及孩子的人格形成造成影响。由于日本的房屋结构大多没有耐火、耐震的保障，会给人带来不安全感，人们常担心不知何时会遭到灾害的袭击。这也是造成生活文化不稳定的原因之一。另外，不少家庭的厕所、厨房等一些必需的生活设施还不完善，电视机只能摆放在餐厅中，这都是生活文化环境不正常的表现。在日常生活中，常常购买便宜物品凑合的情况也很多，比如，给孩子买玩具或书籍杂志时，因为便宜就随便买一样凑合。这种做法实际上是只顾眼前，不考虑长远的生活观念造成的，而且还会形成贪图便宜，结果白浪费钱的恶性循环。

有的父母不放心让孩子一个人单独在房间里，所以不愿意给孩子提供专门的房间，这也会对培养孩子的独立性造成困难。在美国的家庭中孩子满1岁以后，德国的家庭中孩子满2岁以后，父母一般都会给孩子准备专门的儿童房，培养孩子在自己的房间里起居生活。当孩子哭闹不听话时，父母就会让他们回自己房间去，然后把门关上。因此，孩子会意识到这里是属于自己的空间，并逐渐明白“即使哭闹向父母提要求也是没用的”。这样做可以把父母与孩子的生活空间适当地区分开来，从而减少了相互之间的干涉。

虽然日本现在也有家庭给孩子提供了专门的房间，但由于房间狭小，不能满足孩子活动的需求，孩子会养成随便在哪个房间都能玩耍的习惯。父母与孩子的生活空间无法区分开，使得在很多事情上常常会不自觉地帮助孩子，尤其是在与老人一起生活的家庭里，这更容易助长孩子的依赖性。

一位长期居住在日本的德国女士曾问我："为什么日本的母亲一听到孩子哭就马上去哄呢？让孩子多哭一会儿，有利于培养孩子的忍耐力。"但是，日本的房屋构造不允许孩子哭个不停，孩子的哭声会通过推拉门响彻整个房间，影响到全家人。因此，孩子哭闹时，母亲就会采用哄骗、威胁的不良方式。比如，孩子一哭就给糖果，或者用其他东西哄，如果这些方法不起作用，就使用威胁的手段。妖怪、警察、医生常常是用来恐吓孩子的形象。我们认为，这种恐吓、威胁的教育方式非常不合理，只会让孩子的情绪受到压抑，影响孩子的独立性发展。

此外，日本的房屋结构使得夫妻关系和其他家庭成员的关系复杂化。因为在大家庭里，个人的行为不能从中独立出来，必须顾及他人的感受，还要做好思想准备，有可能在某些事情上会受制于人，这些顾虑也会使孩子的行为受到压抑。即使专门为孩子准备了自己的房间，也不代表这个问题得到根本的解决。比如在有些家庭中，全家团聚的时间被演变为电视机争夺大战，大人、孩子都争着看自己喜欢的电视节目，结果也会造成矛盾，使亲子间缺乏心灵的纽带。当孩子回到自己房间后还会产生孤独感。

另一方面，孩子的行为受到父母社会行为的限制。父母为了顾及面子，说话做事表现出谨小慎微的态度，同样会成为孩子胆小怯懦的原因。如果只要求孩子做事积极，大胆有魄力，而父母的态度依然拘谨没有变化，那么孩子的行为也很难有变化。

这类事例不胜枚举。比如，社会习惯这一问题，虽然很多人没有意识到它的作用，但是，它对孩子的成长却会产生巨大的影响。男尊女卑的行为模式就是这样的例子。如果一个家庭里仍残留有男尊女卑的封建家庭观念，那么家庭的民主氛围就难以形成。尤其是40岁以上的父母，虽然在表面上说要讲民主，但内心仍然保留着以前的封建思想。

不过，欧美国家的家庭关系和房屋结构也不一定完全有益于孩子的人格发展。比如，把孩子一个人关在自己房间里，让孩子独自玩耍的习惯。现在，为了预防险情的发生，这种习惯已经引起了警觉，而且，也被认为是一种母性丧失的行为。针对这一问题，越来越多的人认为父母应该花更多的时间陪伴孩子，给他们以无微不至的爱抚与关心。有关人士已呼吁对婴儿要“按需哺乳”，以及实施“母子同室制度”，其目的都是为了让孩子得到父母更多的爱，以促进孩子健全人格的发展。

有的父母把生活观建立在个人主义基础上，当然也就意味着影响亲子关系的正常发展。比如，有的父母为了自己生活上的方便，晚上8点以后就让孩子回到自己的房间，有的母亲为了保持自己的容颜，拒绝母乳喂养而采用人工喂养。这些行为表面上看起来似乎有利于培养孩子的独立性以及有规律的生活习惯，但却忽视了孩子的生活节奏和要求，使母子之间的接触机会减少。所以，这些行为被认为是造成孩子冷漠无情的原因之一。因此，不少欧美的儿童精神医学专家面对现实不得不承认，在近50年间，母亲的人格在质和量的两方面均发生了很大变化。此外，由于以父爱为基础的育儿行为日渐普及，在某种程度上弥补了母爱的缺失，有效预防了孩子在人格形成过程中出现的扭曲现象。

在欧美国家，夫妻关系比母子关系显得更为重要，而在日本，情况恰好相反，母子关系常常凌驾于夫妻关系之上。当孩子出生后，甚至会出现夫妻关系淡化的情况。

欧美国家的母子关系具体来说只能维持孩子结婚前的20年，而日本的母子关系却期待维系一生，对家中的长子依然寄予厚望。在欧美国家，孩子长大成人后，无论男孩还是女孩都会离开父母独立生活，即男女在结婚后必须用自己的双手建设属于自己的新家庭，所以，女方也绝不会产生被嫁出去的感觉。在日本，至今仍有许多以父母为主的家庭，长子娶媳妇后，仍然要与父母一起生活，直至父母双双离世。父母年老后，大多是由子女赡养他们安度晚年。这种亲子关系的永久性已成为他们无微不至地养育儿女的一个条件，而这种热心的养育态度会表现为对孩子的过度保护或过多干涉，有的父母还强求儿女要报答养育之恩。这种情况在欧美国家是根本不存在的，他们认为这种行为是父母用过度养育来换取晚年的生活保障。

在有养老保障以及养老院制度健全的国家，老人可以依靠他们享有的权利来保障晚年的生活。但是，由于希望晚年过得更好，许多人在年轻时就开始考虑如何安置年老以后的生活，他们一般不会因为担心晚年生活而像日本的大多数父母那样在孩子身上进行投资。在经济方面，他们为了自己老有所依，十分注重储蓄。因此，孩子成年以后一般都要求他们保持经济独立，不再依靠父母。而在日本，如果父母有财产就会让孩子继承，没有财产的父母则想尽办法送孩子到名牌学校学习，期待他们毕业后能出人头地，延续这个“家”，同时也希望自己的晚年能有所保障。但是，父母的这种期待，通常会对儿女们造成巨大的精神负担。

关于老人的孤独问题，欧美国家也并没有完全得到解决。尽管有国家保障，但人际关系淡漠，尤其是老人们越来越难以接受新生事物，难免会产生孤独感，这往往会给他们带来一系列影响身心健康的问题。许多国家的老人自杀率很高就充分说明了这一点。日本和欧美国家的老人们的现状均不容乐观。所以，今天的年轻父母们作为将来的老人，从现在开始就必须为今后的生活环境作出自己的努力。

人际关系日渐疏远，特别是母子关系淡漠，可以说是近代文明的产物。随着家庭生活的机械化及效率的提高，家庭主妇们从烦琐的家务劳动中逐渐解脱出来，养育孩子也变得简单了许多。家庭生活被这种机械化的便利性所支配，越来越模式化，也越来越单调无味，每个家庭日复一日重复着同样的生活内容。为了预防这种现象进一步加深，也为了构建全新意义上的家庭凝聚力，父母如何让家庭实现轻松愉快的生活，是一个值得我们深思熟虑的问题。

近年来，随着儿童身体素质的提高，性早熟问题也随之出现。性早熟往往容易导致青少年做出不良行为。许多人认为这是因为受到现代文明，例如，电视、广播、电影以及杂志的众多影响。为了改变这一现状，我们已经开始致力于为孩子们营造一个朴素、安静的生活环境。早在30年前，德国学者就指出近代机械文明是导致“西方没落”的一大原因。因此，我们在吸收近代文明的同时，应更加谨慎地汲取欧美文化的精华，去其糟粕，而且还要思考如何才能使日本文化中优秀的部分发扬光大。

第13章

治疗法

在治疗儿童因精神原因引起的问题行为时，治疗之初必须先经过严谨的医学论证，这一点绝不能忽视。如果是由身体原因引起的问题，在不确定的情况下盲目地使用精神治疗法，不但没有效果，反而危害极大。所以，如果症状与身体疾病相关，就需要进行身体治疗。

近年来，由于人们重视儿童身体问题的比重增加，精神方面的问题常常被忽视。因此，儿童在人格形成过程中受到极大的影响，这种情况在不断增加。尤其是在小儿科领域要特别引起注意。

如果儿童的问题行为确实是精神原因引起的，则需进行精神疗法，即使原因不明确，也应考虑进行精神疗法。

当父母与孩子之间的具体接触不够充分，就要想办法进行弥补。如果孩子自身缺乏忍耐的能力，就必须加强对物质欲望的限制。为此，父母需要用充足的时间来进行心理咨询。对于保育人员或老师也有必要进行面对面的交流，以了解他们的想法，进而了解他们对待孩子的方式，这将有助于消除孩子的问题行为。如果家庭环境糟糕，把孩子从家庭中隔离开来也是一种治疗方法。随着年龄的增长，尤其是进入小学高年级后，通过对孩子进行教导来改变孩子的观念非常重要。

1．身体障碍的治疗

当孩子的身体产生障碍时，也会对其人格造成一定的影响。患慢性疾病的孩子，由于活动受到限制，很容易烦躁不安，对物质欲望的要求越来越强烈。所以，要带孩子去医院接受医生的周密检查。如果确诊身体有障碍，在接受治疗的同时，需要让医生明确运动量的多少。

听力障碍、视力障碍、肢体障碍等身体障碍，可以通过治疗痊愈。即使无法痊愈，也可以借助辅助设备，或者进行外科整形，尽量让孩子的身体能接近正常状态，努力消除身体障碍给孩子带来的自卑感。

在虚弱儿童中，患哮喘病和糖尿病应进行药物治疗，患心脏病应进行外科治疗。除治疗以外，进行心理辅导也是必不可少的。

也就是说，不能只停留在医学治疗的层面，还应努力从精神层面进行治疗。

2．药物疗法

越来越多的临床病例表明，药物疗法对癫痫儿童有显著的疗效。但是，抑制痉挛发作的药物可能会抑制全身的活动，对智力的发展造成阻碍，这一点必须引起特别注意。

治疗弱智儿童的药物，以前一直使用含磷等成分的药物，有时也使用谷氨酸来治疗，但效果并不好。

对神经症以及其他情绪不安的治疗，使用镇静剂还是有效的。但是，这类精神方面的病症无论发展到什么程度，都应该进行最根本的精神疗法。睡眠异常可以用安眠药或镇定剂，呕吐可以服用阿托品和镇静剂，各种兴奋状态可以用苯甲胺进行控制。但是，如果依赖药物治疗，母亲和孩子对药物的依赖性都会增强，反而对彻底治疗有所妨碍。因此，要慎重使用药物，防止药物滥用。

3．训练

让孩子对自己的行动和生活产生自信的一个方法是，父母和老师要对孩子进行训练。为孩子制订一定的训练计划或课程，锻炼孩子的毅力，增强孩子的自信。训练方法因人而异，必须根据孩子的能力和年龄进行适当的调整。这种方法适用于缺乏忍耐力的孩子和任性的孩子。

孩子出现问题行为是由于缺乏忍耐力还是另有其他原因，是在制订训练计划时必须充分考虑的因素。如果草率行事，会令孩子变得畏缩不前，加深孩子的自卑感。

在人格发展过程中，为了提高孩子的适应能力，需要对他们进行自我管理的训练。特别是对金钱和物质欲望的控制尤其重要。比如，孩子想要玩具，可以和孩子约定好某个日期，要耐心等到那一天再给孩子买。关于使用零用钱，可以给孩子一定的数额，让孩子在这个数额范围内满足自己的需求。在训练孩子的自我管理能力时，家庭成员需要确立一贯的方针，统一认识，以免出尔反尔让孩子有机可乘，使训练半途而废。

对语言障碍儿童进行的语言训练是使用最为广泛的一种训练。尤其对大脑麻痹和脑障碍儿童，语言训练和肢体训练同样重要。

另外，通过训练来矫正口吃会让人产生一些疑问，因为有的孩子在接受训练后越来越自卑。特别是针对幼儿，不建议进行矫正训练。

4. 奖励的方法

适当给予孩子一些奖励会有利于治疗。尤其是幼儿期的孩子，当一件事成功后，给孩子有形的奖励会极大地激发孩子今后更希望获得成功的欲望。但是，我们应该注意，不要让奖励变成训练的最终目的。奖励是父母表达自己感情的一种方法，在奖励孩子的同时，明确表达出喜悦之情，会让孩子更加自信。

所以，选择恰当的时机奖励孩子是非常重要的，而且，奖励不宜过多，否则就会失去意义，还会变成父母让孩子做事的一种手段，导致没有奖励孩子就什么也不做。

根据孩子的年龄，奖励的内容也可以灵活多样，但最好不要用金钱奖励。只要是父母用心挑选的礼物，就能把这份心意传递给孩子。

5. 对父母进行心理咨询

孩子出现问题行为的原因往往在于家庭，所以，首先必须解决引起孩子问题行为的家庭问题。为此，我们需要对孩子的父母进行必要的心理咨询。

对心理咨询师而言，与父母建立友好、信任的关系是很重要的。如果心理咨询师在父母尚未对他们产生信任感时，贸然指出孩子的问题行为是由于父母的育儿方式造成的，必然会使父母产生怀疑甚至抵触态度。

作为心理咨询师，需要耐心倾听父母的烦恼，并与父母产生共鸣。当父母对咨询师倾诉自己的烦恼后，他们才会平静下来，并开始努力自主解决问题。比如，有位母亲来咨询关于孩子的问题，发现烦恼的根源在于自己与丈夫及婆婆之间的关系不和谐，所以才调整了对孩子的态度。

对于父母们感到困惑的问题，应该尽可能地仔细询问，即使是同一个词语，也可能包含多重含义，必须让咨询者讲述具体的细节。当心理咨询师详细了解细节后，才能给出具体的建议和指导。尤其要注意询问父母与孩子是如何度过一天的生活的。另外，如果孩子是因为弟弟妹妹的出生而出现问题行为，应询问父母在对待孩子时的具体方式，并由此给出相应的指导。当弟弟妹妹出生后，父母会认为孩子的一些行为很令人困惑，但当他们理解和体会到孩子被忽视的心情时，孩子的问题行为便会自然而然地消失。

当父母意识到自己对孩子的成长寄予了过高的期望与要求，并能理解孩子的心情时，他们对待孩子的态度与方式也自然会有所改变。尤其是当父母了解到孩子在成长发展过程中会出现几次叛逆期时，他们就不再会认为孩子是“坏孩子”。

心理咨询师还需要花足够的时间充分了解孩子的生活经历，分析孩子的情感发展和亲子关系的发展状况、独立自主能力以及适应能力的发展状况。尤其要注意孩子在发展过程中所遇到的问题是否得到解决，如果还没有得到解决，就必须在治疗过程中努力加以解决。

通过对父母进行心理咨询，使他们改变以往的儿童观，进而调整对孩子的养育方式，以消除孩子出现的问题行为。这种方式对小学3年级以下的孩子非常有效，如果是3年级以上的孩子，为了解决孩子出现的问题，父母也需要进行心理咨询。

然而，日本的父亲们往往不愿意参加心理咨询，因而孩子出现的一些问题迟迟得不到解决。特别是在一个家庭中，父亲或祖母极其强势，拥有绝对的权威，即使母亲在心理咨询师的指导下努力改变以往的养育态度，如果得不到其他家庭成员的支持与配合，母亲夹在中间只会愈加苦恼。所以，不仅是母亲，父亲和祖父母也有必要一起参加心理咨询。但是，能做到这一点的家庭少之又少。

6．游戏疗法

与孩子一起玩耍，并在此过程中观察孩子是怎样玩耍的，对于寻找问题行为的原因是非常重要的。这种游戏疗法可以说与对成年人进行的精神疗法是同样的，而且，还有利于建立与孩子的亲密关系。在与孩子嬉戏玩耍的过程中，孩子的紧张感会渐渐消失，忘记自己是在咨询机构，开始表现出自己行为的最本真的一面。有时，正是这些行为可以更进一步揭示产生问题行为的原因。

在使用游戏疗法进行治疗时，必须注意一个问题，那就是要先判断这个孩子是否适合游戏疗法。这在很大意义上决定了游戏疗法能否取得成功。判断的依据有两点：第一，孩子的问题行为的原因很明显，比如，弟弟妹妹的出生、教育方式方法不恰当、父母离异；第二，出现问题行为的时间还不长。根据我们的经验，问题行为发生在2～3个月内，对孩子进行游戏疗法是非常有效的。另外，如果是以前曾经发生的某件事情对孩子造成的影响比较大，游戏疗法也较容易成功。在进行游戏疗法时，如果给孩子造成影响的家庭对孩子施加了负面影响，则游戏疗法很难成功。

我们希望对所有的孩子都可以使用游戏疗法。但是，不能忽视对父母的心理咨询。父母的改变才能达到调整家庭关系的目的，才能有利于解决孩子出现的问题。所以，我们需要用足够的时间对父母以及其他家庭成员进行心理咨询。

在进行游戏疗法时，有的咨询机构准备了许多道具，比如，可以利用黏土、积木、水、画具、人偶及人偶之家、玩具，还有的机构准备有拼图及游戏道具。这些道具可以根据孩子的年龄和生活环境来准备。不过，好像大多数孩子还是对人偶及人偶之家有更浓厚的兴趣。

观察者要详细记录孩子的一言一行。有时孩子对家庭成员的好恶、恐惧和不安的情绪会在游戏中清晰地表现出来。观察者还需要在与孩子一起玩耍的过程中，思考孩子为什么会采取这些行为。

在游戏过程中，不论孩子做出怎样的行为都不会遭到禁止，孩子可以随意地自我表现。这种方式有利于孩子从压抑中释放出来。对于那些不愿意参与游戏的孩子，可以让他们手拿画笔在白纸上自由地画画。有些咨询机构特地为此准备了绘画用的墙壁。

对孩子实施游戏疗法的工作人员必须非常专业、熟练。目前，日本还没有专门的培训机构或教育机构来培养专业的从业人员。因此，非常遗憾的是，许多病例中游戏疗法显示的疗效并不十分明确。

游戏疗法还适用于学龄期和青春期孩子。让孩子们自导自演话剧，作为一种游戏疗法会十分有效。

7. 集体疗法

集体疗法就是让几个孩子一起游戏玩耍，在他们玩耍期间进行治疗。

在进行集体疗法时，我们必须考虑到孩子们产生问题行为的原因比较相似，而且种类相似，孩子们的年龄也相仿。与游戏疗法一样，让孩子们在没有约束的空间内，利用各种道具玩耍，可以自由自在地表现自己。

集体疗法对胆小怯懦的孩子非常有效。这种疗法允许孩子们自由行动，可以让他们从束缚限制多的家庭中解脱出来。

8. 心理咨询方法

心理咨询不仅适用于父母，同样也适用于小学高年级以上的孩子。

1）指示疗法

指示疗法是由咨询师与孩子交流当前面临的问题，并积极地给出建议，目的是为了让孩子了解自身问题行为的性质和原因，学会自我洞察。咨询师首先要站在孩子的角度来思考，用心体会孩子的心情，以便达成共鸣，让孩子的心扉逐渐敞开，克服内心的抵抗情绪，主动寻求咨询师的帮助。这个过程可能需要几次甚至几十次咨询。年龄小、家庭问题不是特别严重的孩子只需很短的时间就能敞开心扉。而年龄偏大、家庭问题严重的孩子需要进行多次咨询。

2）非指示疗法

针对患有神经症的青少年，以及因孩子的母亲造成家庭关系出现不和谐的情况，就需要进行非指示疗法。这种疗法就是仔细倾听咨询者的谈话，在对他们表示理解和认同的同时，做出相应的反应，以帮助他们提高洞察力，让他们从内心深处自我反省过去的生活态度，由此形成新的生活态度。在咨询过程中，咨询师最好做到仅表达自己的意见，不能指出孩子的错误。

9. 幼儿园、托儿所

在幼儿园及托儿所的集体生活中，孩子可以接受保育人员的游戏指导，还能有机会与小朋友一起玩耍，这对于那些在家里受到过度保护、缺乏独立性、不懂如何与人相处的孩子来说无疑是非常有效的。由于集体生活丰富多彩，还可以改善孩子对他人的恐惧、胆小怯懦、食欲不振、睡眠障碍等问题。

孩子3岁以后，进入一个喜欢与小朋友玩耍的阶段，可以送孩子进入幼儿园或托儿所过集体生活。如果在家与祖父母一起生活，难免会受到老人的过度保护。送孩子上幼儿园在某种程度上意味着与过度保护的生活隔离开来，有利于培养孩子独立自主的人格。

幼儿园教育还具有治疗教育的意义，对有问题行为的孩子的人格发展起到一定的促进作用。值得注意的是，近些年，越来越多的家长把孩子送进各种早教机构或者兴趣班，严重地妨碍了孩子的自主性发展。

10. 夏令营

对于那些生活在大都市里的孩子而言，夏令营既可以让他们远离城市的喧嚣和尘埃，还可以锻炼他们的体魄。

不仅如此，对于那些家庭环境有问题的孩子而言，虽然只是暂时离开家，却能够让他们的内心得到片刻的安宁。另一方面，那些在家里受到过度保护的孩子，也可以在夏令营中体验独立自主的生活。通过遵守夏令营中的规定，孩子们的独立性和忍耐力得到锻炼。

夏令营期间，孩子们可以有充足的时间进行身体的活动，这种方式最适合即将进入青春期的孩子。从治疗教育的角度来看，夏令营对小学低年级的孩子最为有效。在低年级时，如果能有效地消除他们的问题行为，他们到高年级时就能顺利发展。如果把问题拖到高年级以后，问题行为很容易形成习惯，并且，由于孩子的体力有所增强，父母会更加难以管教。在瑞士，教育部门把小学3年级的问题学生编入一个特殊的班级，每个班级15人，实行一对一的教育，时间长达一年。通过采取这种教育方式，收效十分显著。他们将对象锁定在3年级学生，这本身就具有极其深刻的意义。

在开展夏令营活动前，我们必须对每个孩子的生活经历以及问题行为发生的经过进行详细调查和了解。另外，在出发前，虽然要告诉孩子们一些夏令营的相关规定，但是，规定要尽量笼统，主要目的是让孩子们从压抑状态中完全释放出来。我们开展的夏令营活动已经持续了21年，基本上从未制订过任何营规。

对在夏令营中出现的问题行为，通过仔细观察，我们可以了解孩子的内心世界，对制订相应的治疗方案极其有利。所以，我们希望夏令营中的指导人员是从事儿童心理发展研究以及对儿童问题行为有深入理解的专家。

夏令营活动对缺乏忍耐力以及娇纵任性的孩子非常有效，偏食、食欲不振也往往能够在夏令营中治愈。此外，如果孩子有口吃、夜尿症、尿频症，而产生这些问题的原因又在于家庭，那么，他们在夏令营期间，这些行为都会有所减少甚至消失，这个事实尤其发人深省。

有的孩子出现的问题行为，其原因还不十分明确，通过参加夏令营，可能会找到一些线索。比如，孩子在夏令营中完全没有出现问题行为，则可以推测问题源于家庭。

近年来，我们开展的夏令营活动主要以检查和促进儿童的独立性为核心内容。当所有的事情完全交给孩子们自己做主时，那些独立性差的孩子就会变得无所适从，常常发呆。针对这些孩子，我们会采取积极引导的方式，激发他们独立自主的意识。在夏令营结束后，我们也会和他们的父母保持积极的沟通。

11. 机构设施

如果家庭环境对孩子的成长不利，我们认为暂时可以把孩子送到相关机构进行养育，对治疗孩子的问题行为有一定的帮助作用。

比如，婴幼儿如果出现食欲不振，可以通过住院治疗（减食疗法）来治愈。当孩子的病情有所恢复后，母亲的情绪也能得到稳定。但是，有不少病例显示，孩子回家后还会再度引起食欲不振。出生不到6个月的婴儿出现厌奶症，虽然通过住院治疗得以痊愈，但如果有母亲陪伴在身边，厌奶症仍然会突然复发。所以，在孩子住院治疗时，也要对其家人进行心理咨询，以期达到治疗效果。

家庭破裂的孩子，在交给养父母养育之前，可以暂时寄养到适当的养育机构。如果孩子的母亲性格异常或者父亲经常酗酒，孩子对父母表现出强烈的情绪不安和不信任感，也可以先把孩子寄养到适当的养育机构，之后再交由养父母进行养育。另外，有些弱智儿童和自闭症儿童由于常常出现情绪不稳定、逃跑，或者某些破坏性行为，给家庭养育带来极大的困难。如果在对其父母进行心理咨询后收效仍不明显，也可以把孩子送入专门的机构设施中养育，以便帮助父母稳定情绪，同时也可以使其他兄弟姐妹安心下来。但是，如果要把孩子送入幼儿园，还需要慎重考虑。

有些不良青少年也比较适合送入相关机构，而且，女孩的效果比男孩好，因为女孩比男孩更容易遵守机构内的各项规章制度。当他们离开机构以后，女孩再度犯罪的比例远比男孩低。

结束语

我们从事儿童精神卫生工作，首先要从理解儿童的精神世界开始。特别是对那些有问题行为的儿童，我们必须了解使他们产生问题行为的原因，要站在孩子的立场去理解他们。这就需要从事精神医学、心理学、儿童学等各个领域的专家们共同努力。只有了解了产生问题行为的原因，才能制订正确的治疗方针，帮助孩子恢复正常。当然，有些儿童产生问题行为的原因，往往在对他们进行治疗教育的过程中才能逐渐显现出来。另一方面，如果我们真正找到引起问题行为的原因，就能系统地制订预防儿童产生问题行为的体系，从精神卫生学的角度对孩子进行训练和教育，根据儿童在人格发展过程中不同阶段的特点进行恰当的教育，从而预防和消除困扰父母和老师的问题行为。

儿童精神卫生工作涉及的领域非常广泛，需要相关研究人员共同合作才能完成。如本书开头所述，目前从事儿童精神医学、儿童心理学、儿童医学，以及社会学、社会福利调查、文化人类学的许多专家学者已经开始广泛的合作研究，取得了卓有成效的进展。今后，这类合作仍然需要有效的管理。

在实际管理中，心理咨询师和社会福利调查员的职责非常重要，负责照顾孩子的保育人员和教师的帮助也很有效果。如果得不到他们的支持和配合，不仅无法解决孩子的问题行为，而且有可能使之恶化。

另一方面，如果保育人员和教师对儿童精神卫生工作更加重视，努力理解儿童产生问题行为的原因，成为他们的朋友并进行正确引导，或许能大大减少儿童的问题行为。

然而，现在，虽然很多保育人员和教师了解了儿童精神卫生的知识和教育方法，但是，他们不足以真正理解孩子们的心理。因此，为了大力推进儿童精神卫生事业，今后还需继续深入进行理论研究。除此之外，从事教育管理的相关工作人员还要站在孩子的角度去理解他们，与孩子形成共鸣。所以，我们的教育机构要培养更多理解、关爱孩子的保育人员和教师。“理解”和“体贴”是人格的核心，是与“爱”相通的。从事儿童精神卫生的所有人员，必须时刻注意自己的内心是否真正地“爱”孩子，并且通过各种努力不断地加深对孩子的“爱”。

由于现阶段没有科学的测定方法，我们无法明确地对“爱”进行定量的说明。如果我们要问：“你对孩子的爱有多少？”你一定很难回答。恋人之间的爱、朋友之间的爱、夫妻之间的爱、母爱……当我们提到这些概念时，虽然能从表面上加以解释说明，但如果问到“爱”的质和量，就很难进行科学的说明了。可见，“爱”是一个非常难以把握的对象。

在儿童临床医学及精神卫生工作中，我们会经常提到“爱得过多”或者“爱得不够”。本书在提及“父母与孩子的关系”（第305页以后）时，还使用了“溺爱”一词。但是，从定量的角度去说明这些词语的含义却十分困难。“爱得过多”或“爱得不够”只能从与正常的“爱”相比较而言。所以，这些词语只能通过对孩子进行具体照顾的量的多少来表示。但是，照顾的量的多少与母爱并没有直接联系。所以，不仅对母爱，而且对其他“爱”的质和量都有待进行更深入的科学研究，并建立正确的测定方法。

另一个比较棘手的问题是如何区分“爱”和“喜欢”。“喜欢”是一种爱好或有兴趣，并不是真正的“爱”。我们在探讨“喜欢”的精神构造时，必须思考如何把“喜欢”发展为“爱”。时至今日，似乎并没有学者在这方面进行过努力和尝试（门秀一[①]的著作《爱的构造》以存在主义哲学为基础，运用了科学的分析方法，值得参考）。

要真正说明作为人格基础的“爱”，我们的道路还很漫长。也正因为如此，“爱”作为精神卫生学的基础，要加以说明也是困难重重。所以，从事儿童精神卫生研究和工作的人们都应该扪心自问：“我真的有爱心吗？”如果有，“爱”的质和量又是怎样的呢？

①门秀一（？~1994），曾任广岛大学名誉教授，主要从事哲学研究与教学工作。著作有《爱的构造》《自由的理论》《不条理的哲学》。——译者注

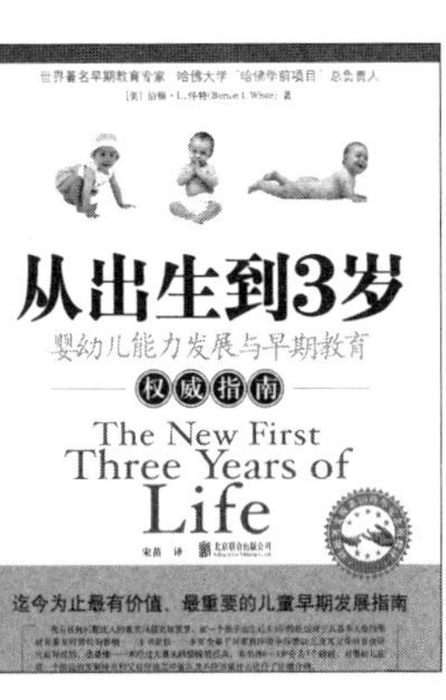

[美] 伯顿·L. 怀特 著
宋苗 译
北京联合出版公司
定价：39.00 元

《从出生到 3 岁》

婴幼儿能力发展与早期教育权威指南

畅销全球数百万册，被翻译成 11 种语言

没有任何问题比人的素质问题更加重要，而一个孩子出生后头 3 年的经历对于其基本人格的形成有着无可替代的影响……本书是唯一一本完全基于对家庭环境中的婴幼儿及其父母的直接研究而写成的，也是惟一一本经过大量实践检验的经典。本书将 0~3 岁分为 7 个阶段，对婴幼儿在每一个阶段的发展特点和父母应该怎样做以及不应该做什么进行了详细的介绍。

本书第一版问世于 1975 年，一经出版，就立即成为了一部经典之作。伯顿·L. 怀特基于自己 37 年的观察和研究，在这本详细的指导手册中描述了 0~3 岁婴幼儿在每个月的心理、生理、社会能力和情感发展，为数千万名家长提供了支持和指导。现在，这本经过了全面修订和更新的著作包含了关于养育的最准确的信息与建议。

伯顿·L. 怀特，哈佛大学"哈佛学前项目"总负责人，"父母教育中心"（位于美国马萨诸塞州牛顿市）主管，"密苏里'父母是孩子的老师'项目"的设计人。

[美] 特蕾西·霍格
梅林达·布劳 著
北京联合出版公司
定价：42.00 元

《实用程序育儿法》

宝宝耳语专家教你解决宝宝喂养、睡眠、情感、教育难题

《妈妈宝宝》、《年轻妈妈之友》、《父母必读》、"北京汇智源教育"联合推荐

本书倡导从宝宝的角度考虑问题，要观察、尊重宝宝，和宝宝沟通——即使宝宝还不会说话。在本书中，作者集自己近 30 年的经验，详细解释了 0 ~ 3 岁宝宝的喂养、睡眠、情感、教育等各方面问题的有效解决方法。

特蕾西·霍格(Tracy Hogg)世界闻名的实战型育儿专家，被称为"宝宝耳语专家"——她能"听懂"婴儿说话，理解婴儿的感受，看懂婴儿的真正需要。她致力于从婴幼儿的角度考虑问题，在帮助不计其数的新父母和婴幼儿解决问题的过程中，发展了一套独特而有效的育儿和护理方法。

梅林达·布劳，美国《孩子》杂志"新家庭（New Family）专栏"的专栏作家，记者。

[美]简・尼尔森
谢丽尔・欧文
罗丝琳・安・达菲　著
花莹莹　译
北京联合出版公司
定价：42.00 元

《0 ～ 3 岁孩子的正面管教》

养育 0 ～ 3 岁孩子的“黄金准则”

家庭教育畅销书《正面管教》作者力作

从出生到 3 岁，是对孩子的一生具有极其重要影响的 3 年，是孩子的身体、大脑、情感发育和发展的一个至关重要的阶段，也是会让父母们感到疑惑、劳神费力、充满挑战，甚至艰难的一段时期。

正面管教是一种有效而充满关爱、支持的养育方式，自 1981 年问世以来，已经成为了养育孩子的“黄金准则”，其理论、理念和方法在全世界各地都被越来越多的父母和老师们接受，受到了越来越多父母和老师们的欢迎。

本书全面、详细地介绍了 0 ～ 3 岁孩子的身体、大脑、情感发育和发展的特点，以及如何将正面管教的理念和工具应用于 0 ～ 3 岁孩子的养育中。它将给你提供一种有效而充满关爱、支持的方式，指导你和孩子一起度过这忙碌而令人兴奋的三年。

无论你是一位父母、幼儿园老师，还是一位照料孩子的人，本书都会使你和孩子受益终生。

[美]简・尼尔森
谢丽尔・欧文
罗丝琳・安・达菲　著
娟子　译
北京联合出版公司
定价：42.00 元

《3 ～ 6 岁孩子的正面管教》

养育 3 ～ 6 岁孩子的“黄金准则”

家庭教育畅销书《正面管教》作者力作

3 ～ 6 岁的孩子是迷人、可爱的小人儿。他们能分享想法、显示出好奇心、运用崭露头角的幽默感、建立自己的人际关系，并向他们身边的人敞开喜爱和快乐的怀抱。他们还会固执、违抗、令人困惑并让人毫无办法。

正面管教会教给你提供有效而关爱的方式，来指导你的孩子度过这忙碌并且充满挑战的几年。

无论你是一位父母、一位老师或一位照料孩子的人，你都能从本书中发现那些你能真正运用，并且能帮助你给予孩子最好的人生起点的理念和技巧。

[美]默娜·B. 舒尔
特里萨·弗伊·
迪吉若尼莫　著
张雪兰　译
北京联合出版公司
定价：30.00 元

《如何培养孩子的社会能力》

教孩子学会解决冲突和与人相处的技巧

简单小游戏　成就一生大能力
美国全国畅销书（The National Bestseller）
荣获四项美国国家级大奖的经典之作
美国“家长的选择（Parents'Choice Award)”图书奖

社会能力就是孩子解决冲突和与人相处的能力，人是社会动物，没有社会能力的孩子很难取得成功。舒尔博士提出的“我能解决问题”法，以教给孩子解决冲突和与人相处的思考技巧为核心，在长达 30 多年的时间里，在全美各地以及许多其他国家，让家长和孩子们获益匪浅。与其他的养育办法不同，“我能解决问题”法不是由家长或老师告诉孩子怎么想或者怎么做，而是通过对话、游戏和活动等独特的方式教给孩子自己学会怎样解决问题，如何处理与朋友、老师和家人之间的日常冲突，以及寻找各种解决办法并考虑后果，并且能够理解别人的感受。让孩子学会与人和谐相处，成长为一个社会能力强、充满自信的人。

默娜·B. 舒尔博士，儿童发展心理学家，美国亚拉尼大学心理学教授。她为家长和老师们设计的一套“我能解决问题”训练计划，以及她和乔治·斯派维克（George Spivack）一起所做出的开创性研究，荣获了一项美国心理健康协会大奖、三项美国心理学协会大奖。

[美]默娜·B. 舒尔　著
刘荣杰　译
北京联合出版公司
定价：35.00 元

《如何培养孩子的社会能力（II）》

教 8 ~ 12 岁孩子学会解决冲突和与人相处的技巧

全美畅销书《如何培养孩子的社会能力》作者的又一部力作！
让怯懦、内向的孩子变得勇敢、开朗！
让脾气大、攻击性强的孩子变得平和、可亲！
培养一个快乐、自信、社会适应能力强、情商高的孩子

8 ~ 12 岁，是孩子进入青春期反叛之前的一个重要时期，是孩子身体、行为、情感和社会能力发展的一个重要分水岭。同时，这也是父母的一个极好的契机——教会孩子自己做出正确决定，自己解决与同龄人、老师、父母的冲突，培养一个快乐、自信、社会适应能力强、情商高的孩子——以便孩子把精力更多地集中在学习上，为他们期待而又担心的中学生活做好准备。

本书详细、具体地介绍了将“我能解决问题”法运用于 8 ~ 12 岁孩子的方法和效果。

[美]海姆·G·吉诺特　著
北京联合出版公司
定价：32.00 元

《孩子，把你的手给我》

与孩子实现真正有效沟通的方法

畅销美国 500 多万册的教子经典，以 31 种语言畅销全世界
彻底改变父母与孩子沟通方式的巨著

本书自 2004 年 9 月由京华出版社自美国引进以来，仅依靠父母和老师的口口相传，就一直高居当当网、卓越网的排行榜。

吉诺特先生是心理学博士、临床心理学家、儿童心理学家、儿科医生；纽约大学研究生院兼职心理学教授、艾德尔菲大学博士后。吉诺特博士的一生并不长，他将其短短的一生致力于儿童心理的研究以及对父母和教师的教育。

父母和孩子之间充满了无休止的小麻烦、阶段性的冲突，以及突如其来的危机……我们相信，只有心理不正常的父母才会做出伤害孩子的反应。但是，不幸的是，即使是那些爱孩子的、为了孩子好的父母也会责备、羞辱、谴责、嘲笑、威胁、收买、惩罚孩子，给孩子定性，或者对孩子唠叨说教……当父母遇到需要具体方法解决具体问题时，那些陈词滥调，像“给孩子更多的爱”、“给她更多关注”或者“给他更多时间”是毫无帮助的。

多年来，我们一直在与父母和孩子打交道，有时是以个人的形式，有时是以指导小组的形式，有时以养育讲习班的形式。这本书就是这些经验的结晶。这是一个实用的指南，给所有面临日常状况和精神难题的父母提供具体的建议和可取的解决方法。

——摘自《孩子，把你的手给我》一书的“引言”

[美]海姆·G·吉诺特　著
张雪兰　译
北京联合出版公司
定价：26.00 元

《孩子，把你的手给我（Ⅱ）》

与十几岁孩子实现真正有效沟通的方法

《孩子，把你的手给我》作者的又一部巨著
彻底改变父母与十几岁孩子的沟通方式

本书是海姆·G·吉诺特博士的又一部经典著作，连续高踞《纽约时报》畅销书排行榜 25 周，并被翻译成 31 种语言畅销全球，是父母与十几岁孩子实现真正有效沟通的圣经。

十几岁是一个骚动而混乱、充满压力和风暴的时期，孩子注定会反抗权威和习俗——父母的帮助会被怨恨，指导会被拒绝，关注会被当做攻击。海姆·G·吉诺特博士就如何对十几岁的孩子提供帮助、指导、与孩子沟通提供了详细、有效、具体、可行的方法。

[美] 海姆·G·吉诺特 著
张雪兰 译
北京联合出版公司
定价：35.00 元

《孩子，把你的手给我（Ⅲ）》

老师与学生实现真正有效沟通的方法

《孩子，把你的手给我》作者最后一部经典巨著
以 31 种语言畅销全球
彻底改变老师与学生的沟通方式
美国父母和教师协会推荐读物

本书是海姆·G·吉诺特博士的最后一部经典著作，彻底改变了老师与学生的沟通方式，是美国父母和教师协会推荐给全美教师和父母的读物。

老师如何与学生沟通，具有决定性的重要意义。老师们需要具体的技巧，以便有效而人性化地处理教学中随时都会出现的事情——令人烦恼的小事、日常的冲突和突然的危机。在出现问题时，理论是没有用的，有用的只有技巧，如何获得这些技巧来改善教学状况和课堂生活就是本书的主要内容。

书中所讲述的沟通技巧，不仅适用于老师与学生、家长与孩子之间的交流，而且也可以灵活运用于所有的人际交往中，是一种普遍适用的沟通技巧。

[美] 简·尼尔森 著
玉冰 译
北京联合出版公司
定价：38.00 元

《正面管教》

如何不惩罚、不娇纵地有效管教孩子

畅销美国 400 多万册　被翻译为 16 种语言畅销全球

自 1981 年本书第一版出版以来，《正面管教》已经成为管教孩子的“黄金准则”。正面管教是一种既不惩罚也不娇纵的管教方法……孩子只有在一种和善而坚定的气氛中，才能培养出自律、责任感、合作以及自己解决问题的能力，才能学会使他们受益终生的社会技能和人生技能，才能取得良好的学业成绩……如何运用正面管教方法使孩子获得这种能力，就是这本书的主要内容。

简·尼尔森，教育学博士，杰出的心理学家、教育家，加利福尼亚婚姻和家庭执业心理治疗师，美国“正面管教协会”的创始人。曾经担任过 10 年的有关儿童发展的小学、大学心理咨询教师，是众多育儿及养育杂志的顾问。

本书根据英文原版的第三次修订版翻译，该版首印数为 70 多万册。

[美] 简·尼尔森
琳·洛特　著
尹莉莉　译
北京联合出版公司出版
定价：35.00 元

《十几岁孩子的正面管教》

教给十几岁的孩子人生技能

家庭教育畅销书《正面管教》作者力作
养育十几岁孩子的“黄金准则”

度过十几岁的阶段，对你和你的青春期的孩子来说，可能会像经过一个“战区”。青春期是成长中的一个重要过程。在这个阶段，十几岁的孩子会努力探究自己是谁，并要独立于父母。你的责任，是让自己十几岁的孩子为人生做好准备。

问题是，大多数父母在这个阶段对孩子采用的养育方法，使得情况不是更好，而是更糟了……

本书将帮助你在一种肯定你自己的价值、肯定孩子价值的相互尊重的环境中，教育、支持你的十几岁的孩子，并接受这个过程中的挑战，帮助你的十几岁孩子最大限度地成为具有高度适应能力的成年人。

[美] 简·尼尔森 琳·洛特
斯蒂芬·格伦　著
花莹莹　译
北京联合出版公司
定价：45.00 元

《正面管教 A–Z》

日常养育难题的 1001 个解决方案

家庭教育畅销书《正面管教》作者力作
以实例讲解不惩罚、不娇纵管教孩子的“黄金准则”

无论你多么爱自己的孩子，在日常养育中，都会有一些让你愤怒、沮丧的时刻，也会有让你绝望的时候。

你是怎么做的？

本书译自英文原版的第 3 版（2007 年出版），包括了最新的信息。你会从中找到不惩罚、不娇纵地解决各种日常养育挑战的实用办法。主题目录，按照 A–Z 的汉语拼音顺序排列，方便查找。你可以迅速找到自己面临的问题，挑出来阅读；也可以通读整本书，为将来可能遇到的问题及其预防做好准备。每个养育难题，都包括 6 步详细的指导：理解你的孩子、你自己和情形，建议，预防问题的出现，孩子们能够学到的生活技能，养育要点，开阔思路。

[美]简·尼尔森
玛丽·尼尔森·坦博斯基
布拉德·安吉 著
花莹莹 杨淼 张丛林 林展 译
北京联合出版公司出版
定价：42.00 元

《正面管教养育工具》

赋予孩子力量、培养孩子能力的 49 种有效方法

家庭教育畅销书《正面管教》作者力作
不惩罚、不娇纵养育孩子的有效工具

正面管教是一种不惩罚、不娇纵的管教孩子的方式，是为了培养孩子们的自律、责任感、合作能力，以及自己解决问题的能力，让他们学会受益终生的社会技能和人生技能，并取得良好的学业成绩。

1981 年，简·尼尔森博士出版《正面管教》一书，使正面管教的理念逐渐为越来越多的人接受并奉行。如今，正面管教已经成了管教孩子的“黄金准则”。其理念和方法已经传播到将近 70 个国家和地区，包括美国、英国、冰岛、荷兰、德国、瑞士、法国、摩洛哥、西班牙、墨西哥、厄瓜多尔、哥伦比亚、秘鲁、智利、巴西、加拿大、中国、埃及、韩国。由简·尼尔森博士作为创始人的“正面管教协会”，如今已经有了法国分会和中国分会。

本书对经过多年实际检验的 49 个最有效的正面管教养育工具作了详细介绍。

[美]简·尼尔森 琳·洛特
斯蒂芬·格伦 著
梁帅 译
北京联合出版公司出版
定价：30.00 元

《教室里的正面管教》

培养孩子们学习的勇气、激情和人生技能

家庭教育畅销书《正面管教》作者力作
造就理想班级氛围的“黄金准则”
本书入选中国教育新闻网、中国教师报联合推荐
2014 年度“影响教师 100 本书”TOP10

很多人认为学校的目的就是学习功课，而各种纪律规定应该以学生取得优异的学习成绩为目的。因此，老师们普遍实行的是以奖励和惩罚为基础的管教方法，其目的是为了控制学生。然而，研究表明，除非教给孩子们社会和情感技能，否则他们学习起来会很艰难，并且纪律问题会越来越多。

正面管教是一种不同的方式，它把重点放在创建一个相互尊重和支持的班集体，激发学生们的内在动力去追求学业和社会的成功，使教室成为一个培育人、愉悦和快乐的学习和成长的场所。

这是一种经过数十年实践检验，使全世界数以百万计的教师和学生受益的黄金准则。

[美] 简・尼尔森
凯莉・格夫洛埃尔
阿伦・巴考尔
比尔・肖尔　著
张宏武　译
北京联合出版公司出版
定价：35.00 元

《正面管教教师工具卡》

教室管理的 52 个工具

家庭教育畅销书《正面管教》作者力作

该套卡片是将《正面管教》在教室里的运用，以卡片的形式呈现出来。在每张卡片上有对相应工具的简要介绍，以及具体的使用办法和相关示例，在卡片后还配有一幅形象而生动的插图。

该套卡片既适合教师单独集中时间学习，也适合与其他教师共同讨论。既可以放置于办公桌上，也可以随身携带，随时使用。它是尼尔森博士为教师量身定制的“工具百宝箱”。

[美] 简・尼尔森
琳达・埃斯科巴
凯特・奥托兰
罗丝琳・安・达菲
黛博拉・欧文 – 索科奇　著
郑淑丽　译
北京联合出版公司出版
定价：55.00 元

《正面管教教师指南 A–Z》

教室里行为问题的 1001 个解决方案

家庭教育畅销书《正面管教》作者力作
以实例讲解造就理想班级氛围的“黄金准则”

本书包括两个部分：

第一部分，介绍的是正面管教的基本原理和基本方法，包括鼓励、错误目的、奖励和惩罚、和善而坚定、社会责任感、分派班级事务、积极的暂停、特别时光、班会，等等。

第二部分，是教室里常见的各种行为问题及其处理方法，按照 A–Z 的汉语拼音顺序排列，以方便查找。你可以迅速找到自己面临的问题，有针对性地阅读，立即解决自己的难题；也可以通读本书，为将来可能遇到的问题及其预防做好准备。

每个行为问题及其解决，基本都包括 5 个部分：

● 讨论。就一个具体行为问题出现的情形及原因进行讨论。

● 建议。依据正面管教的理论和原则，给出解决问题的建议。

● 提前计划，预防未来的问题。着眼于如何预防问题的发生。

● 用班会解决问题。老师和学生们用班会解决相应问题的真实故事。

● 激发灵感的故事。老师和学生们用正面管教工具解决相关问题的真实故事。

美] 简・尼尔森　谢丽尔・欧文
卡萝尔・德尔泽尔　著
汤森 张丛林　林展　译
北京联合出版公司
定价：37.00 元

《单亲家庭的正面管教》

让单亲家庭的孩子健康、快乐、茁壮成长

家庭教育畅销书《正面管教》作者力作
单亲父母养育孩子的“黄金准则”

单亲家庭不是“破碎的家庭”，单亲家庭的孩子也不是注定会失败和令人失望的，有了努力、爱和正面管教养育技能，单亲父母们就能够把自己的孩子培养成有能力的、满足的、成功的人，让单亲家庭成为平静、安全、充满爱的家，而单亲父母自己也会成为一位更健康、平静的父母——以及一个更快乐的人。

《单亲家庭的正面管教》是家庭教育畅销书《正面管教》作者简・尼尔森的又一力作。自从《正面管教》于 1981 年出版以来，正面管教理念已经成为养育孩子的“黄金准则”，让全球数以百万计的父母、孩子、老师获益。

《单亲家庭的正面管教》是简・尼尔森博士与另外两位作者详细介绍如何将正面管教的理念和工具用于单亲家庭的一部杰作。

美] 简・尼尔森　史蒂文・福斯特
艾琳・拉斐尔　著
甄颖　译
北京联合出版公司
定价：32.00 元

《特殊需求孩子的正面管教》

帮助孩子学会有价值的社会和人生技能

家庭教育畅销书《正面管教》作者力作

每一个孩子都应该有一个幸福而充实的人生。特殊需求的孩子们有能力积极成长和改变。

运用正面管教的理念和工具，特殊需求的孩子们就能够培养出一种越来越强的能力，为自己的人生承担起责任。在这个过程中，他们会与自己的家里、学校里和群体里的重要的人建立起深入的、令人满意的、合作的关系，从而实现自己的潜能。

[美] 约翰・霍特　著
张雪兰　译
北京联合出版公司
定价：30.00 元

《孩子是如何学习的》

畅销美国 200 多万册的教子经典，以 14 种语言畅销全世界

孩子们有一种符合他们自己状况的学习方式，他们对这种方式运用得很自然、很好。这种有效的学习方式会体现在孩子的游戏和试验中，体现在孩子学说话、学阅读、学运动、学绘画、学数学以及其他知识中……对孩子来说，这是他们最有效的学习方式……

约翰・霍特（1923 ～ 1985），是教育领域的作家和重要人物，著有 10 本著作，包括《孩子是如何失败的》、《孩子是如何学习的》、《永远不太晚》、《学而不倦》。他的作品被翻译成 14 种语言。《孩子是如何学习的》以及它的姊妹篇《孩子是如何失败的》销售超过两百万册，影响了整整一代老师和家长。

[美] 爱丽森・戴维　著
宋苗　译
北京联合出版公司
定价：26.00 元

《帮助你的孩子爱上阅读》

0 ～ 16 岁亲子阅读指导手册

没有阅读的童年是贫乏的——孩子将错过人生中最大的乐趣之一，以及阅读带来的巨大好处。

阅读不但是学习和教育的基础，而且是孩子未来可能取得成功的一个最重要的标志——比父母的教育背景或社会地位重要得多。这也是父母与自己的孩子建立亲情心理联结的一种神奇方式。

帮助你的孩子爱上阅读，是父母能给予自己孩子的一份最伟大的礼物，一份将伴随孩子一生的爱的礼物。

这是一本简单易懂而且非常实用的亲子阅读指导手册。作者根据不同年龄的孩子的发展特征，将 0 ～ 16 岁划分为 0 ～ 4 岁、5 ～ 7 岁、8 ～ 11 岁、12 ～ 16 岁四个阶段，告诉父母们在各个年龄阶段应该如何培养孩子的阅读习惯，如何让孩子爱上阅读。

[美] 安吉拉·克利福德–波斯顿　著
王俊兰　译
北京联合出版公司
定价：32.00 元

《如何读懂孩子的行为》

理解并解决孩子各种行为问题的方法

孩子为什么不好好吃、不好好睡？为什么尿床、随地大便？为什么说脏话？为什么撒谎、偷东西、欺负人？为什么不学习？……这些行为，都是孩子在以一种特殊的方式与父母沟通。

当孩子遇到问题时，他们的表达方式十分有限，往往用行为作为与大人沟通的一种方式……如何读懂孩子这些看似异常行为背后真实的感受和需求，如何解决孩子的这些问题，以及何时应该寻求专业帮助，就是本书的主要内容。

安吉拉·克利福德–波斯顿（Andrea Clifford–Poston），教育心理治疗师、儿童和家庭心理健康专家，在学校、医院和心理诊所与孩子和父母们打交道 30 多年；她曾在查林十字医院（Charing Cross Hospital，建立于 1818 年）的儿童发展中心担任过 16 年的主任教师，在罗汉普顿学院（Roehampton Institute）担任过多年音乐疗法的客座讲师，她还是《泰晤士报》“父母论坛”的长期客座专家，为众多儿童养育畅销杂志撰写专栏和文章，包括为“幼儿园世界（Nursery World）”撰写了 4 年专栏。

[美] 唐·坎贝尔　著
高慧雯　王玲月　娟子　译
北京联合出版公司
定价：32.00 元

《莫扎特效应》

用音乐唤醒孩子的头脑、健康和创造力

从胎儿到 10 岁，用音乐的力量帮助孩子成长！
享誉全球的权威指导，被翻译成 13 种语言！

在本书中，作者全面介绍了音乐对于从胎儿至 10 岁左右儿童的大脑、身体、情感、社会交往等各方面能力的影响。

本书详细介绍了如何用古典音乐，特别是莫扎特的音乐，以及儿歌的节奏和韵律来促进孩子从出生前到童年中期乃至更大年龄阶段的发展，提高他们的各种学习能力、情感能力和社会交往能力。对于孩子在每个年龄段（出生前到出生，从出生到 6 个月，从 6 个月到 18 个月，从 18 个月到 3 岁，从 4 岁到 6 岁，从 6 岁到 8 岁，从 8 岁到 10 岁）的发展适合哪些音乐以及这些音乐的作用都进行了详细的说明。

唐·坎贝尔，古典音乐家、教育家、作家、教师，数十年来致力于研究音乐及其在教育和健康方面的作用，用音乐帮助全世界 30 多个国家的孩子提高了学习能力和创造性，并体验到了音乐给生活带来的快乐。他是该领域闻名全球、首屈一指的权威。